Eftal Kocar

Makramee in XXL

Sitz- und Hängemöbel
für Wohnzimmer,
Garten und Terrasse

CV

Inhalt

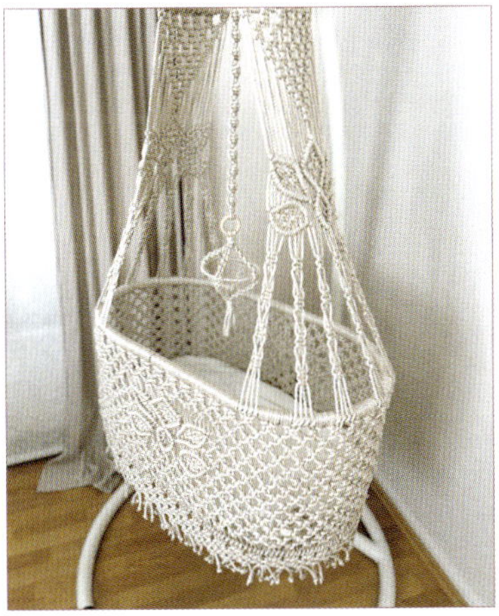

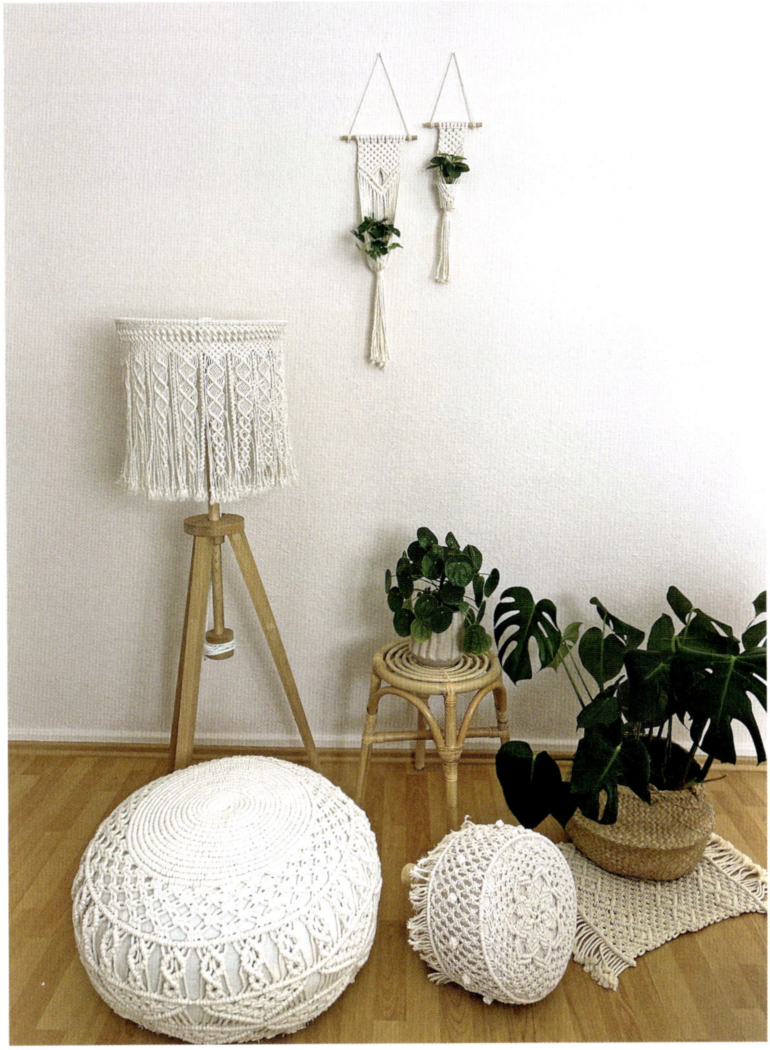

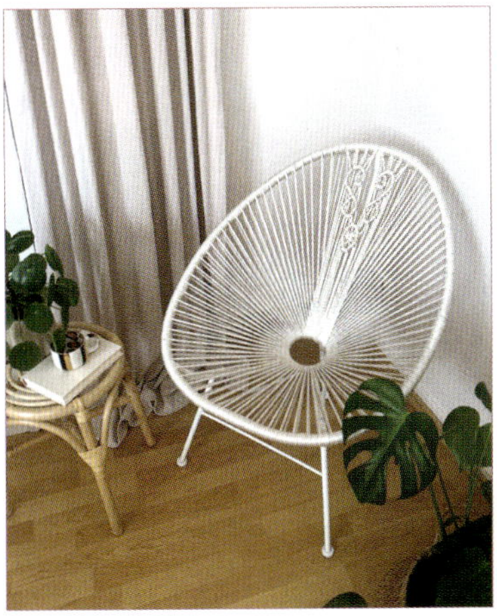

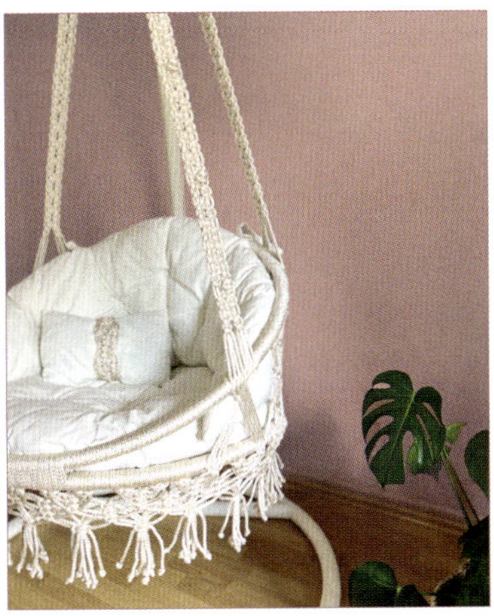

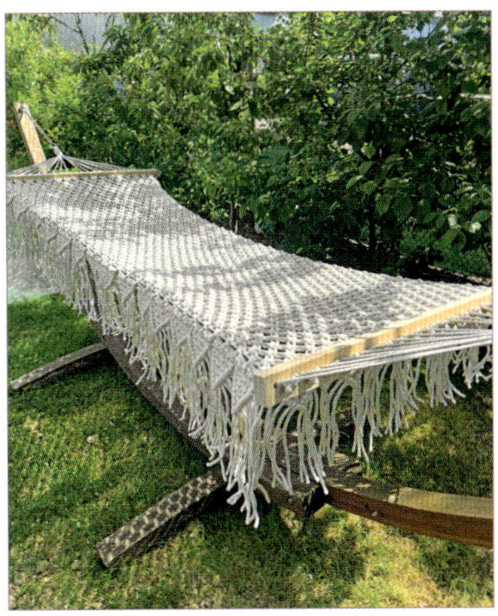

Vorwort

Liebe Leserin und lieber Leser,

herzlich willkommen in der wunderbaren Welt des Makramees!

Ich bin so aufgeregt, dir meine liebsten Projekte zu präsentieren und mein Wissen über diese wunderschöne Handwerkstechnik mit dir zu teilen. Makramee hat sich zu meiner absoluten Leidenschaft entwickelt und ich freue mich, dich auf eine Reise durch meine Welt des Knotens mitzunehmen.

Für mich ist das Knüpfen von Makramee-Projekten nicht nur ein Hobby, sondern eine Möglichkeit, meine Kreativität auszuleben. Ich liebe es, mit verschiedenen Materialien und Techniken zu experimentieren, um einzigartige Kunstwerke zu schaffen.

Als ich meine ersten Makramee-Projekte gestartet habe, hatte ich noch keine Ahnung, dass ich irgendwann meine eigene Marke gründen und mein Handwerk auf die nächste Stufe bringen würde. Inmitten der Pandemie des Jahres 2020 entstand meine Marke „eftal's Atelier". Es war eine Zeit, in der wir alle das Beste aus einer schwierigen Situation machen mussten.

Jedes Projekt brachte mir neue Herausforderungen und auch neue Möglichkeiten, meine Fähigkeiten zu verbessern und mich selbst herauszufordern. Ich lege großen Wert auf Qualität und Sorgfalt bei der Herstellung all meiner Projekte. Jedes einzelne Stück ist von mir persönlich entworfen und gefertigt. Mir ist wichtig, dass meine Produkte nicht nur dekorativ sind, sondern auch den Anforderungen des täglichen Gebrauchs gerecht werden.

Die Projekte in diesem Buch sind für Fortgeschrittene und Experimentierfreudige gedacht, die bereits einige Erfahrung mit Makramee gesammelt haben. Ich möchte dich ermutigen, kreativ zu sein und deine eigenen Designs zu kreieren, um deine eigenen Makramee-Kunstwerke zu schaffen.

Bevor wir jedoch mit den zwölf Projekten beginnen, werde ich dir grundlegende Informationen und Tipps zum Knüpfen geben, um sicherzustellen, dass du bestens vorbereitet bist. Ich hoffe, dass du die Projekte genauso lieben wirst wie ich und dass sie dich inspirieren werden, noch mehr kreative Ideen umzusetzen.

Vielen Dank, dass du dich für mein Buch entschieden hast. Ich wünsche dir viel Freude beim Knüpfen und Experimentieren!

Deine Eftal ❤

Bevor du beginnst

Für deine Makramee-Projekte benötigst du nur wenige Materialien: Garn, eine Schere, ein Maßband, Material zum Einknüpfen, zum Beispiel einen Holzstab, und einen geeigneten Arbeitsplatz. Doch das Wichtigste dabei ist: Kreativität, Geduld und Spaß am Knüpfen!

GARNE

Das Garn, seine Qualität und die Fadendicke sind ausschlaggebend für jedes Design eines Makramee-Kunstwerks. Es gibt unzählige Arten von Garnen, die sich zum Knüpfen eignen. Der gewählte Faden sollte jedoch eine gewisse Festigkeit aufweisen. Baumwollgarn, Wolle, Jute, Hanf, Polyestergarn und viele weitere Materialien stehen zur Auswahl. In diesem Buch werden große Projekte vorgestellt, die für den täglichen Gebrauch gedacht sind und daher oft mit gestärktem Polyestergarn geknüpft werden. Dieses Garn besitzt einen seidigen Glanz und eignet sich besonders gut für Outdoorprojekte, da sie auch mühelos mit einem feuchten Tuch gereinigt werden können. Außerdem gewährleistet das gestärkte Polyestergarn weniger Ausleiern bzw. Verschleiß im Vergleich zu Baumwollgarn. Bei der Verwendung von Baumwollgarn ist zu bedenken, dass es leicht ausfranst. Für Projekte, bei denen Ausfransen unerwünscht ist, empfiehlt sich daher ein Baumwollgarn mit drei Strängen (3ply).

Bei der Auswahl des Garns ist auch die Dicke wichtig. Mit einem dicken Faden kannst du eine größere Fläche mit weniger Knoten abdecken, während du bei dünnerem Faden für die selbe Fläche mehr Knoten benötigst. Daher eignet sich nicht jedes Garn für alle Knoten oder Projekte. Die Garnstruktur und -dicke sollten immer zur geplanten Arbeit passen.

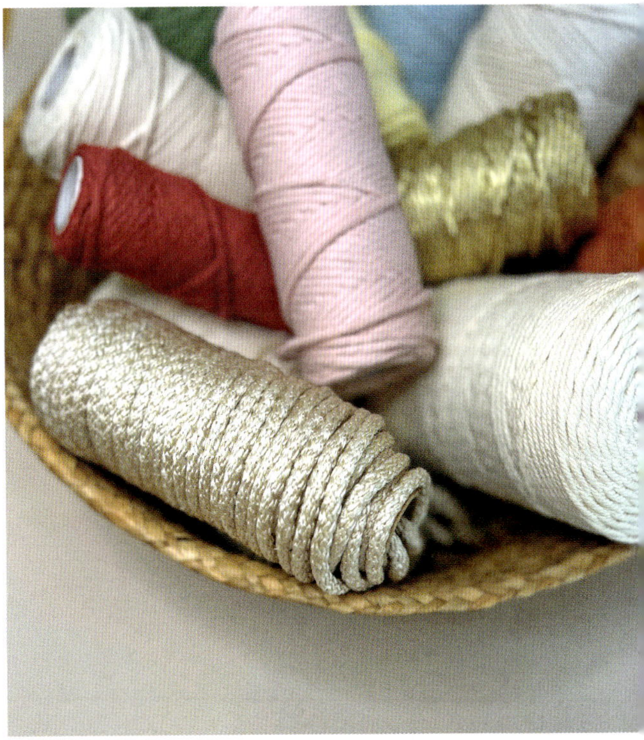

WEITERES ZUBEHÖR

- Maßband und Zollstock, um die Fadenlänge und die Länge der fertigen Projekte zu messen
- Schere, um die Fäden entsprechend zuzuschneiden (am besten eine Textilschere, um mehrere Fäden gleichzeitig schneiden zu können)
- Kleiderstange, um die Projekte zum Knüpfen aufzuhängen
- Ständer, um größere Projekte wie den Hängesessel zum Knüpfen aufzuhängen
- S-Haken, um die Projekte an der Kleiderstange aufzuhängen
- Stäbe, z. B. Äste oder Rundholzstäbe
- Ringe aus Metall oder Holz
- Karabiner, vor allem für alle aufzuhängenden Projekte
- Kausche, um das Garn vor Verschleiß am Karabiner zu schützen
- Feuerzeug, um das Ende des Polyestergarns anzubrennen und zu versiegeln, damit es nicht aufgeht
- Heißklebepistole

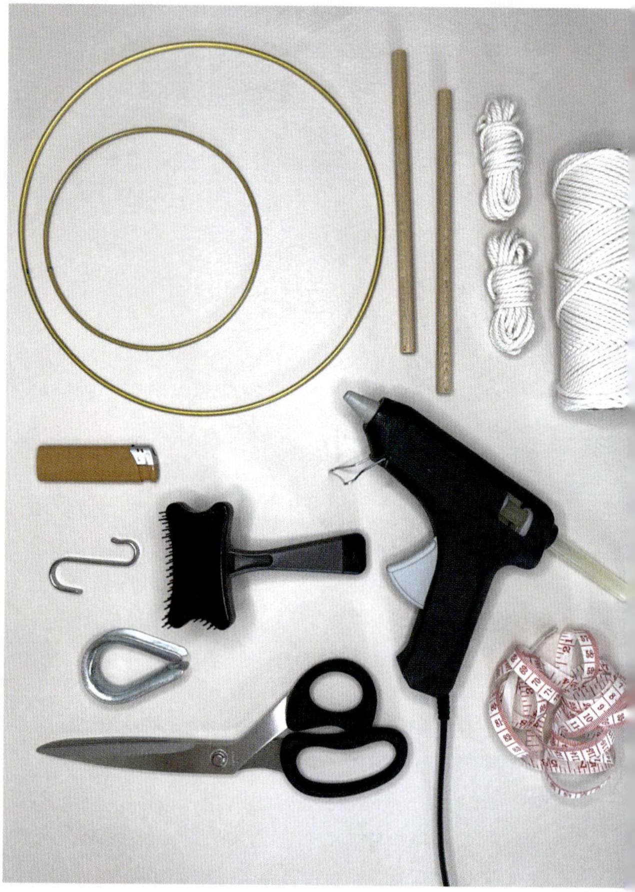

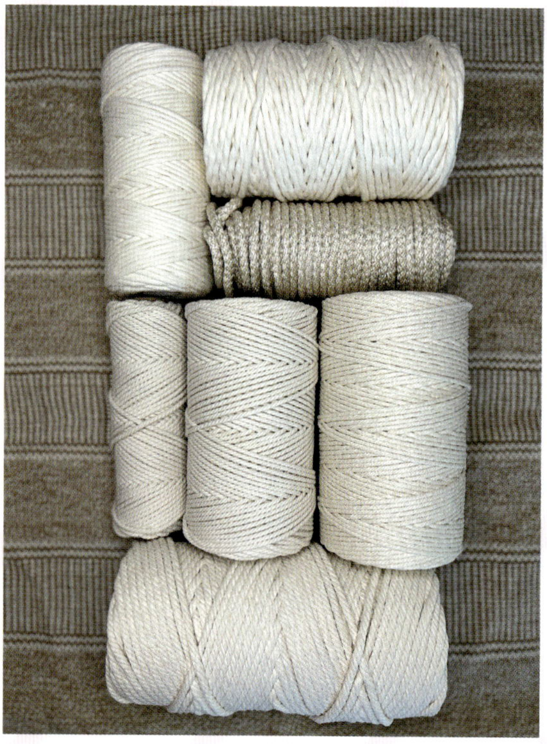

BEZUGSQUELLE

Die Suche nach den passenden Herstellern für alle Materialien hat eine Weile gedauert. Neben der Qualität war es mir besonders wichtig, langlebige Materialien zu finden. Besonders beim gestärkten Polyestergarn und den Gestellen für die hängenden Makramee-Produkte hatte ich Schwierigkeiten, geeignete Anbieter zu finden. Aus diesem Grund habe ich mich entschieden, sie selbst herstellen zu lassen und in meinem Shop anzubieten. Schau gerne auf meiner Instagram-Seite (@eftals.atelier) vorbei, um mehr zu erfahren.

FADENLÄNGE

Wie viel Garn für jedes einzelne Projekt jeweils erforderlich ist, gebe ich in den detaillierten Anleitungen in diesem Buch an. Trotzdem kann die tatsächlich benötigte Länge je nach Art des Garns und der Knotenspannung beim Knüpfen variieren.

Eine grobe Faustregel zur Schätzung der Garnlänge besagt, dass die Fäden mindestens viermal so lang sein sollten wie die Länge des Knüpfprojekts. Da die Fäden normalerweise doppelt über einen Stab oder in einen Ring gehängt werden, muss diese ermittelte Länge nochmals verdoppelt werden.

Eine Alternative zur Berechnung der Garnlänge besteht darin, mit beispielsweise einem Meter Garn das gewünschte Knotenmuster zu knüpfen und die Länge des Musters zu messen. Durch das Vielfache des Musters lässt sich die erforderliche Fadenlänge für das gesamte Projekt ermitteln. Wichtig ist, nicht am Garn zu sparen und immer mit etwas mehr Garn zu arbeiten, als rechnerisch benötigt wird. Das ist besser, als später noch Faden ansetzen zu müssen.

Je nach Größe des Projekts kann das Knüpfen sehr anstrengend sein. Um den Spaß am Knüpfen nicht zu verlieren, hier noch ein paar Tipps für eine entspannte Arbeitsweise.

GESTALTUNG DES ARBEITSPLATZES

Arbeiten mit langen Fäden

Bei größeren Projekten sind viele lange Fäden im Einsatz. Um beim Knoten ein Durcheinander zu vermeiden, empfehle ich, die einzelnen Fäden aufzuwickeln und mit einem Gummiband zu fixieren. Während der Arbeit lassen sich die einzelnen Knäuel nach Bedarf öffnen und abwickeln.

Körperhaltung

Der Arbeitsplatz sollte an deine Körpergröße und die Knüpfposition angepasst werden. Am besten eignet sich eine Kleiderstange, um beim Knüpfen in deiner perfekten Arbeitshöhe zu knüpfen. Die Kleiderstange sollte dazu freistehend und idealerweise höhenverstellbar sein. Vor allem beim Hängesessel und Babybett ist ein Ständer am besten geeignet, um beim Knüpfen die erforderliche Höhe zu haben.

Atmosphäre

Schaffe dir eine angenehme Atmosphäre beim Knüpfen, die deine Kreativität anregt und dich inspiriert. Vergiss nicht, ein erfrischendes kaltes Getränk bereitzustellen und deine Lieblingsmusik oder einen fesselnden Podcast im Hintergrund laufenzulassen. Denk daran, wegen des entstehenden Garnstaubs zwischendurch öfter mal zu lüften. So schaffst du dir eine frische und belebende Atmosphäre, die dich bei deinem Makramee-Abenteuer begleitet.

Wenn du alles vorbereitet hast, können wir mit dem ersten Projekt loslegen!

Spiegelmandala

Das Spiegelmandala vereint die Schönheit des Makramees mit der praktischen Funktion eines Spiegels. Das Knüpfmuster umrahmt den runden Spiegel in der Mitte auf eine einzigartige Weise und verleiht ihm eine Ästhetik im Boho-Stil. Es ist ein perfektes Accessoire, um deine Wand zu verschönern und ihr eine individuelle Note zu verleihen. Egal ob im Wohnzimmer, Schlafzimmer oder Flur, es wird sicherlich alle Blicke auf sich ziehen und deine Gäste begeistern.

Materialien:

- Baumwollgarn 3ply, 202,25 m, ø 2 mm (Rayher)
- Metallringe, ø 15 cm, ø 20 cm, ø 30 cm, ø 45 cm (Rayher)
- Spiegel, ø 15 cm (Rayher)
- Heißklebepistole

Fadenlängen:

- 63 x 2 m
- 1 x 2,5 m
- 64 x 1 m
- 65 x 15 cm

Fertige Größe:

- ø 55 cm

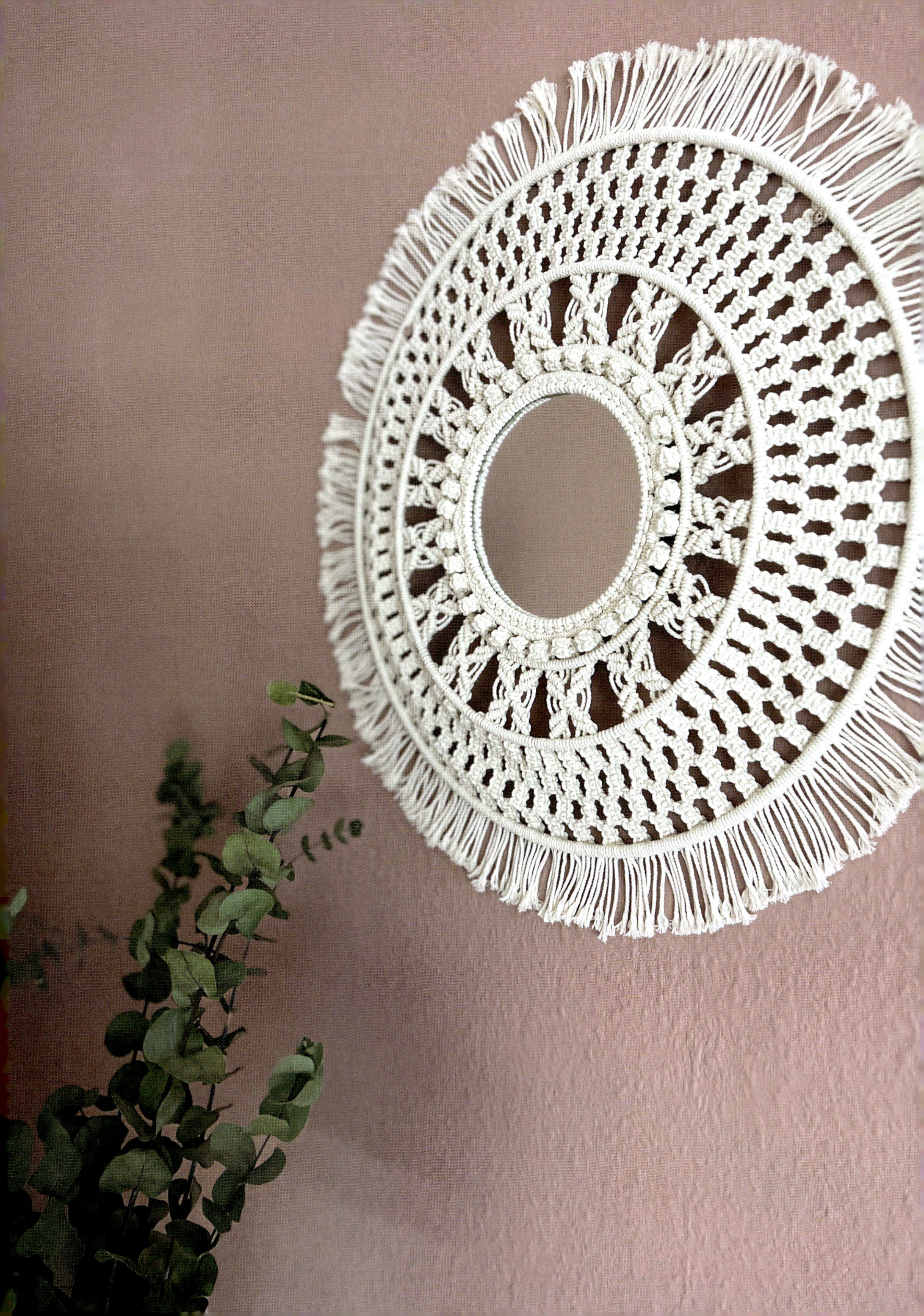

So wird's gemacht:

1 Nimm 63 Fäden von jeweils 2 m Länge und einen Faden von 2,5 m Länge und befestige sie mit einem Ankerknoten vorwärts an dem kleinsten Metallring (ø 15 cm).

2 Nimm den Faden von 2,5 m Länge und knote einen horizontalen Rippenknoten entlang des Metallrings.

3 Knote nun aus jeweils vier Fäden vier Kreuzknoten und verbinde sie zu einem Erbsenknoten. Wiederhole dies insgesamt 32-mal, um 32 Erbsenknoten zu arbeiten.

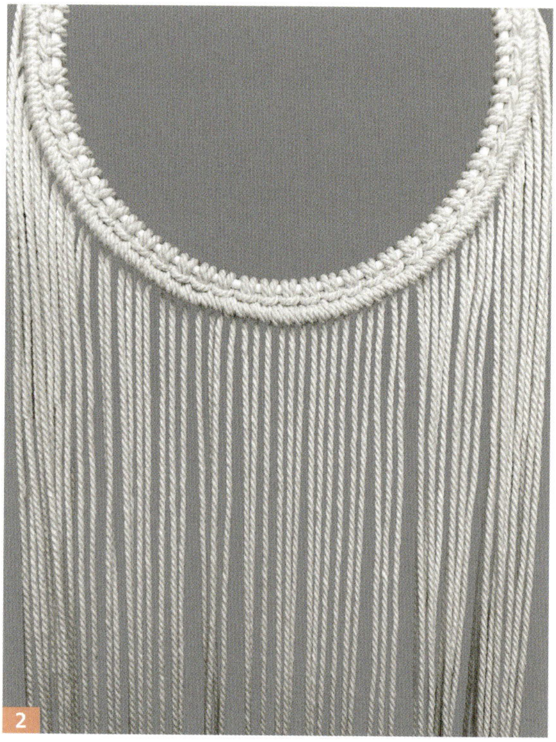

2

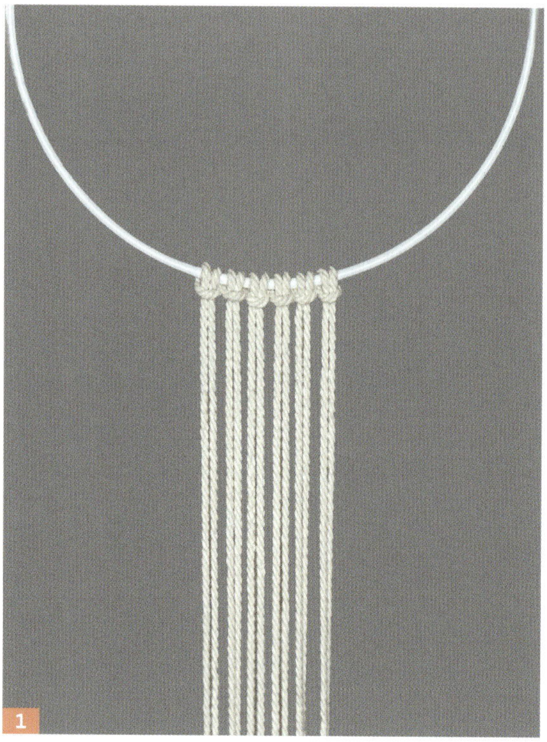

1

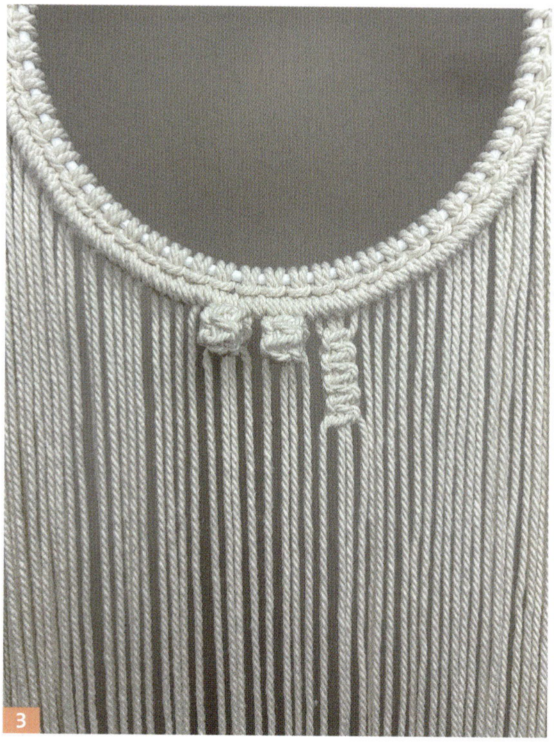

3

4 Knote einen Rippenknoten um den nächstgrößeren Metallring (ø 20 cm).

5 Für das Muster knüpfe mit vier Fäden zwei Reihen einen diagonalen Rippenknoten links, dann mit vier Fäden zwei Reihen einen diagonalen Rippenknoten rechts.

6 Nimm die vier Fäden in der Mitte und knote einen Kreuzknoten.

7 Knüpfe wieder mit den vier Fäden zwei Reihen einen diagonalen Rippenknoten links, dann zwei Reihen einen diagonalen Rippenknoten rechts.

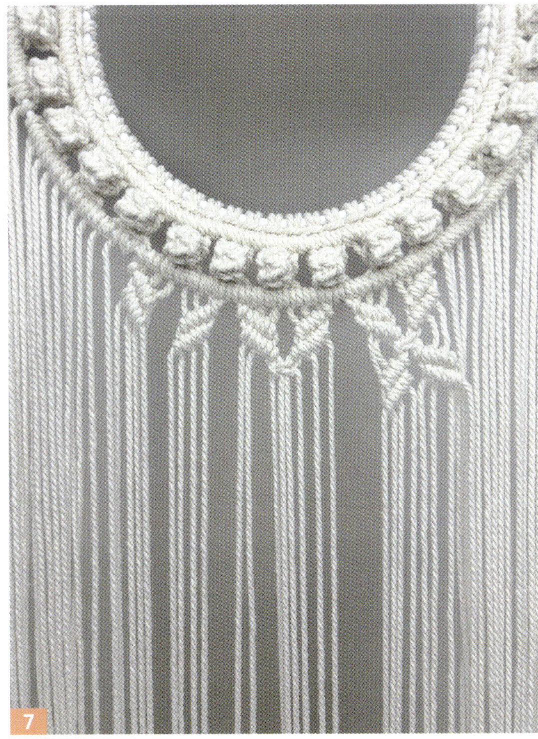
7

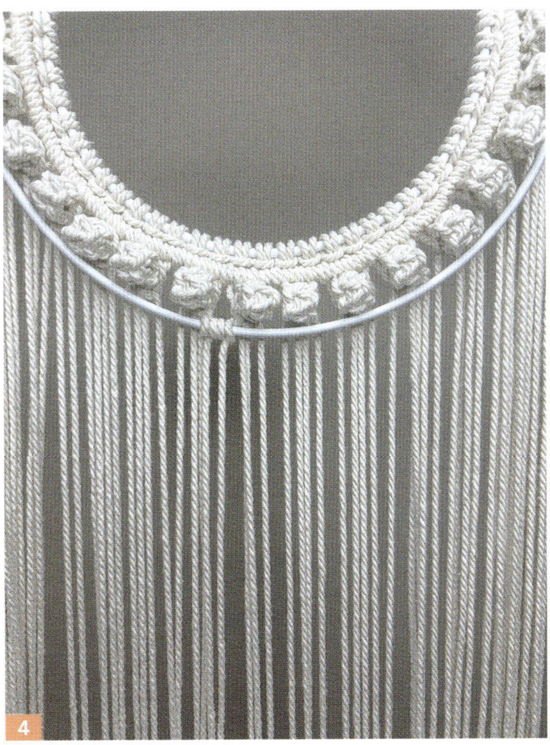
4

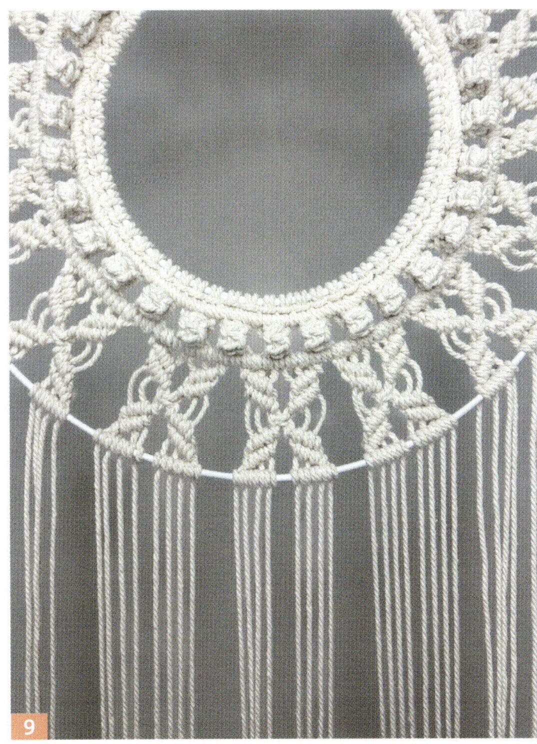
9

8 Wiederhole Schritt 5 weitere 15-mal, sodass ein Mandala entsteht.

9 Knote einen Rippenknoten mit den Fäden um den nächstgrößeren Metallring (ø 30 cm).

10 Ergänze in den größeren Lücken je drei Fäden von 1 m Länge und in den kleineren Lücken je einen Faden von 1 m Länge, jeweils mit Ankerknoten rückwärts. Insgesamt sollten 64 Fäden ergänzt werden.

11 Knüpfe mit jeweils vier Fäden drei Reihen einen Kreuzknoten. Es entsteht ein Set aus einem dreifachen Kreuzknoten. Knüpfe insgesamt 64 Sets. Verbinde zwei Sets miteinander, indem du erneut jeweils zwei Fäden aus jedem Set nimmst und einen drei-

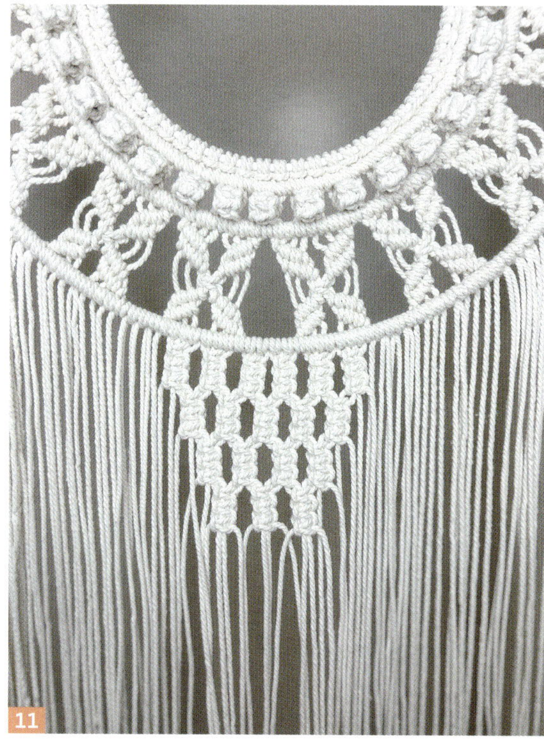

11

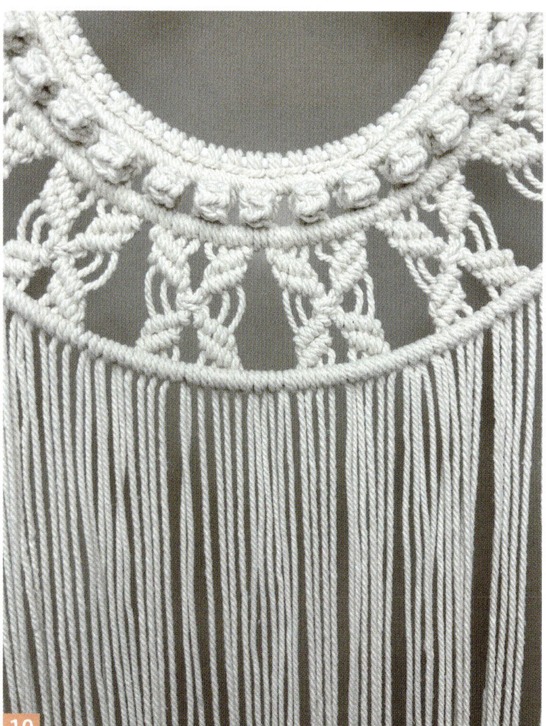

10

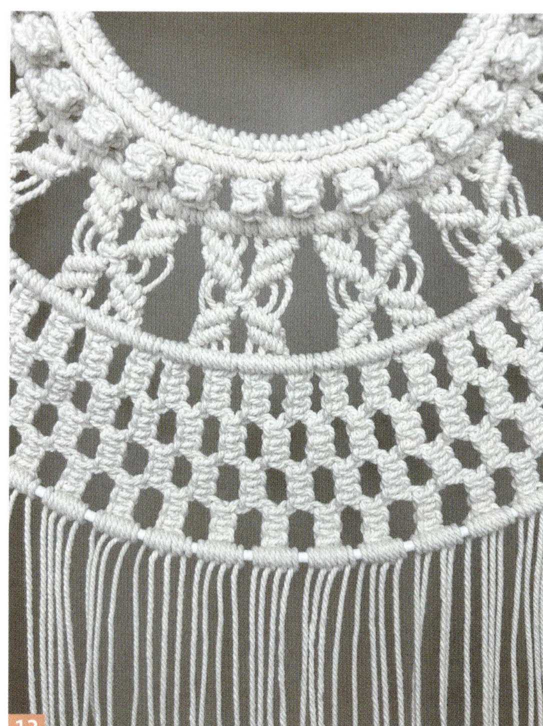

12

fachen Kreuzknoten knüpfst. Wiederhole diesen Schritt, bis du insgesamt vier Reihen dieser verbundenen Sets hast. Damit erhältst du ein Kreuzknoten-Netz mit vier Reihen.

12 Knote einen Rippenknoten mit den Fäden um den größten Metallring (ø 45 cm).

13 Fülle die bestehenden Lücken mit je einem Faden von 15 cm Länge. Insgesamt sollten es 65 Fäden sein.

14 Schneide die überstehenden Fäden auf etwa 5 cm Länge ab.

15 Verwende eine Heißklebepistole, um den Spiegel auf die Rückseite des Mandalas zu kleben.

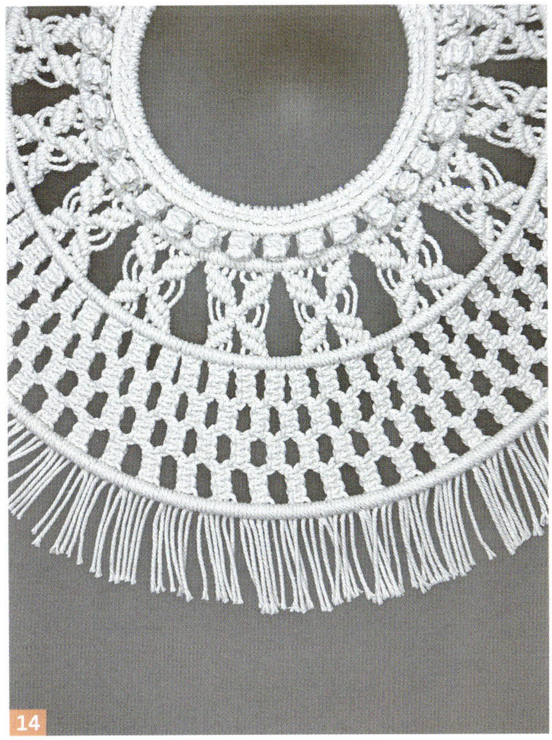
14

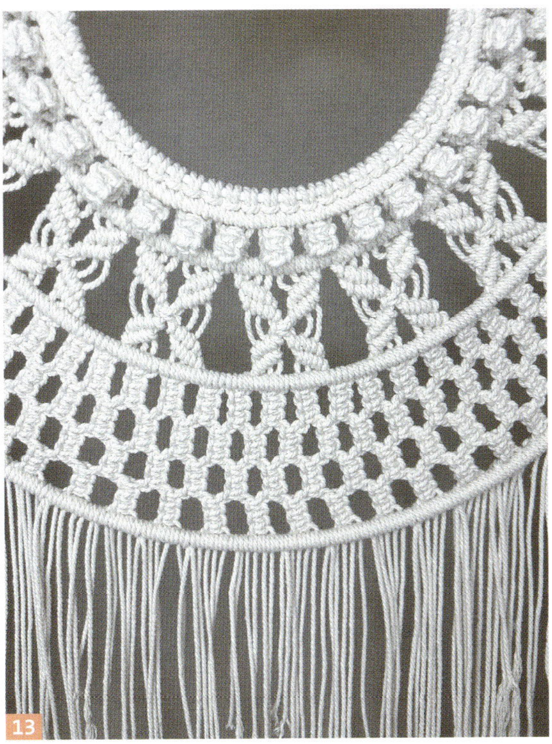
13

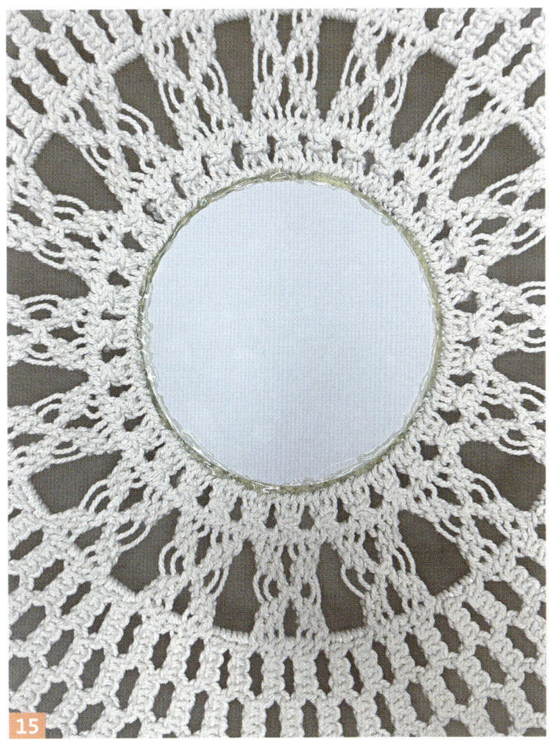
15

Wandregal

Das Wandregal aus Makramee ist ein wunderschönes und praktisches Kunstwerk, das Funktionalität und Ästhetik perfekt vereint. Mit seinen verschiedenen Ebenen bietet es eine stilvolle Möglichkeit, deine liebsten Dekorationsgegenstände, Pflanzen oder andere kleine Objekte zu präsentieren. Ob im Wohnzimmer, Schlafzimmer, Büro oder im Badezimmer – dieses Wandregal ist eine hervorragende Ergänzung für jeden Raum.

Materialien:

- Baumwollgarn 3ply, 130 m, ø 3,7 mm (Rayher)
- Rundstab, 40 cm lang
- 2 Regalböden (Buche), 1,5 x 35 x 10 cm, mit Löchern von ø 6 mm in jeder Ecke

Fadenlängen:

- 1 x 5 m
- 31 x 4 m
- 1 x 1 m

Fertige Größe:

- 65 cm hoch

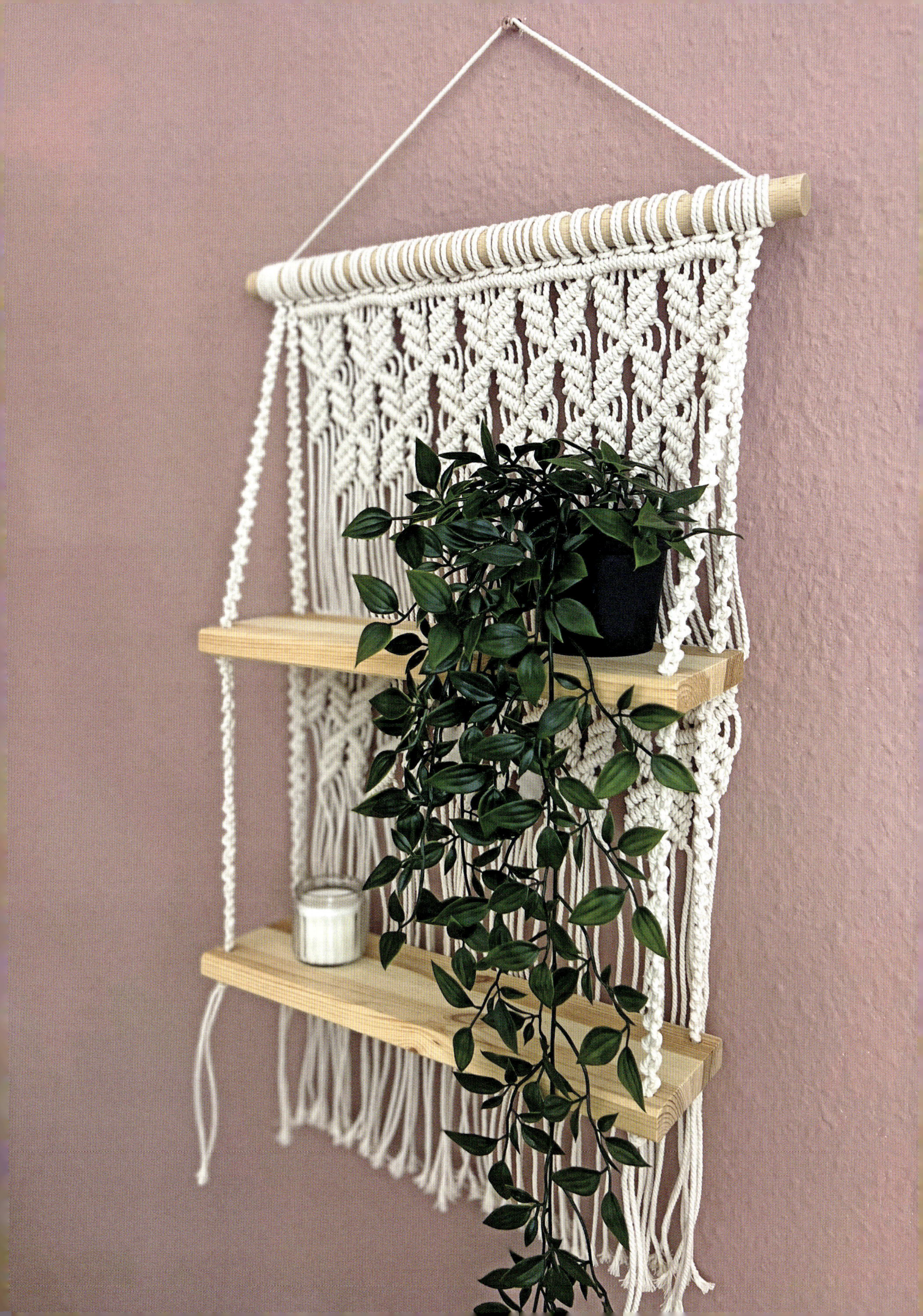

So wird's gemacht:

1 Befestige einen Faden von 5 m Länge links und weitere 27 Fäden von je 4 m Länge mit einem Ankerknoten vorwärts am Rundstab.

2 Knüpfe mit dem längeren Faden einen horizontalen Rippenknoten entlang des Rundstabs.

3 Für das Muster knüpfe mit vier linken Fäden drei Reihen einen diagonalen Rippenknoten nach rechts.

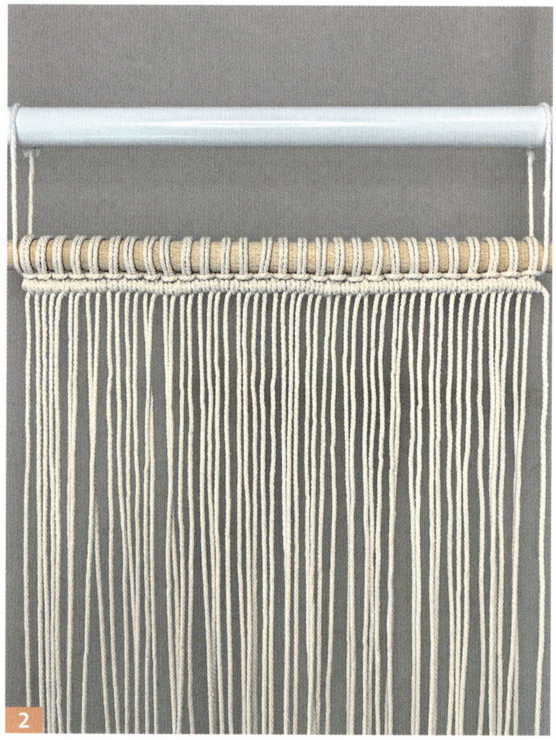

2

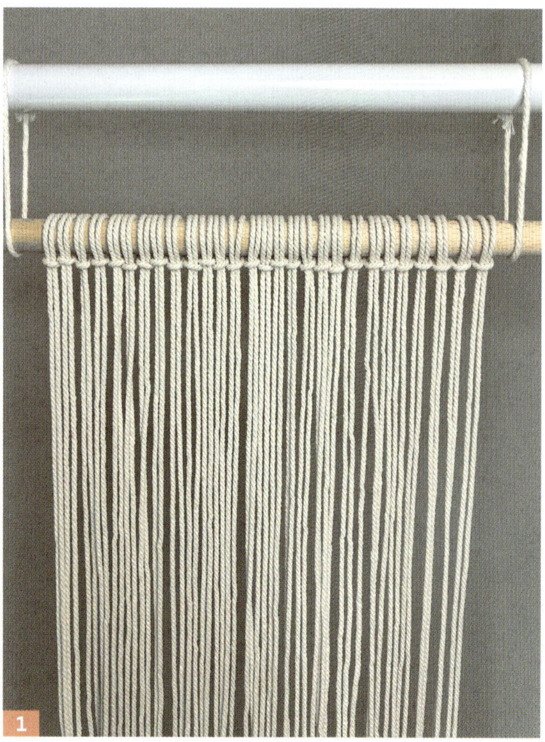

1

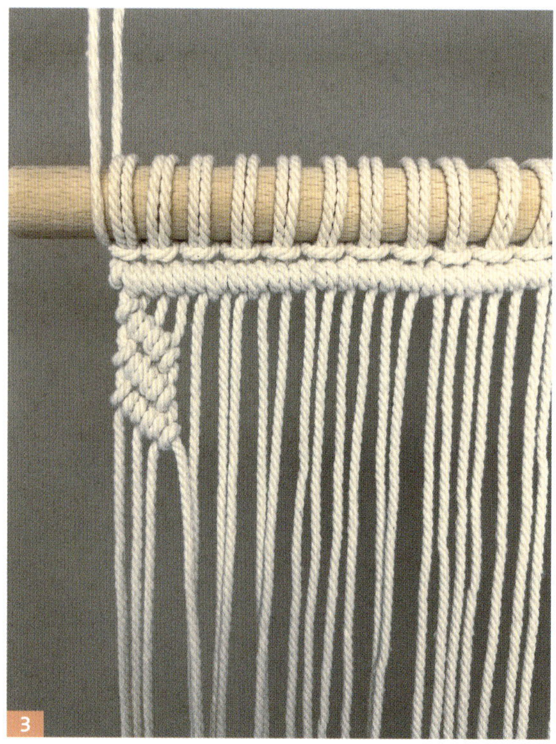

3

4 Knüpfe mit vier rechten Fäden drei Reihen einen diagonalen Rippenknoten nach links.

5 Knüpfe nun weitere Rippenknoten mit den vier linken Fäden um den rechten Leitfaden.

6 Knüpfe wieder mit den vier rechten Fäden über zwei Reihen einen diagonalen Rippenknoten nach links. Knüpfe mit den vier linken Fäden über drei Reihen einen diagonalen Rippenknoten nach rechts.

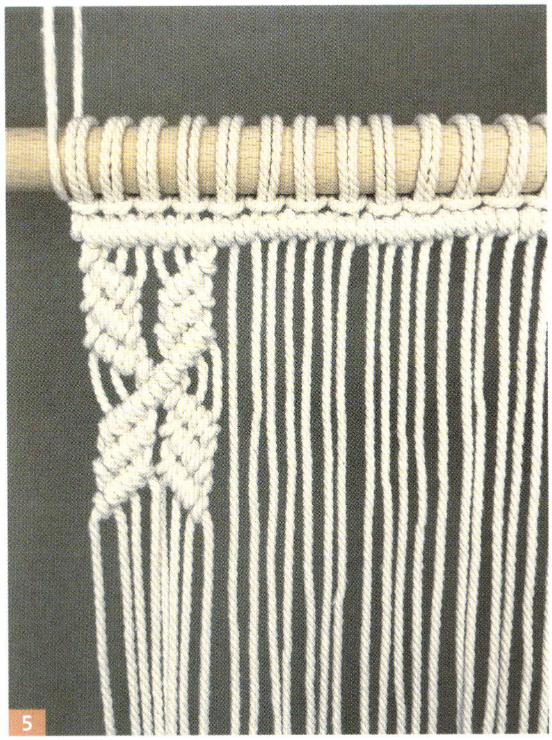
5

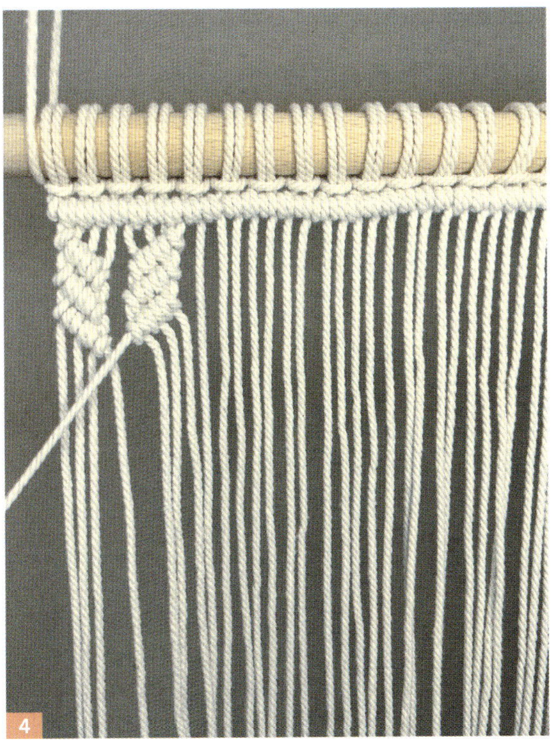
4

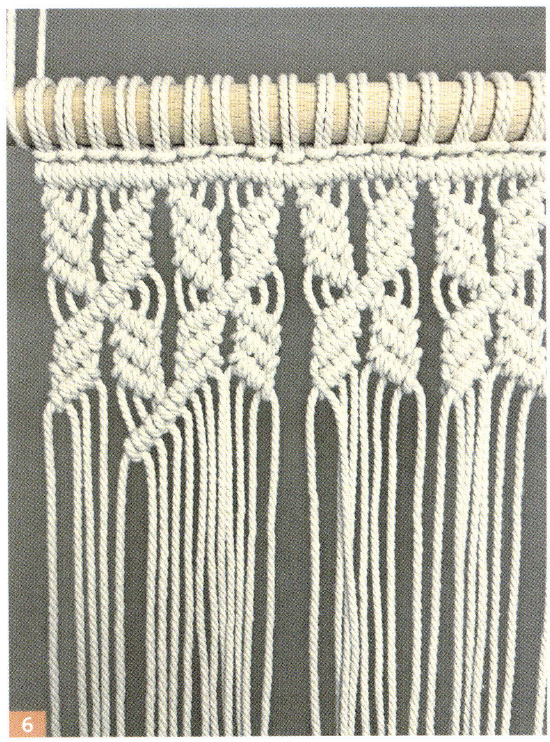
6

7 Wiederhole die Schritte 3 bis 6 insgesamt sechsmal, sodass ein X-Muster entsteht.

8 Nimm den neunten Faden von links als Leitfaden und knüpfe aus drei Fäden drei Reihen einen diagonalen Rippenknoten nach links. Knote aus den drei Fäden mit dem zehnten Faden als Leitfaden drei Reihen einen weiteren diagonalen Rippenknoten nach rechts.

9 Wiederhole Schritt 8 insgesamt fünfmal, sodass wieder ein X-Muster entsteht.

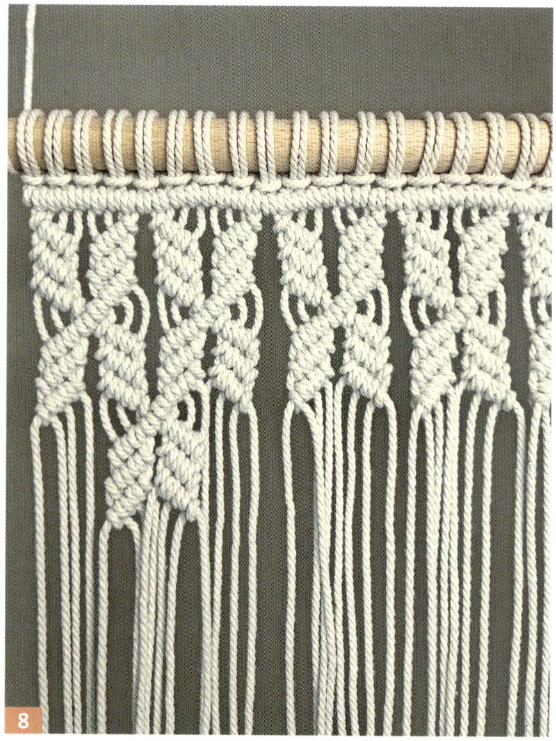

8

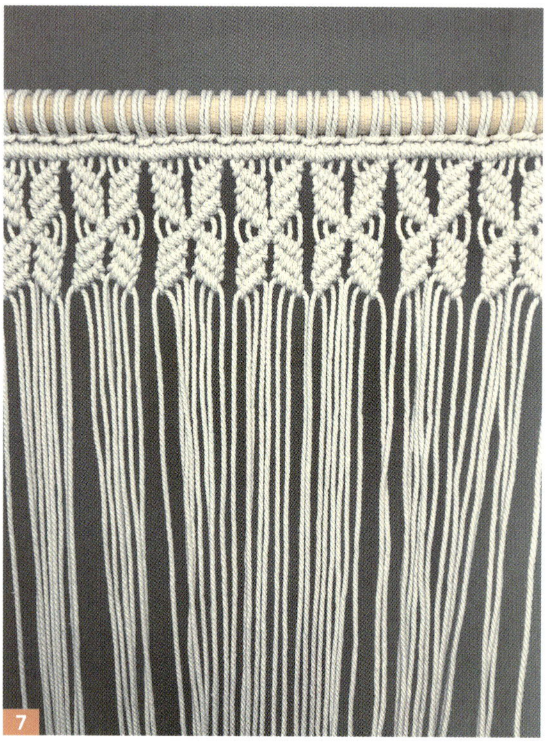

7

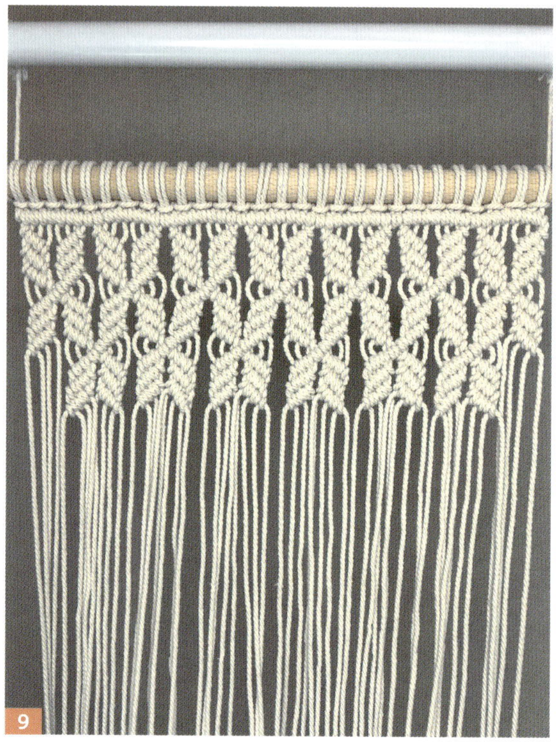

9

10 Knüpfe einen horizontalen Rippenknoten nach ca. 24 cm, abgemessen vom Rundstab.

11 Wiederhole wieder die Schritte 3 bis 9.

12 Befestige auf beiden Seiten rechts und links zwei Fäden von 4 m Länge für die Halterung des Regals.

13 Knote auf beiden Seiten jeweils zwei wechselseitige Überhandknoten bis zum ersten Regalboden. Eine Schnur sollte ca. 22 cm, die andere ca. 24 cm lang sein.

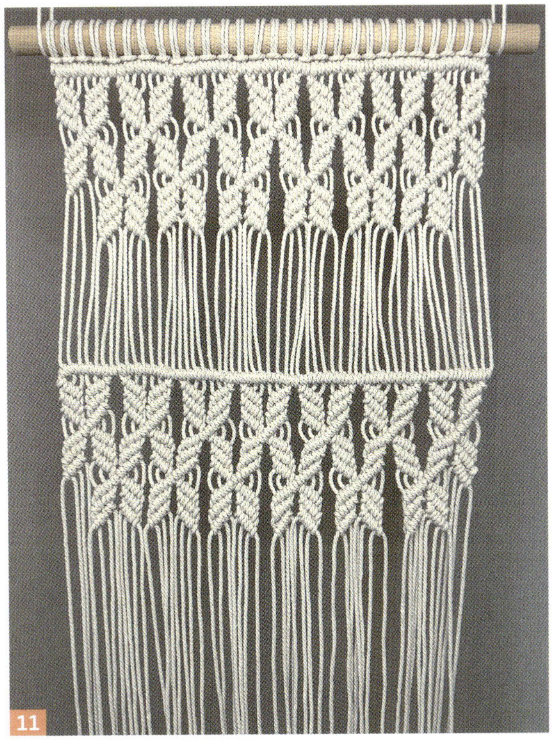
11

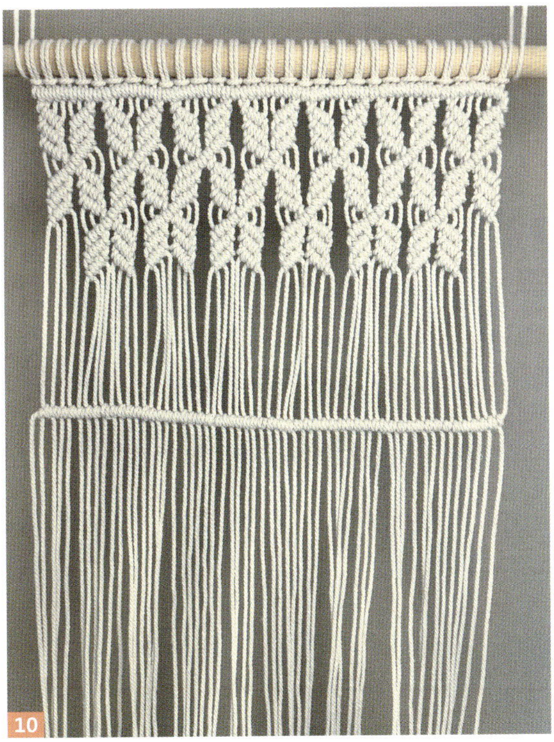
10

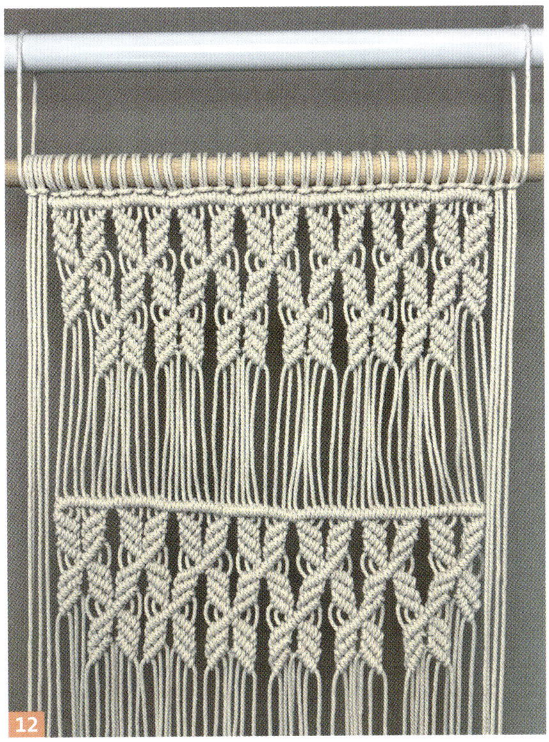
12

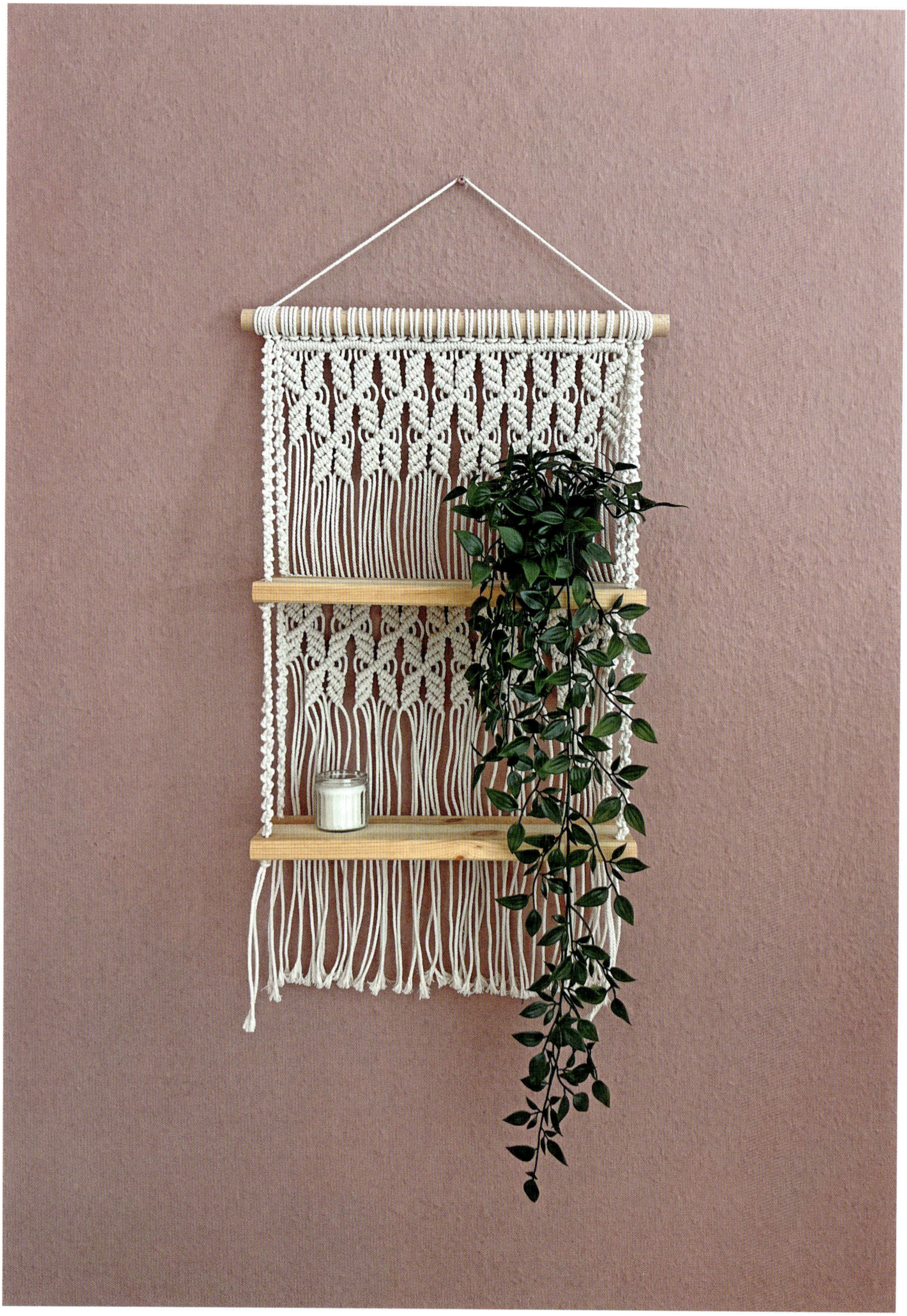

14 Fädle die jeweils kürzeren Schnüre in jeder der hinteren Ecken und die jeweils längeren Schnüre in jeder der vorderen Ecken der Regalböden durch die gebohrten Löcher. Fixiere sie unter den Regalböden mit einem einfachen Überhandknoten.

15 Wiederhole die Schritte 13 und 14.

16 Kürze die überstehenden Fäden auf etwa 15 cm.

17 Befestige einen Faden von 1 m Länge an beiden Enden des Rundstabs mit einem Rippenknoten, um das Regal aufzuhängen. Du kannst den Faden auch kürzen, je nachdem, wie lang du die Aufhängung haben möchtest.

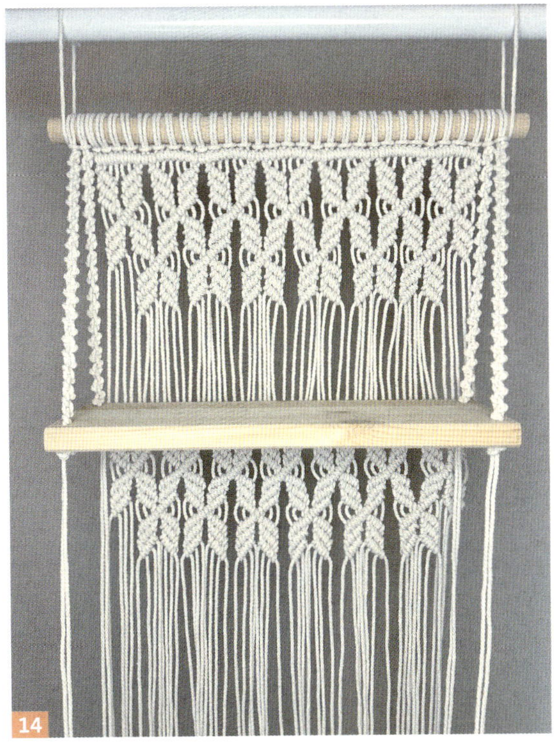
14

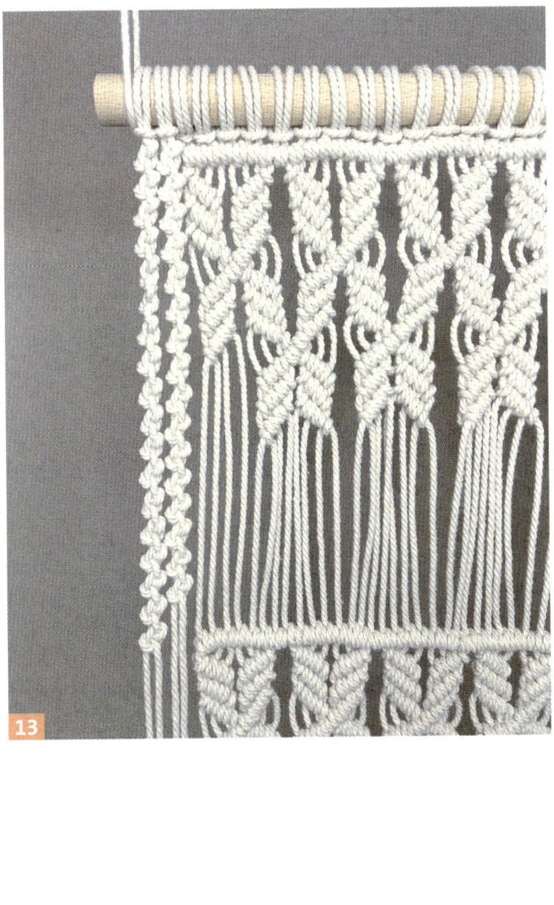
13

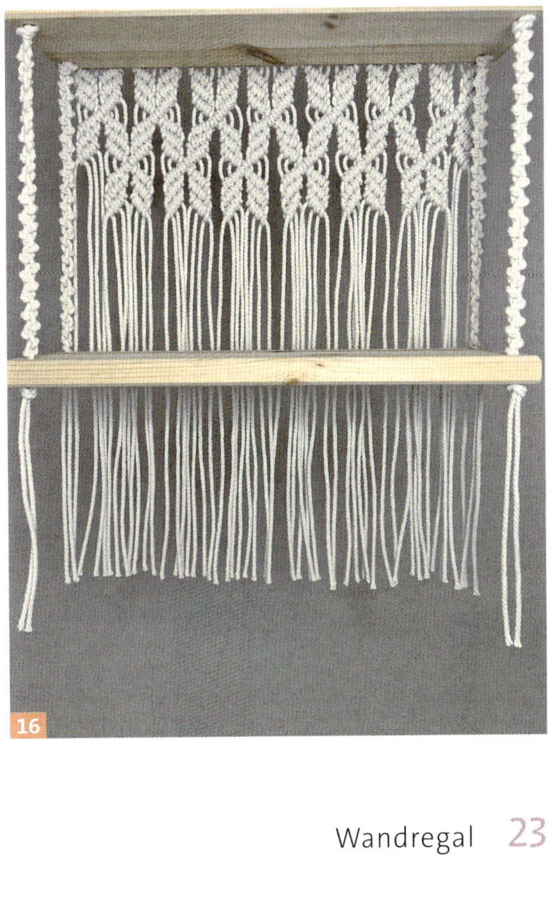
16

Fußhocker

Du wirst den Fußhocker aus Makramee lieben, sei es als zusätzliches Sitzmöbel oder um höchsten Komfort zu genießen. Dank seiner kompakten Größe kannst du ihn problemlos in verschiedenen Räumen platzieren.

Materialien:

- Baumwollgarn 3ply, 164,4 m, ø 3,7 mm (Rayher)
- Fußhocker (25 x 27 x 27 cm)

Fadenlängen:

- 28 x 3 m
- 14 x 2 m
- 42 x 1,2 m
- 2 x 1 m

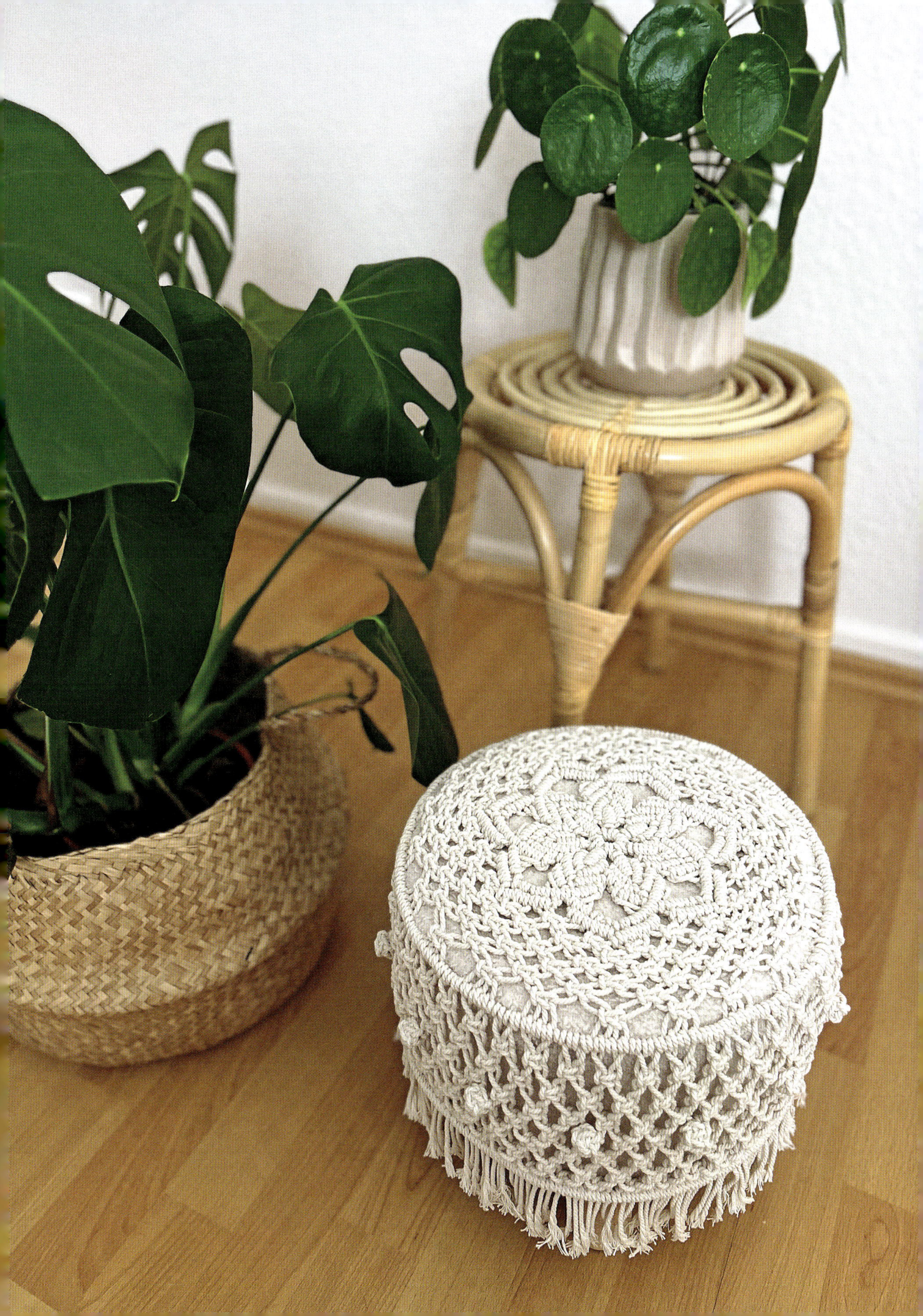

So wird's gemacht:

1 Bilde eine einfache Schlaufe mit einem Faden von 3 m Länge.

2 Knote sechs Fäden von 3 m Länge mit einem doppelten halben Schlag rückwärts um die Schlaufe.

3 Ziehe die Schlaufe nun zusammen.

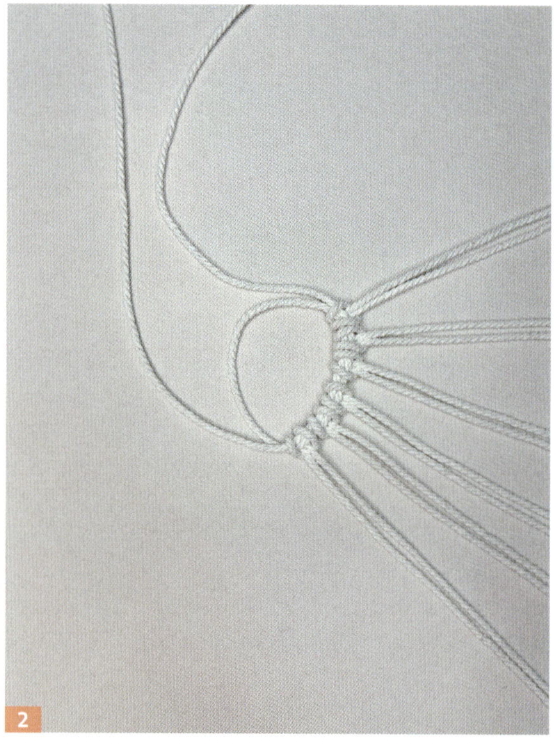

2

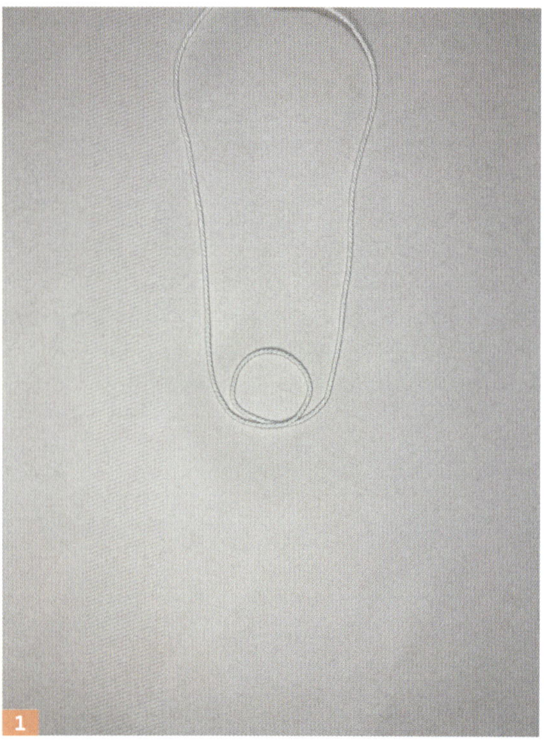

1

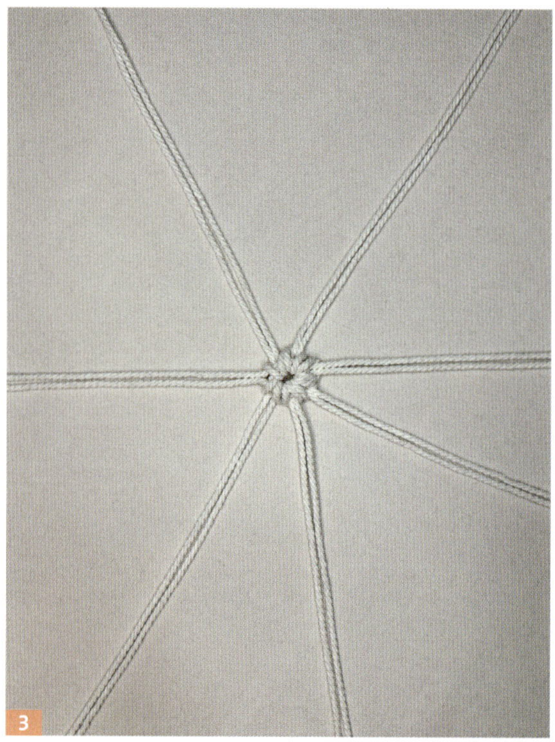

3

4 Füge je drei Fäden von 3 m Länge an je zwei Fäden mit einem Rippenknoten hinzu.

5 Knüpfe an jeden Stiel von beiden Seiten je drei Rippenknoten, sodass ein Blatt des Blumenmusters entsteht.

6 Nimm als Leitfaden den ersten bzw. oberen Faden des linken Blattes und knüpfe vier Rippenknoten mit den Fäden des rechten Blattes.

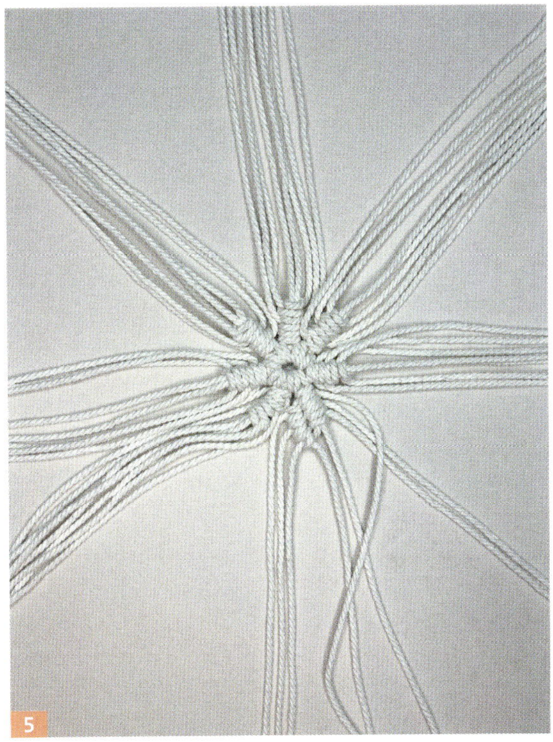

5

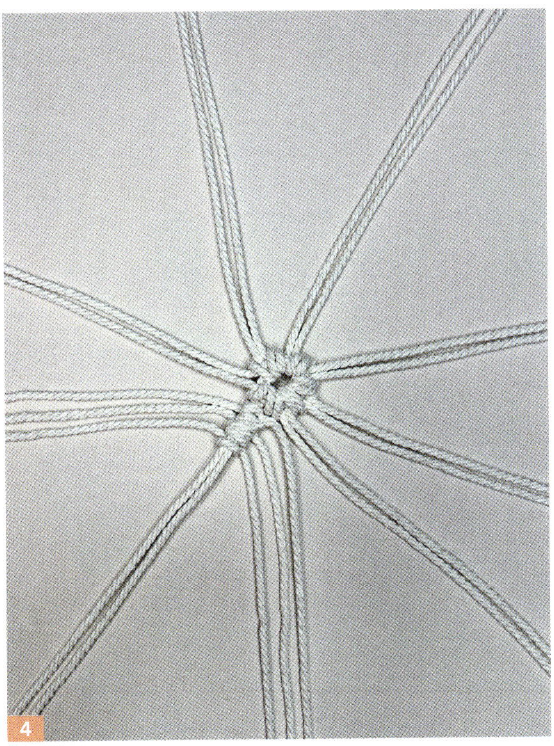

4

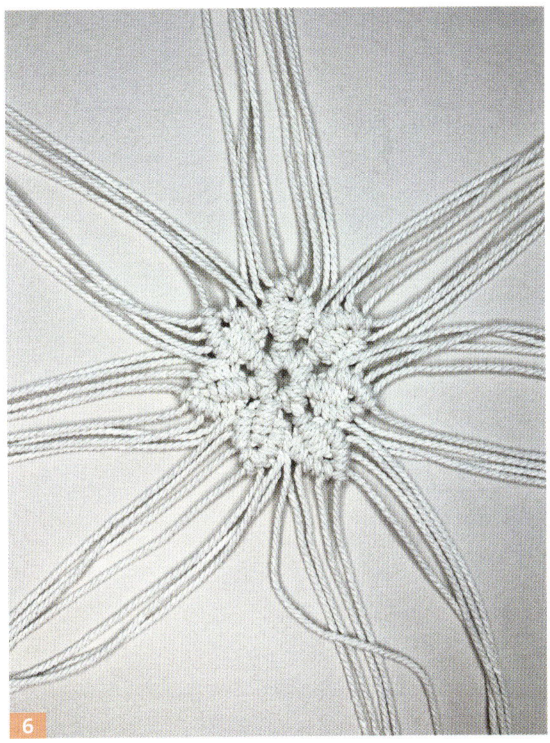

6

7 Knüpfe an jedes Blatt eine weitere Reihe aus Rippenknoten mit den Fäden der Blätter.

8 Knüpfe mit dem letzten Faden auf der rechten Seite des linken Blattes einen diagonalen Rippenknoten mit den drei Fäden von rechts nach links.

9 Knüpfe auf der anderen Seite Schritt 8 spiegelverkehrt. Füge an beiden Leitfäden je einen Faden von 2 m Länge hinzu.

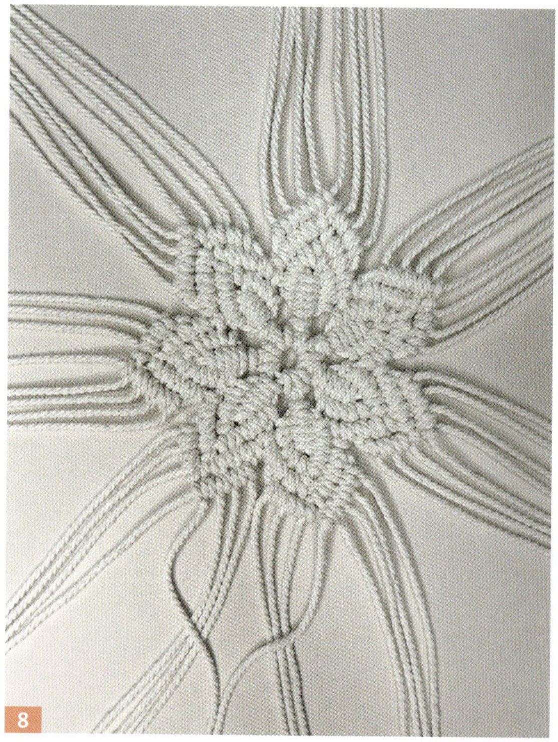
8

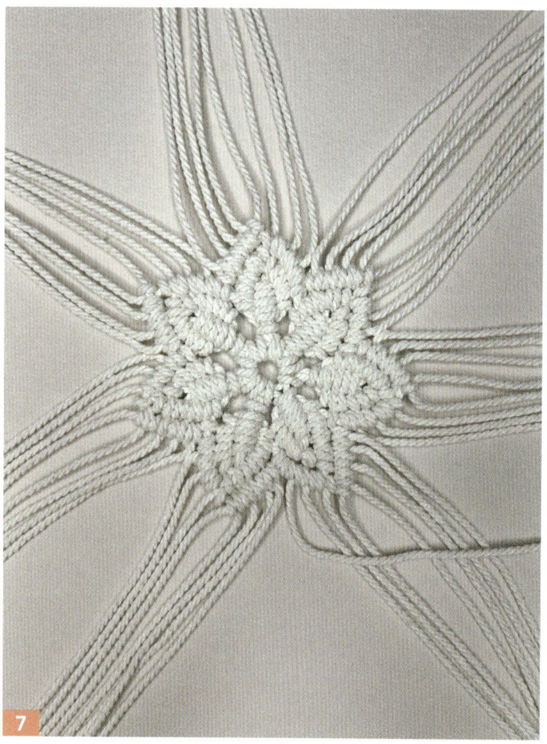
7

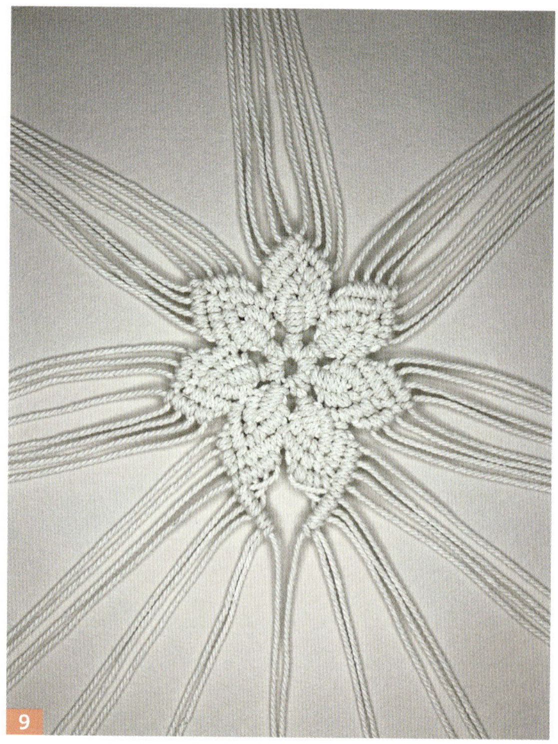
9

10 Verbinde beide Leitfäden mit einem Rippenknoten. Knüpfe eine weitere Reihe aus Rippenknoten mit den fünf Fäden auf jeder Seite.

11 Wiederhole das Muster insgesamt siebenmal.

12 Knüpfe fünf Reihen einen Kreuzknoten mit je vier Fäden, sodass ein Durchmesser von ca. 27 cm erreicht wird.

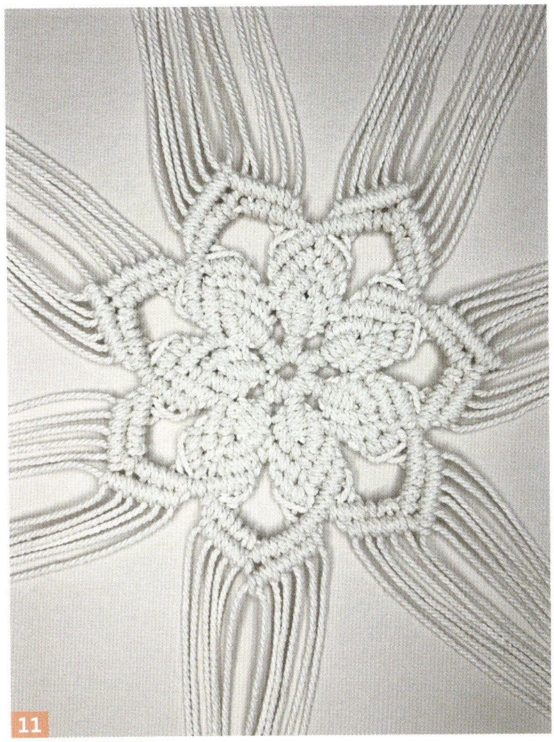

11

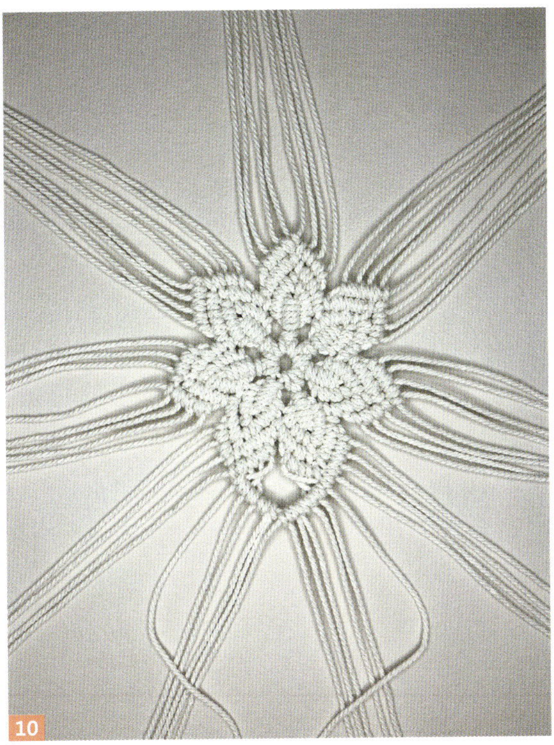

10

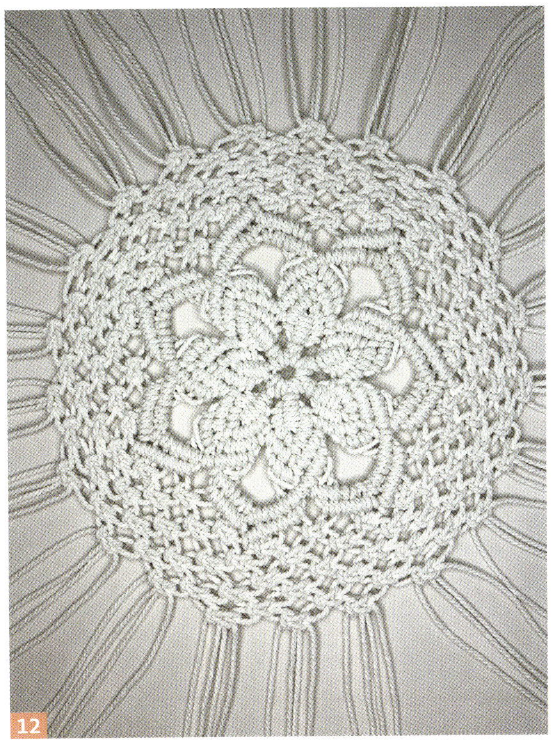

12

13 Befestige mithilfe einer Nadel einen Faden von 1 m Länge an den Hocker und knüpfe mit den vier Fäden der Kreuzknoten einen horizontalen Rippenknoten. Füge zwischen den vier Fäden immer zwei neue Fäden von 1,2 m Länge hinzu.

14 Knüpfe an den Seiten des Hockers mit je vier Fäden drei Reihen einen wechselnden Kreuzknoten.

15 Knüpfe in der vierten Reihe zuerst einen Erbsenknoten aus drei Kreuzknoten. Knote danach nebeneinander zwei Kreuzknoten und wieder einen Erbsenknoten usw.

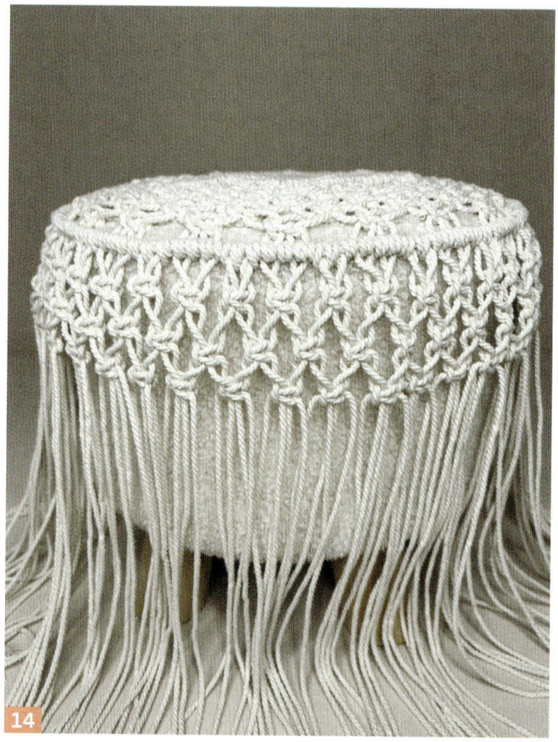

14

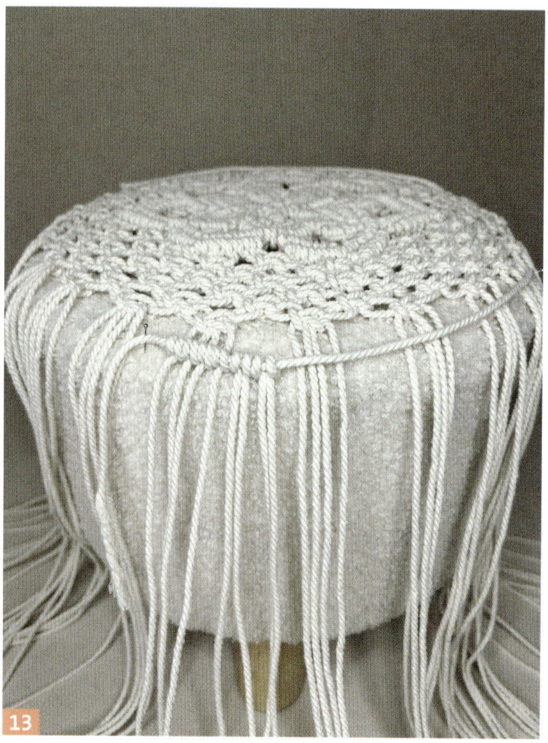

13

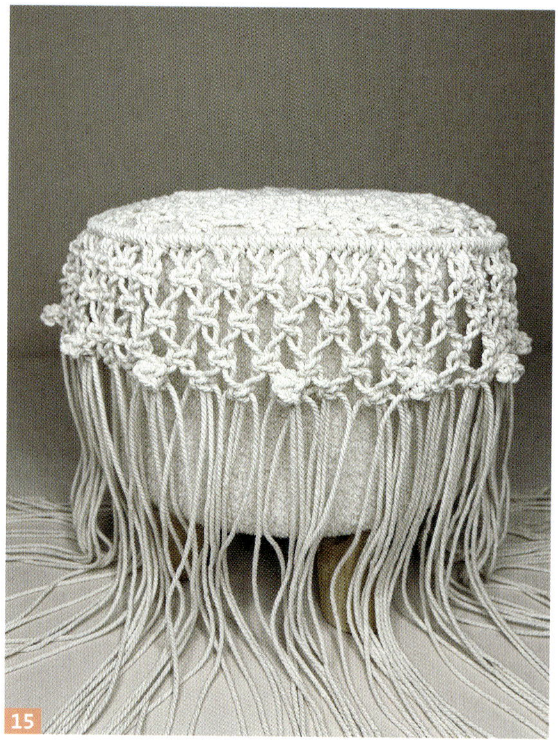

15

16 Knüpfe erneut mit je vier Fäden drei Reihen einen wechselnden Kreuzknoten. Knüpfe abschließend einen horizontalen Rippenknoten, indem du einen weiteren Faden von 1 m Länge hinzufügst. Kürze die überstehenden Fäden auf etwa 5 cm.

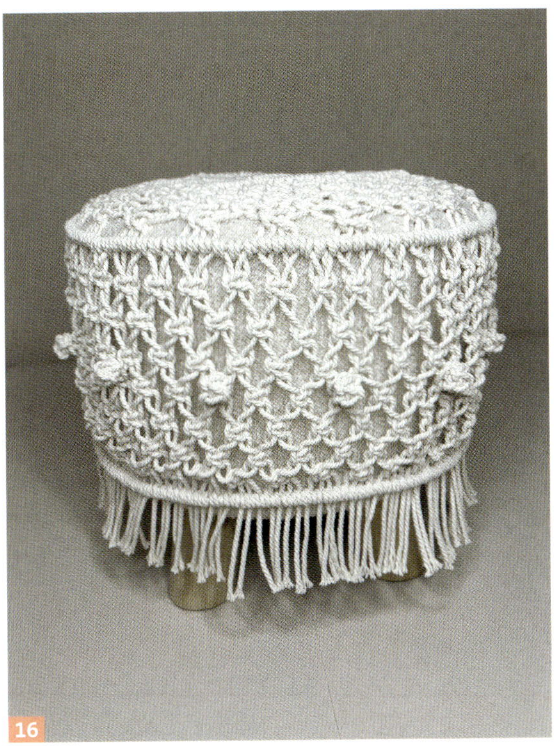

16

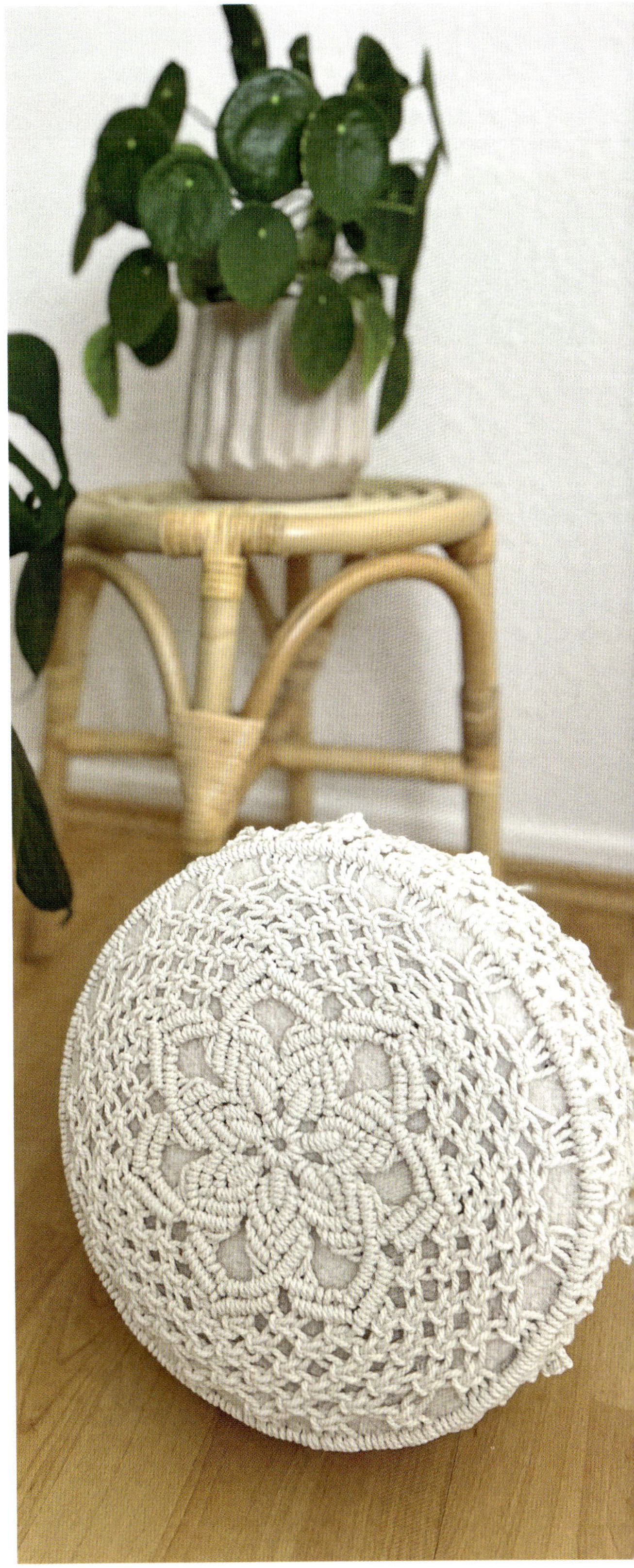

Sitzpouf

Der Sitzpouf ist vielseitig einsetzbar und kann sowohl als Fußhocker als auch als zusätzlicher Sitzplatz dienen, auf dem man sich entspannen oder gemütlich mit Freunden und Familie zusammensitzen kann. Er kann problemlos von einem Raum zum anderen bewegt werden und stellt so eine flexible Sitzgelegenheit für verschiedene Bereiche des Hauses dar.

Materialien:

- Baumwollgarn 3ply, 365,4 m, ø 5 mm
- Sitzpouf/Bodenkissen (41 x 56 x 56 cm)

Fadenlängen:

- 1 x 11,5 m
- 5 x 7,5 m
- 4 x 7 m
- 5 x 6,5 m
- 2 x 5,5 m
- 13 x 5 m
- 7 x 4,5 m
- 15 x 3 m
- 1 x 2,5 m
- 27 x 3,5 m
- 2 x 2,2 m
- 1 x 2 m

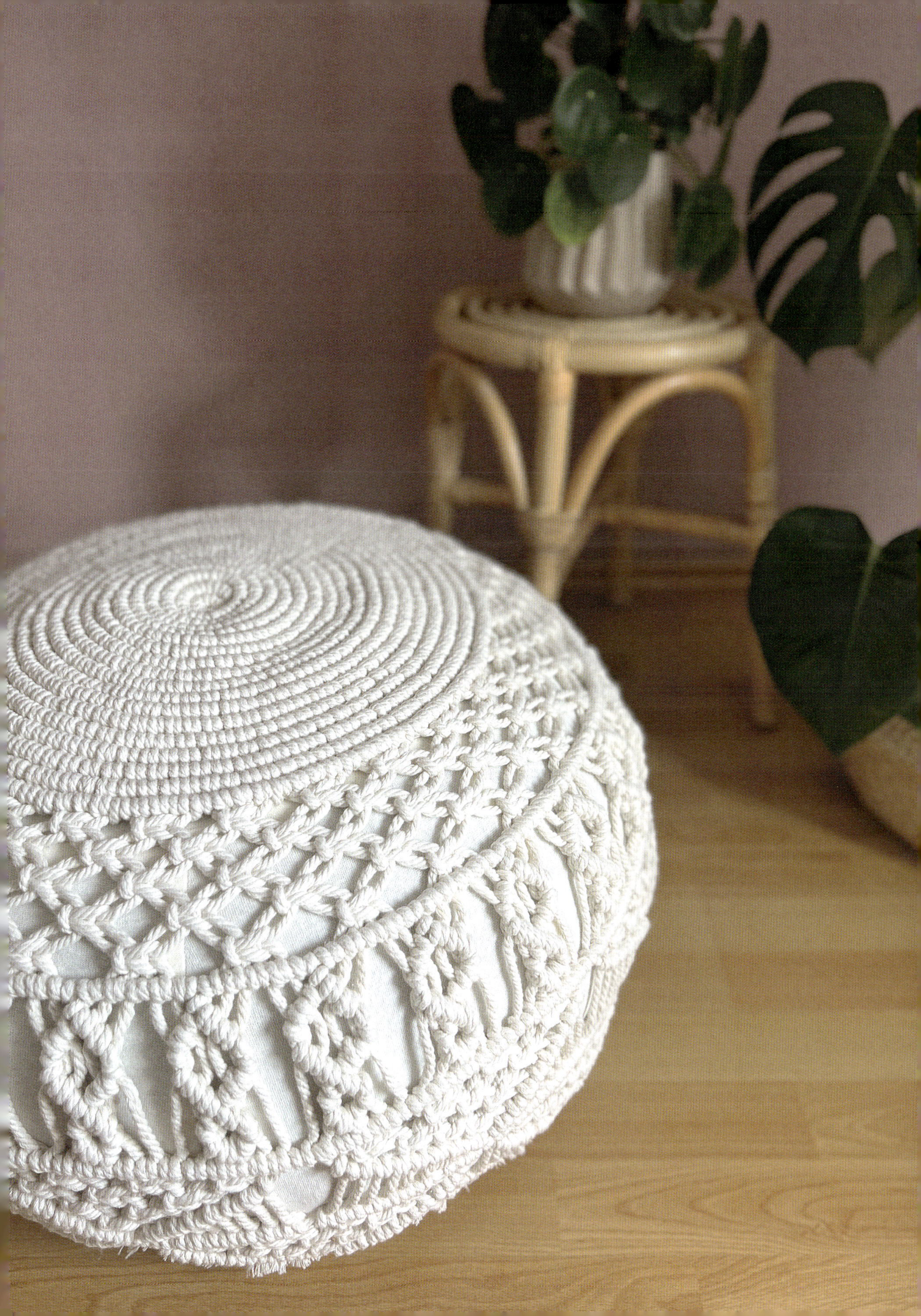

So wird's gemacht:

1 Bilde eine einfache Schlaufe mit einem Leitfaden von 11,5 m Länge. Knote fünf Arbeitsfäden von 7,5 m Länge mit einem doppelten halben Schlag rückwärts um die Schlaufe.

2 Ziehe die Schlaufe nun zusammen.

3 Knote kreisförmig mit den Arbeitsfäden Rippenknoten um den Leitfaden.

4 Ergänze einen Faden von 7 m Länge und knüpfe erneut einen Rippenknoten.

5 Knüpfe kreisförmig mit den Arbeitsfäden Rippenknoten um den Leitfaden. Nach einigen Rippenknoten entsteht eine Lücke. Fülle

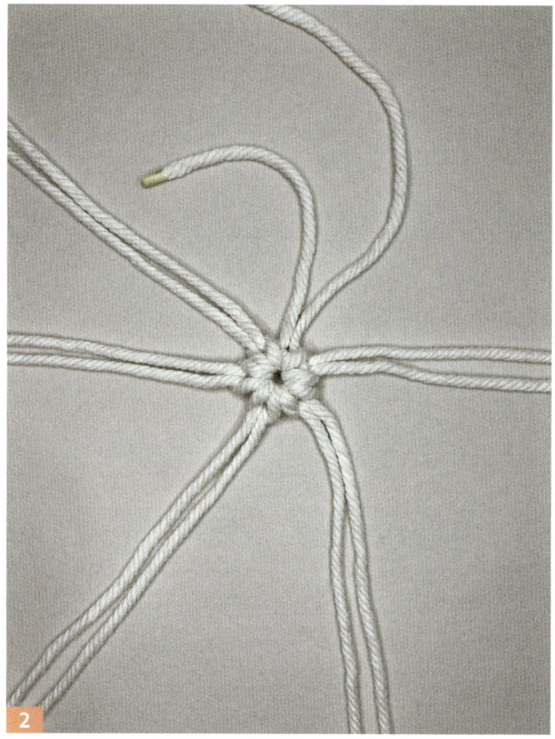

2

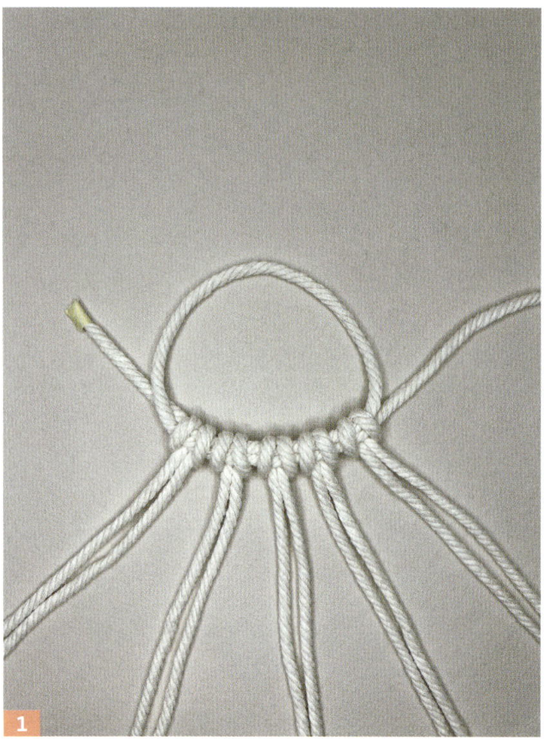

1

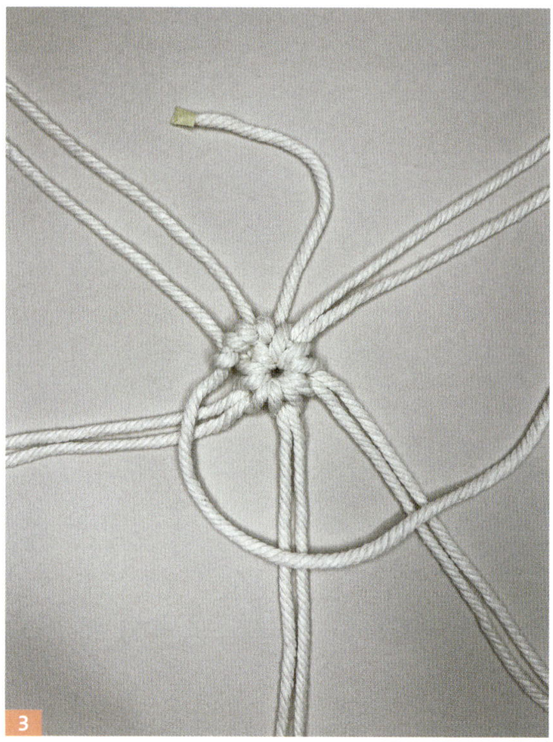

3

diese, indem du stets einen neuen Faden mit einem rückwärts gerichteten Ankerknoten befestigst und in die Lücke schiebst. Fülle in den folgenden Runden neue Arbeitsfäden hinzu: 3. Runde: 3 x 7 m, 4. Runde: 2 x 6,5 m, 5. Runde: 3 x 6,5 m, 6. Runde: 2 x 5,5 m, 7. Runde: 4 x 5 m, 8. Runde: 2 x 5 m, 9. Runde: 4 x 5 m, 10. Runde: 3 x 5 m, 11. Runde: 1 x 4,5 m, 12. Runde: 6 x 4,5 m, 14. Runde: 4 x 3 m, 15. Runde: 1 x 3 m, 16. Runde: 4 x 3 m, 17. Runde: 2 x 3 m, 18. Runde: 4 x 3 m.

6 Knüpfe ein Kreuzknotennetz aus fünf Reihen. Kürze das überstehende Fadenende des Leitfadens und verstecke das Ende unter dem Muster.

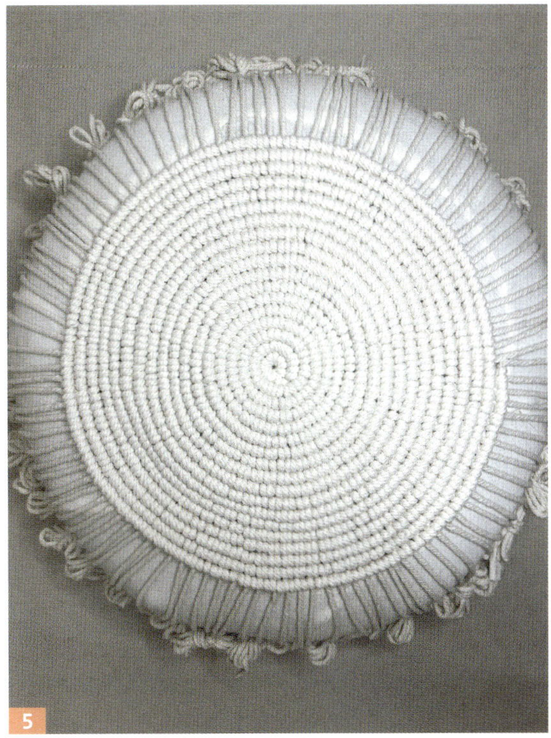

5

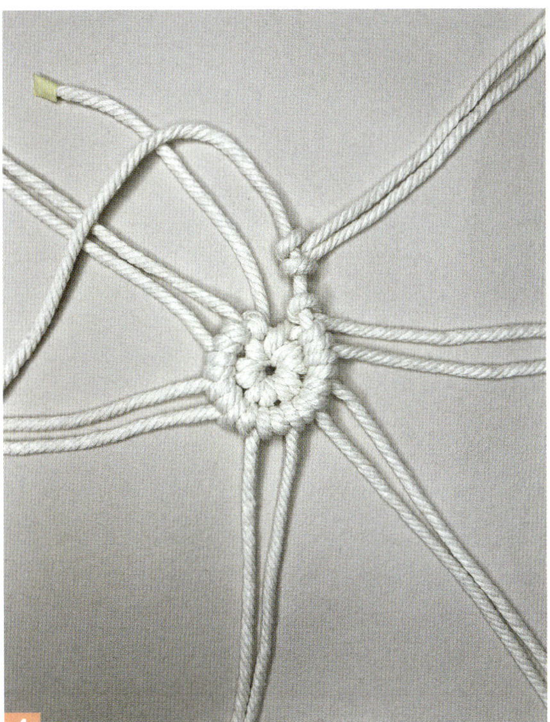

4

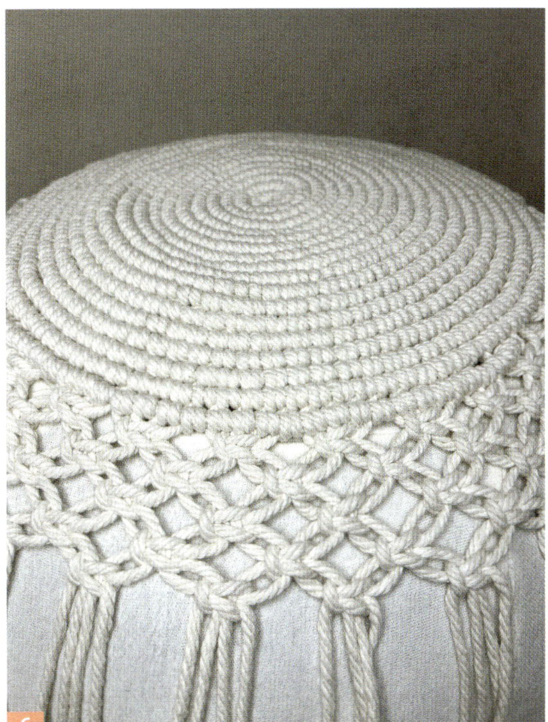

6

7 Nimm einen neuen Faden von 2,5 m Länge und knüpfe um diesen horizontale Rippenknoten mit den Fäden des Kreuzknotennetzes.

8 Knote das Ende des neuen Fadens mit einem Rippenknoten und ziehe alles zusammen.

9 Fülle die entstandenen Lücken mit einem Faden von 3,5 m Länge (insgesamt 27 x 3,5 m) mit einem rückwärts gerichteten Ankerknoten.

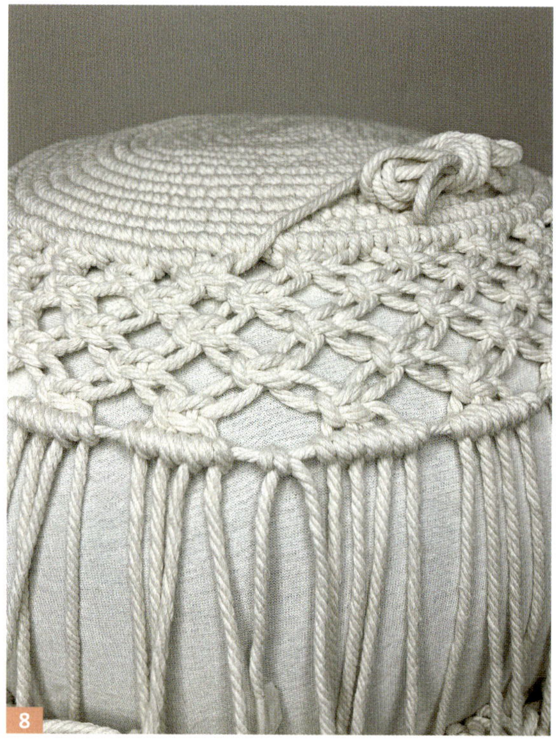
8

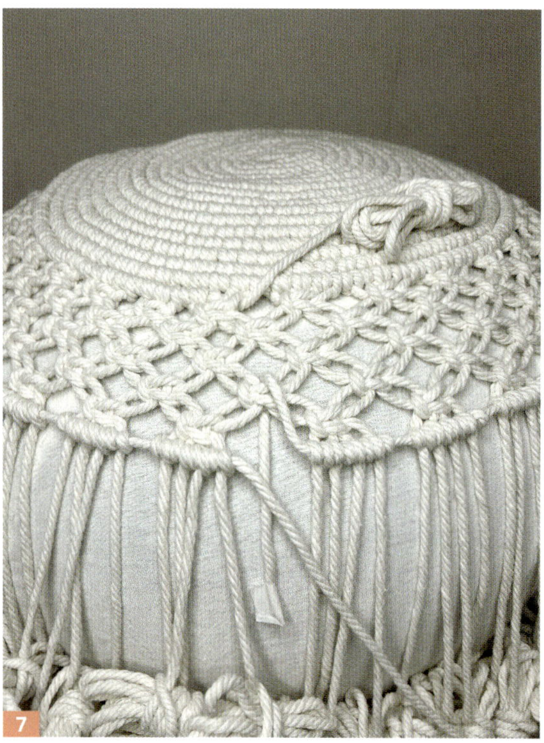
7

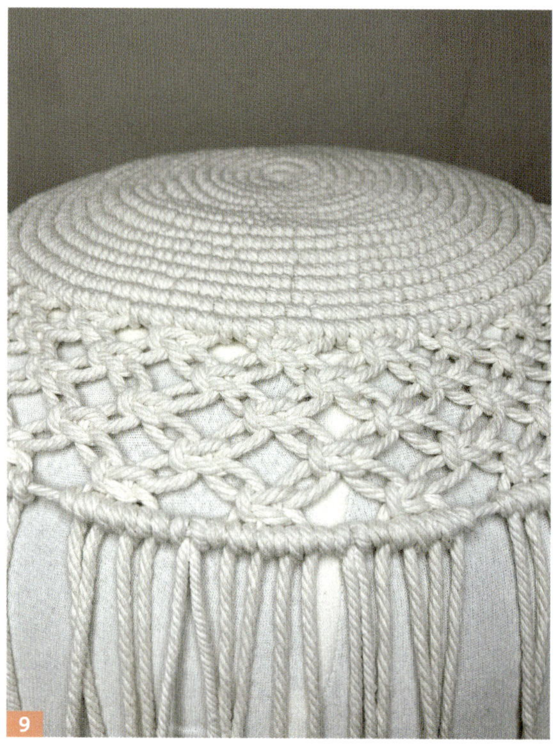
9

10 Knüpfe mit sechs Fäden einen Diamanten. Schließe den Diamanten, indem du mit dem linken bzw. rechten Arbeitsfaden einen Rippenknoten knüpfst.

11 Knüpfe erneut mit vier Fäden einen Diamanten wie in Schritt 10.

12 Wiederhole die Schritte 10 und 11, um 27 Diamantenmuster zu erhalten. Knüpfe anschließend einen horizontalen Rippenknoten um einen neuen Faden von 2,2 m Länge wie in Schritt 7 und 8.

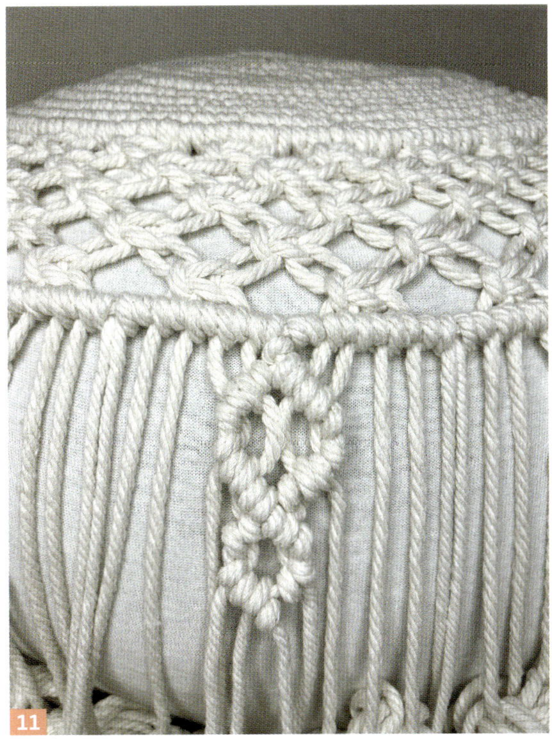

11

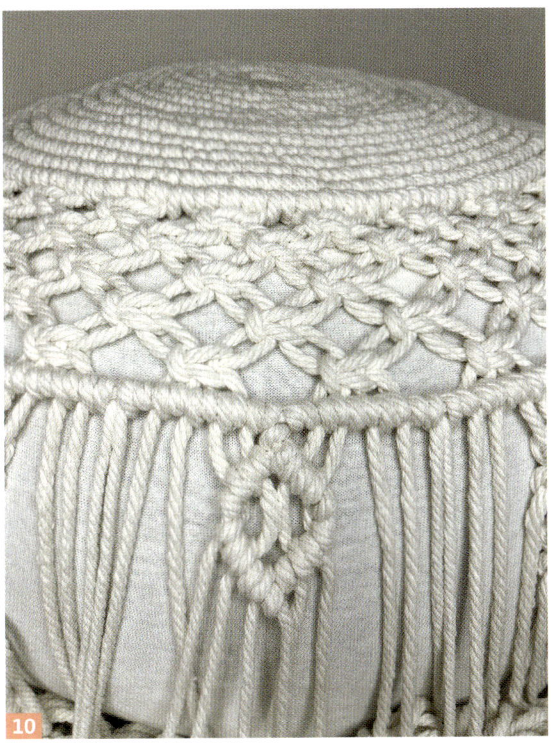

10

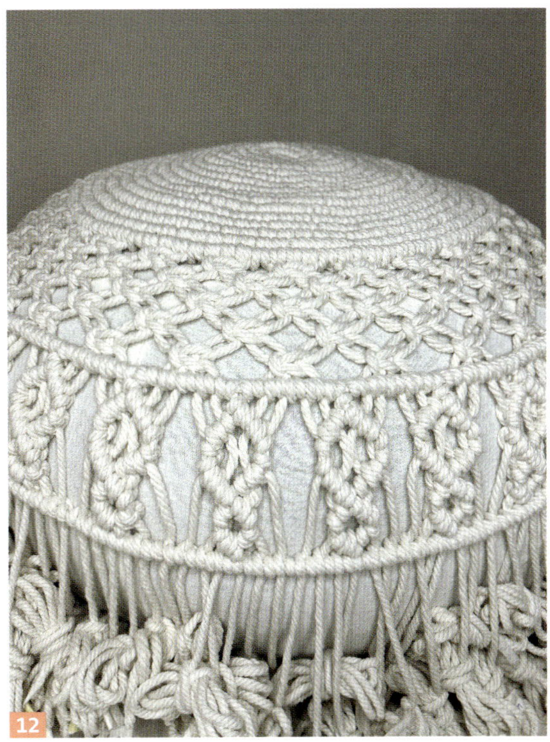

12

13 Knüpfe vier nebeneinanderliegende Kreuzknoten mit je vier Fäden.

14 Knüpfe weitere drei Reihen Kreuzknoten unter den vier Kreuzknoten, damit ein Dreiecksmuster entsteht.

15 Knote nun mit dem rechten bzw. linken Faden neben dem Dreiecksmuster einen diagonalen Rippenknoten mit den Fäden der Kreuzknoten.

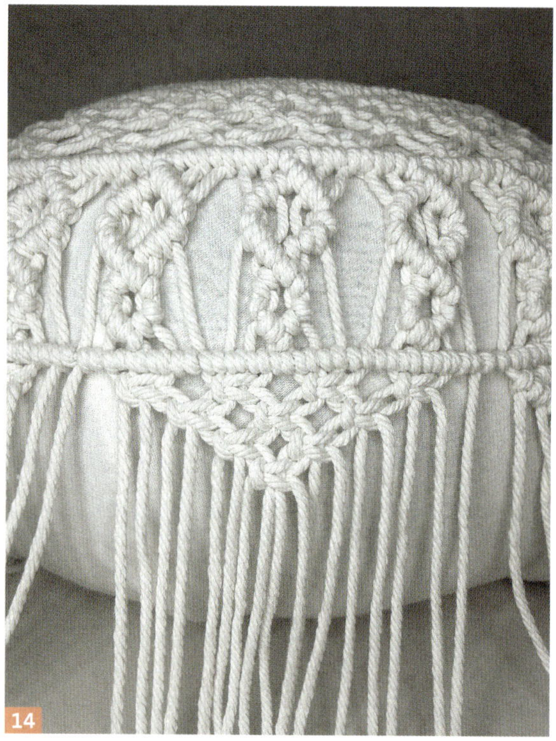

14

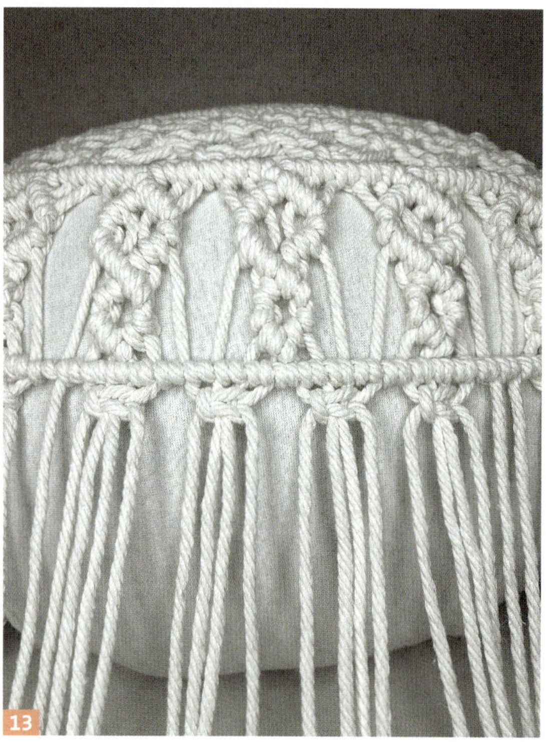

13

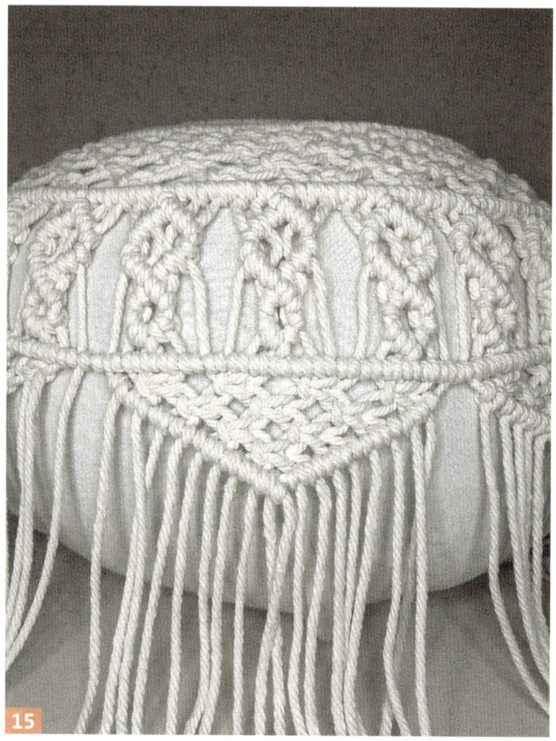

15

16 Wiederhole die Schritte 13 bis 15, damit insgesamt neun Dreiecksmuster entstehen. Knüpfe anschließend horizontale Rippenknoten um einen neuen Faden von 2,2 m Länge wie in Schritt 7 und 8.

17 Führe die Schritte 13 bis 16 versetzt um neun Fäden aus.

18 Knüpfe anschließend einen horizontalen Rippenknoten um einen neuen Faden von 2 m Länge wie in Schritt 7 und 8. Kürze die überstehende Fadenlänge auf 2 cm.

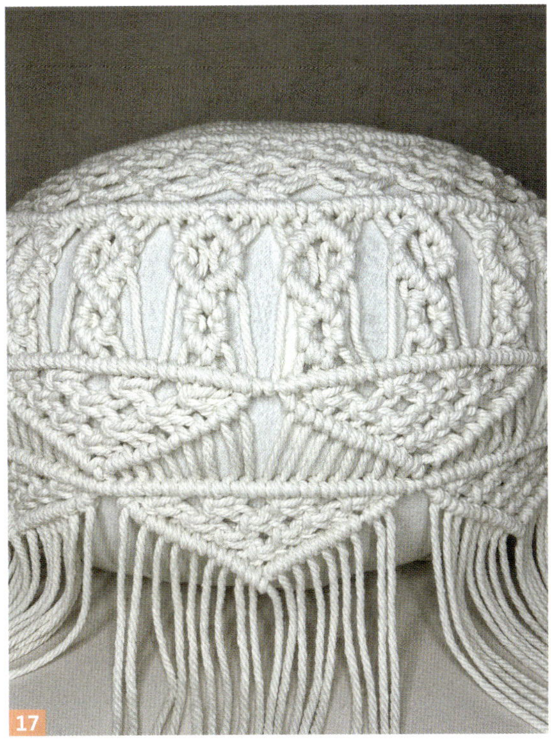
17

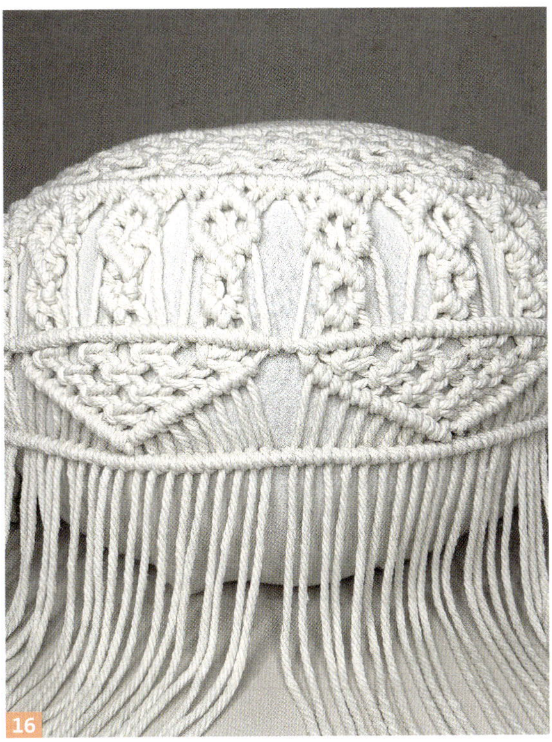
16

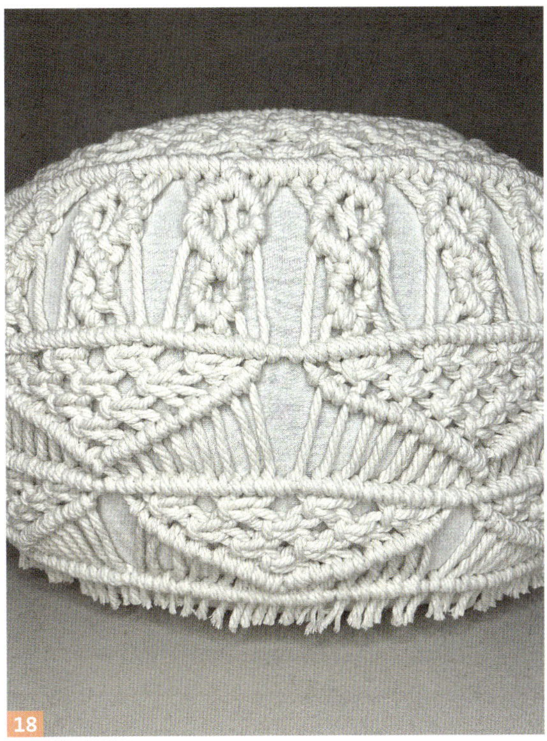
18

Katzenschaukel

Die Katzenschaukel aus Makramee ist ein speziell gestaltetes Möbelstück für unsere pelzigen Freunde. Sie kann an einer Wand befestigt werden und bietet Katzen einen erhöhten Platz zum Sitzen, Ausruhen und Spielen. Das kunstvolle Makramee-Muster verleiht der Schaukel eine leichte Ästhetik, die sich harmonisch in verschiedene Einrichtungsstile einfügt.

Materialien:

- Baumwollgarn 3ply, 406,5 m, ø 3,7 mm (Rayher)
- Rundstab, 50 cm lang
- Metallring Halbkreis, ø (2,5 cm, 46 x 39 cm; eftals.atelier)

Fadenlängen:

- 40 x 9,2 m
- 6 x 2 m
- 1 x 26,5 m

Fertige Größe:

- 1 m lang

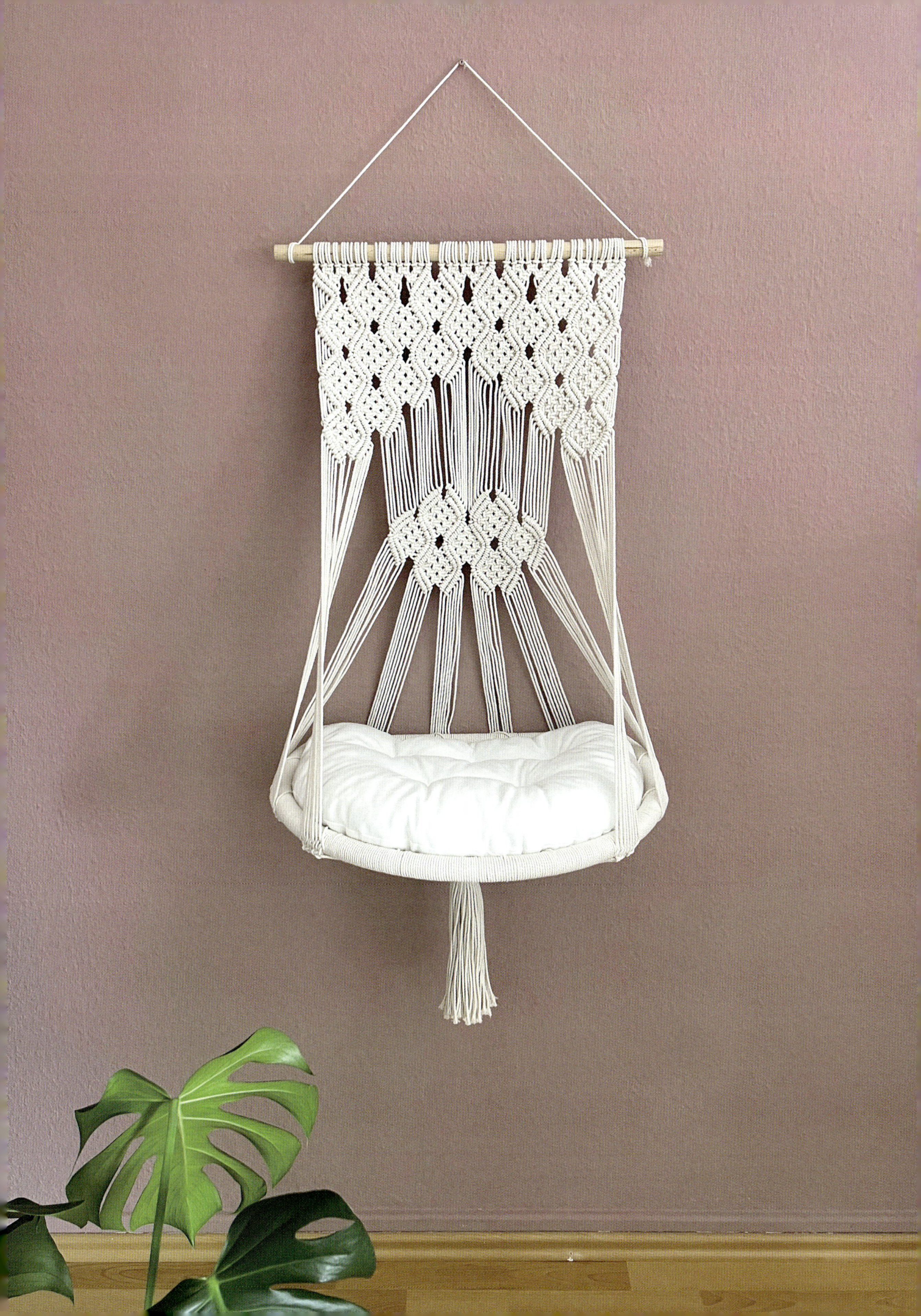

So wird's gemacht:

1 Befestige 40 Fäden von 9,2 m Länge mit einem Ankerknoten vorwärts am Rundstab.

2 Beginne mit dem dritten Faden und knüpfe in der ersten Reihe drei nebeneinanderliegende Kreuzknoten. In der zweiten Reihe knüpfe zwei Kreuzknoten.

3 Knüpfe mit dem ersten Faden von links zwei Reihen diagonale Rippenknoten nach rechts.

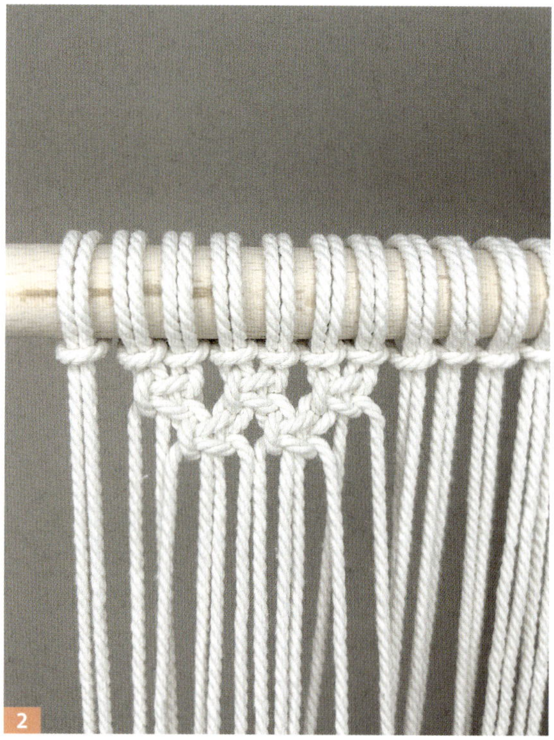

2

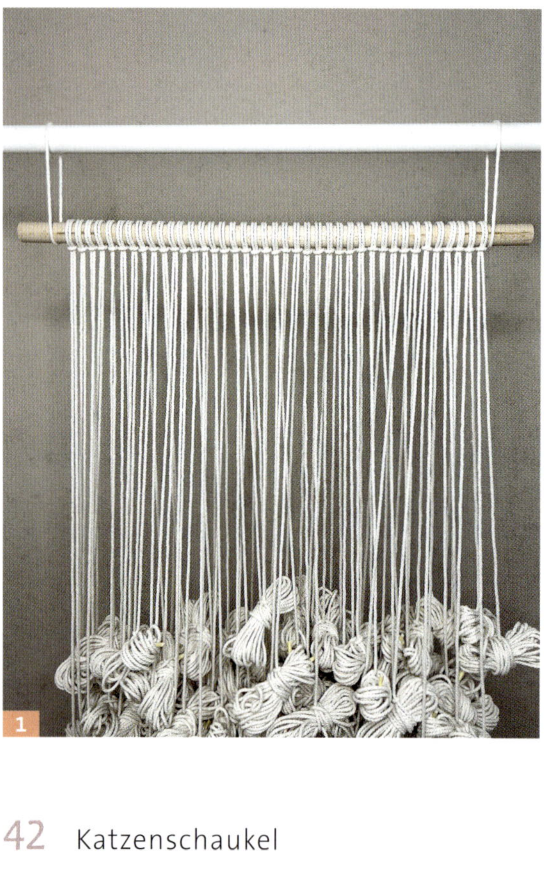

1

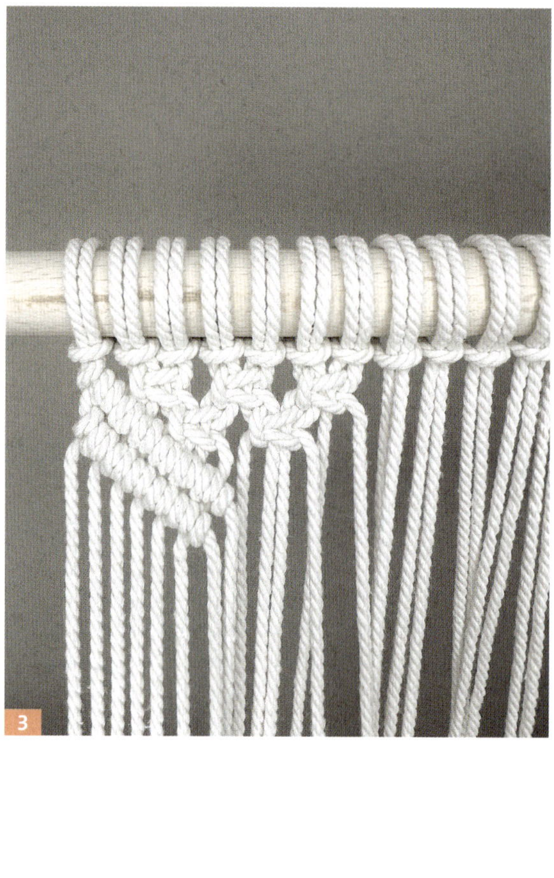

3

4 Knüpfe mit den Leitfäden zwei Reihen diagonale Rippenknoten nach links. Wiederhole diesen Schritt spiegelverkehrt auf der rechten Seite.

5 Knote zwischen den Rippenknoten fünf Reihen Kreuzknoten, wobei in der dritten Reihe drei Kreuzknoten nebeneinanderliegen.

6 Knüpfe wieder um die Raute herum zwei Reihen diagonale Rippenknoten.

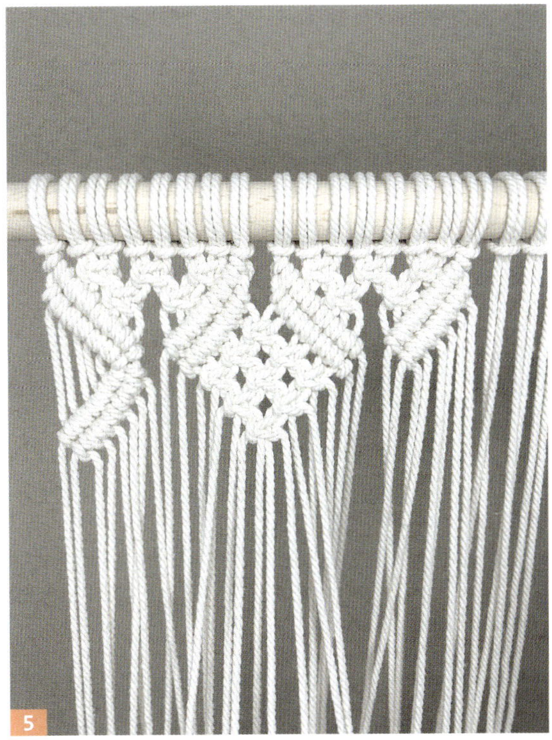
5

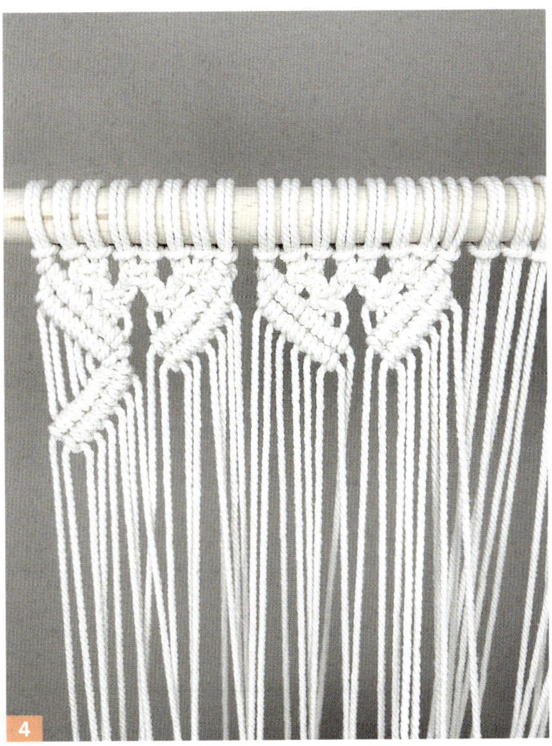
4

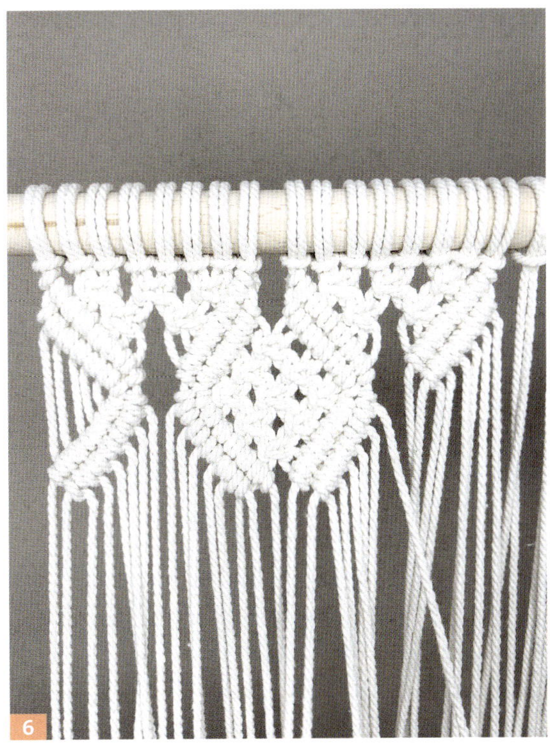
6

7 Wiederhole Schritt 5 auf der linken Seite.

8 Wiederhole Schritt 6 um die Kreuzknoten herum.

9 Stelle weitere Rauten her, bis das gewünschte Muster vollständig ist.

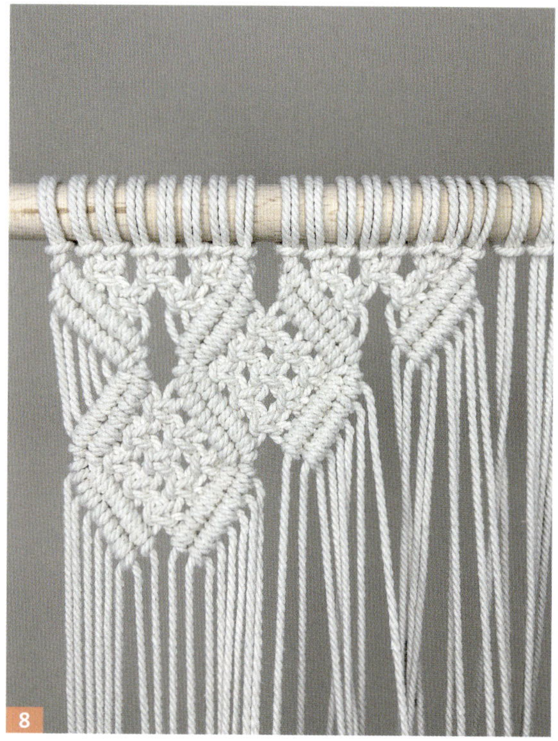

8

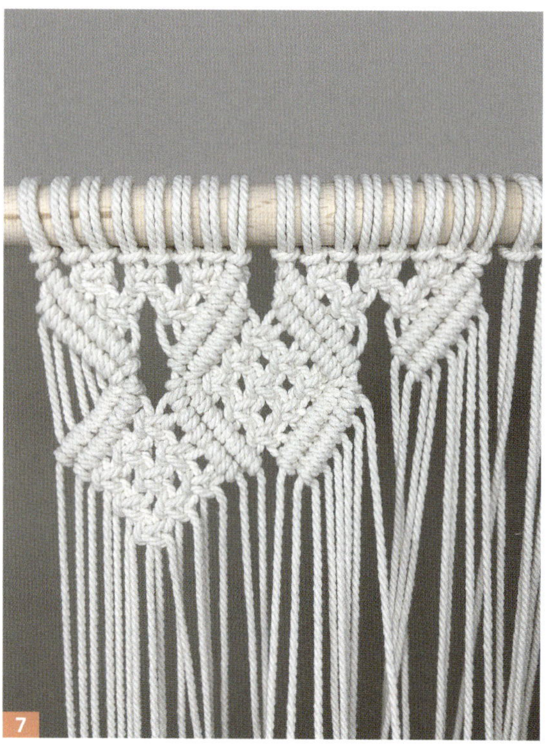

7

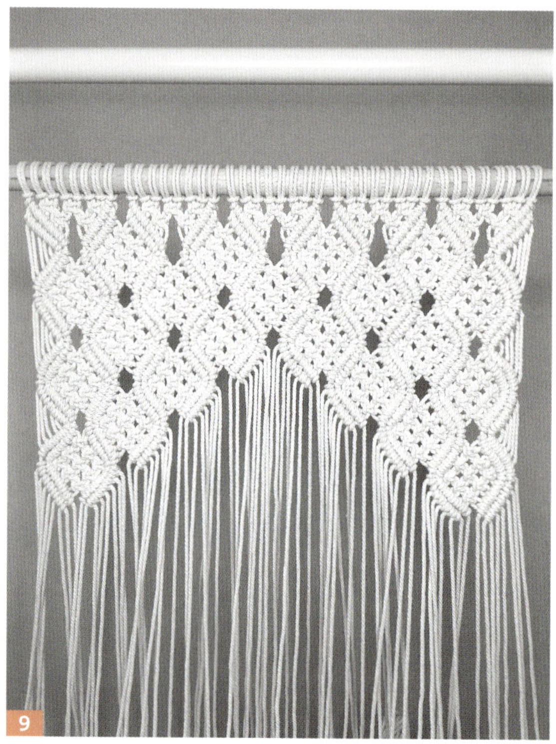

9

10 Wiederhole 15 cm unter der Mitte des Musters die Schritte 2 bis 8.

11 Befestige die Fäden mit Rippenknoten nach außen am Metallring. Nimm dabei jeweils acht Fäden zusammen. Im hinteren Bereich befestige viermal acht Fäden, an den Seiten jeweils dreimal acht Fäden.

12 Knote nach jedem Rippenknoten zwei Kreuzknoten nebeneinander, um ein Verrutschen der Fäden zu verhindern.

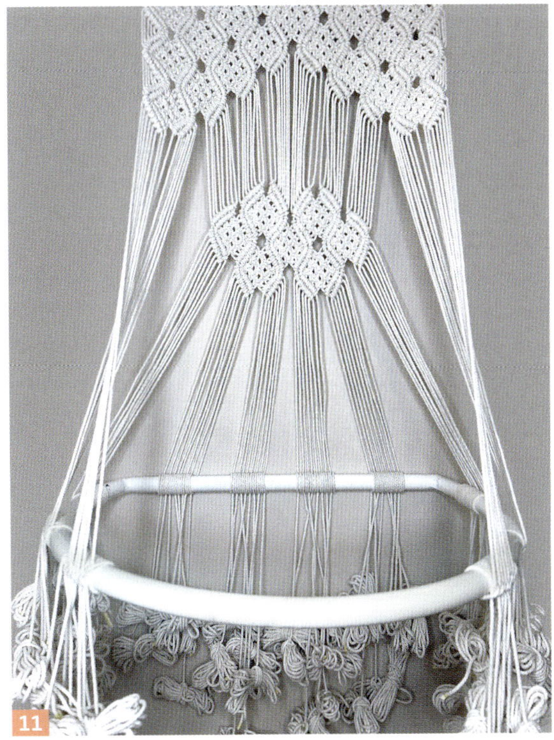

11

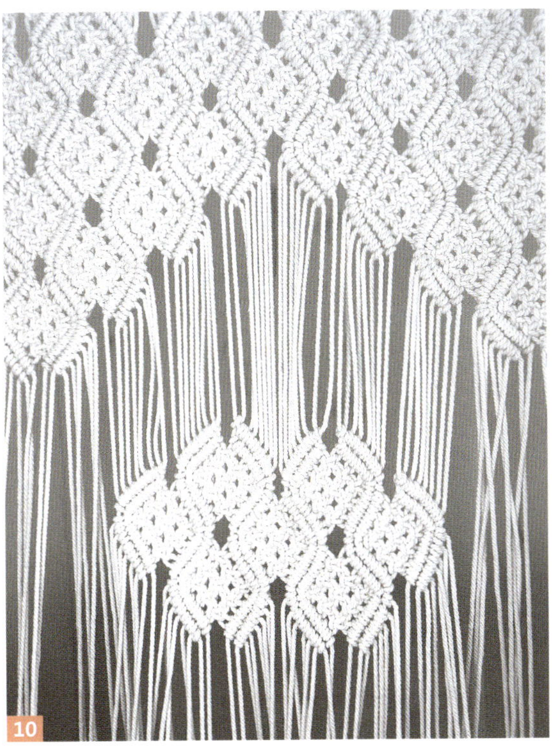

10

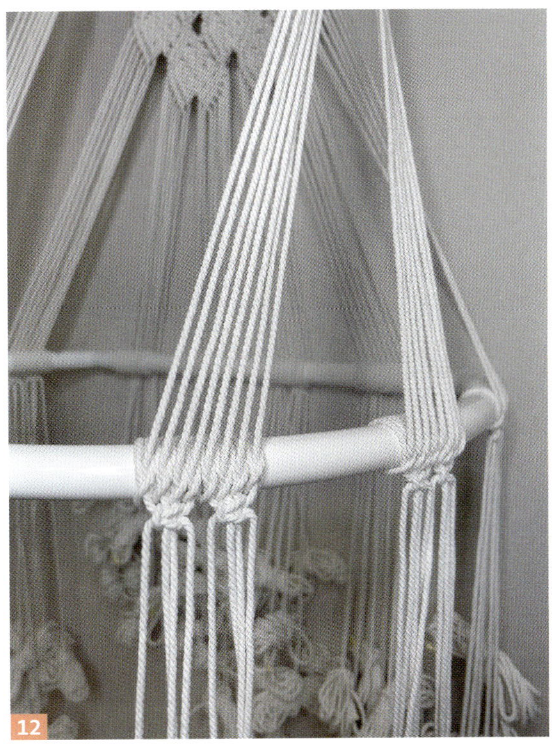

12

13 Befestige weitere sechs Fäden von 2 m Länge mit einem Ankerknoten rückwärts an den vorderen Bogen. Hänge hierbei dreimal zwei Fäden nebeneinander im Abstand von etwa 10 cm.

14 Knüpfe Kreuzknoten mit den ergänzten Fäden.

15 Knüpfe nun ein Netz aus drei Reihen an Kreuzknoten, wobei in der letzten Reihe 12 Kreuzknoten nebeneinanderliegen.

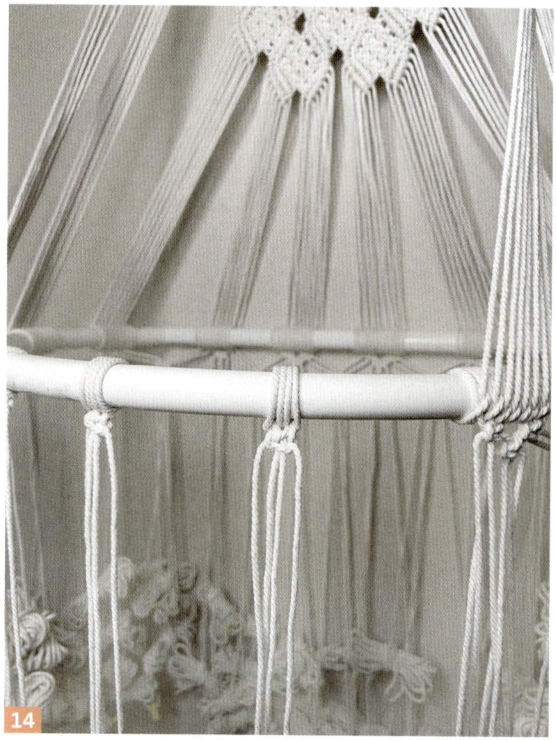
14

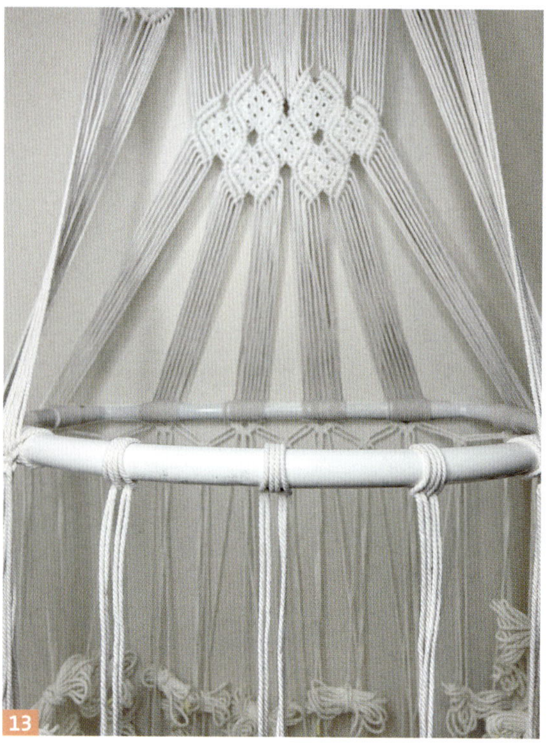
13

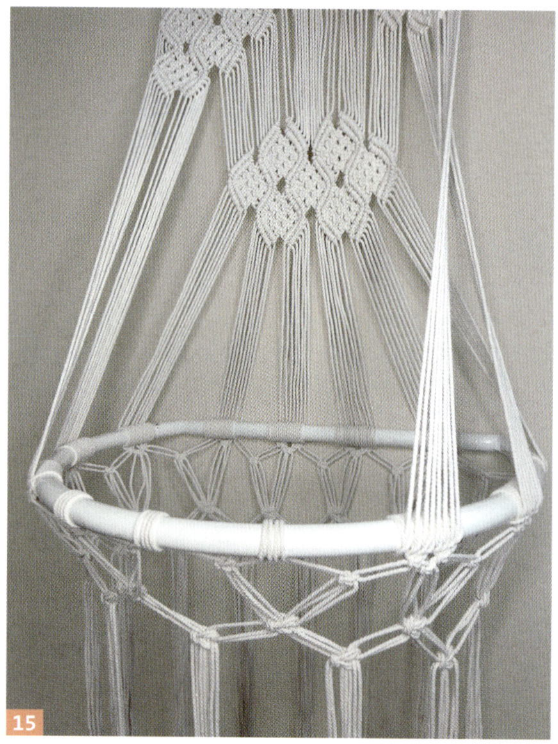
15

16 Knüpfe mit allen Fäden einen Wickelknoten, um die Fäden direkt unter der späteren Liegefläche zusammenzuhalten.

17 Kürze die überstehenden Fäden auf eine Länge von 20 cm. Markiere die Länge mit Kreppband, um alle Fäden gleichmäßig lang abzuschneiden.

18 Umwickel den Metallring mit einem Faden von 26,5 m Länge und klebe Anfang und Ende des Fadens mit Heißkleber fest.

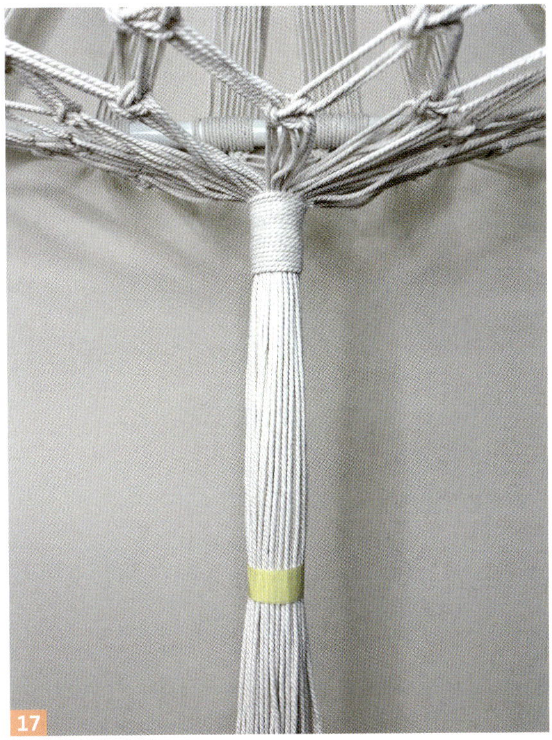
17

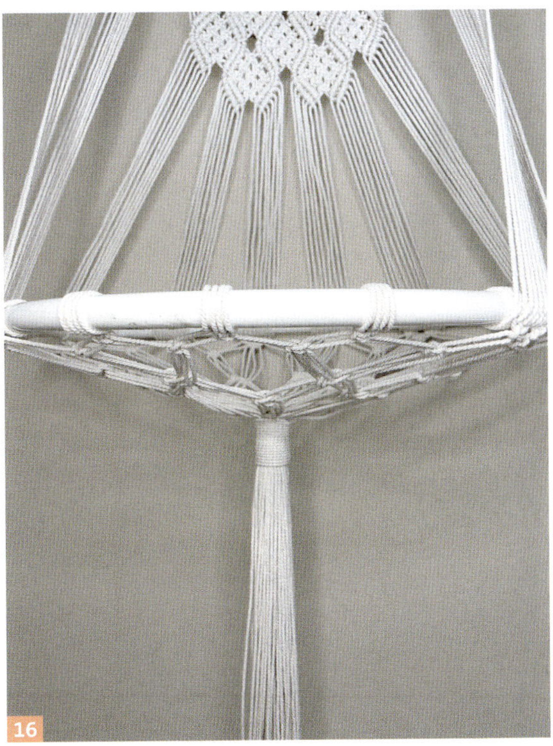
16

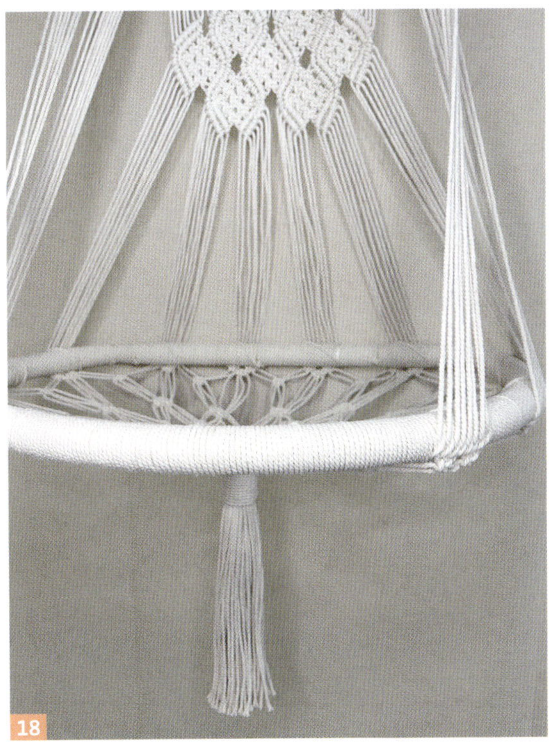
18

Lampenschirm

Der Lampenschirm aus Makramee ist ein bezauberndes und einzigartiges Accessoire, das in jedem Raum eine warme und gemütliche Atmosphäre schafft. Mit seinen kunstvollen Knüpfmustern lässt er das Licht sanft und warm hindurchscheinen. Egal ob als stilvoller Akzent im Wohnzimmer, als romantische Beleuchtung im Schlafzimmer oder als gemütlicher Lichtspender in einem Entspannungsbereich – der Lampenschirm aus Makramee vereint auf harmonische Weise Stil und Funktionalität.

Materialien:

- Baumwollgarn 3ply, 380 m, ø 2 mm (Rayher)
- Metallring mit Kreuz, ø 40 cm (Rayher)

Fadenlängen:

- 152 x 2,5 m

Fertige Größe:

- 40 cm hoch

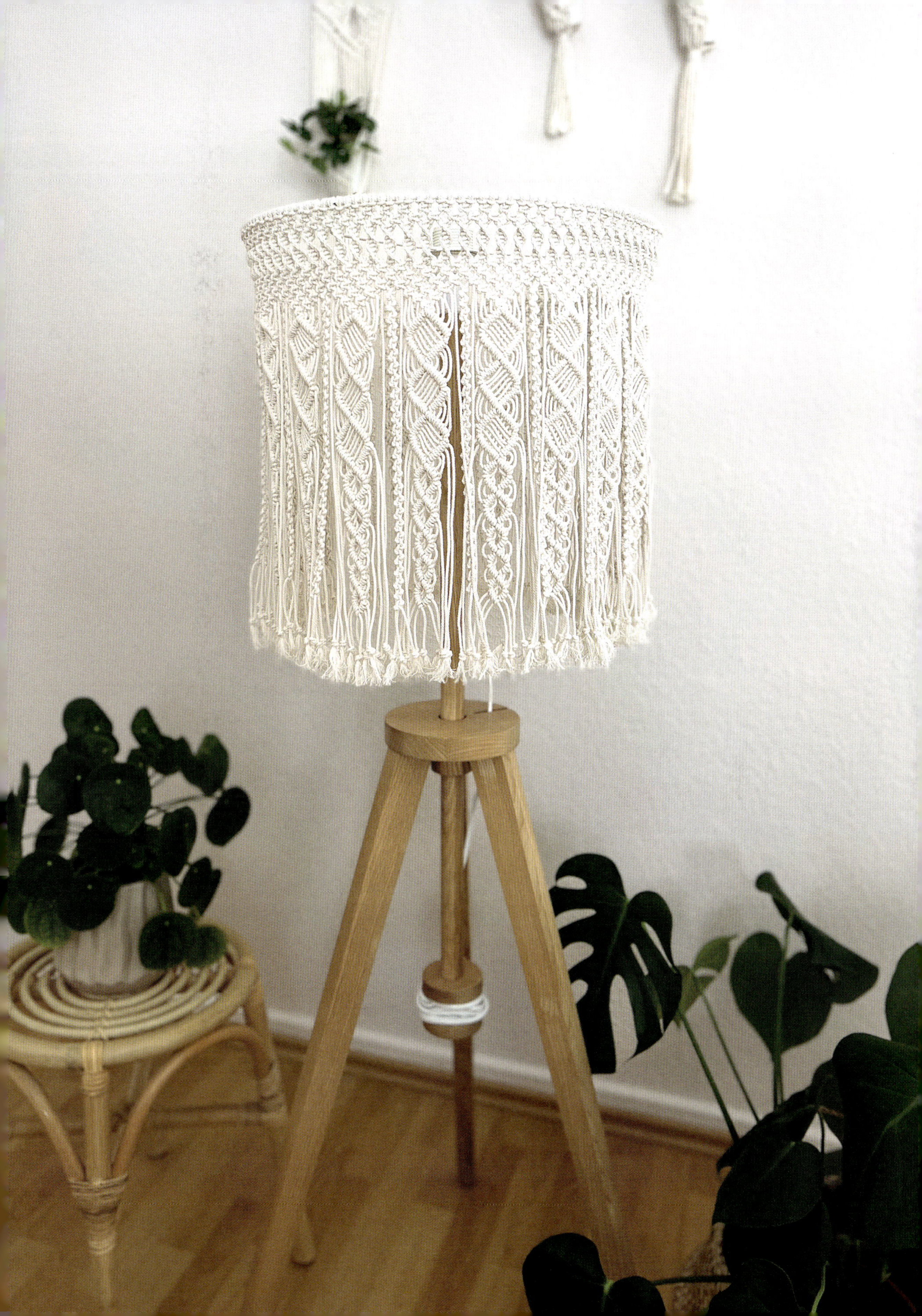

So wird's gemacht:

1 Befestige 152 Fäden von 2,5 m Länge mit Ankerknoten vorwärts am Metallring.

2 Knote mit je vier Fäden zwei Reihen Kreuzknoten. Insgesamt sollten es 38 Kreuzknoten sein.

3 Knote nun einen gedrehten Strang aus zehn Kreuzknoten nach rechts, indem du jeweils vier Fäden verwendest.

4 Knüpfe wieder zwei Reihen Kreuzknoten, um insgesamt 38 Kreuzknoten zu erhalten.

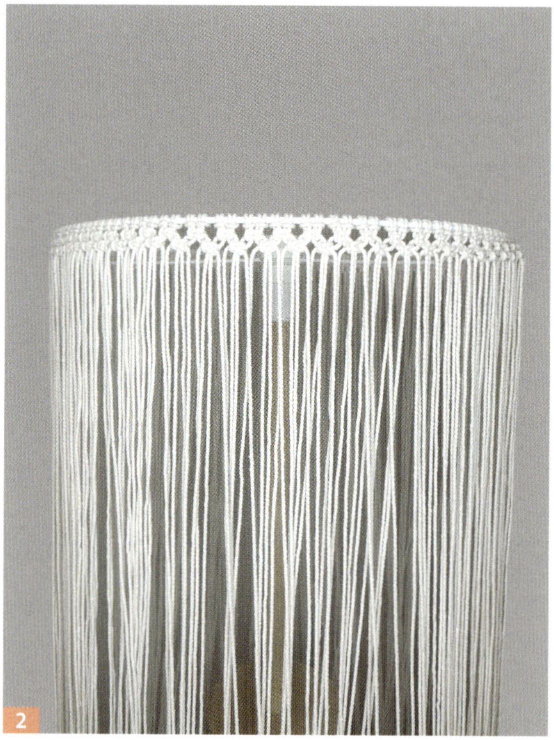

2

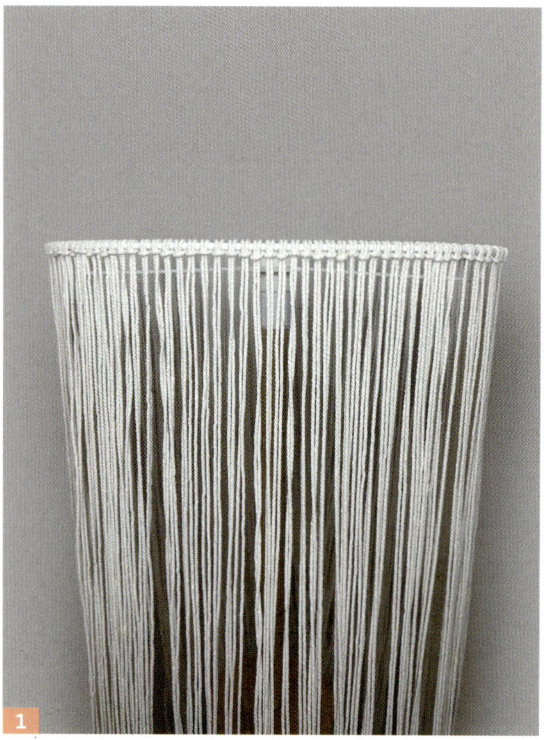

1

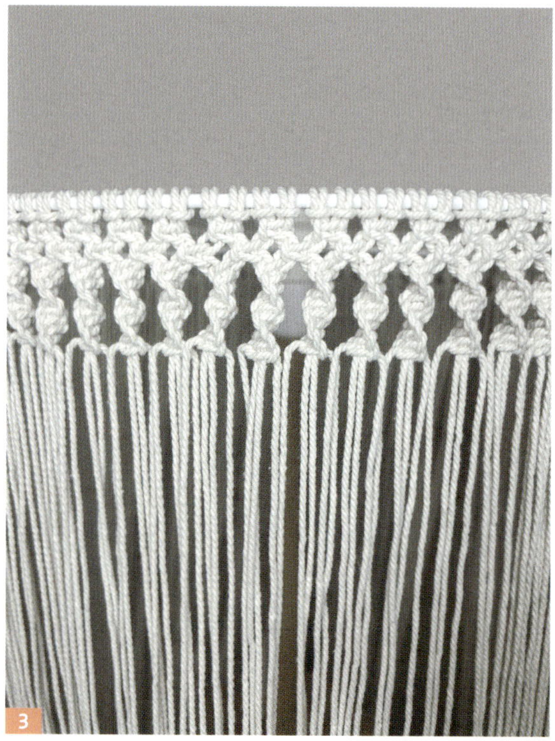

3

5 Knüpfe ein Dreiecksmuster aus Kreuzknoten. Knote zunächst in der ersten Reihe vier Kreuzknoten nebeneinander, in der zweiten Reihe drei Kreuzknoten nebeneinander, in der dritten Reihe zwei Kreuzknoten und in der vierten Reihe einen Kreuzknoten. Wiederhole dies insgesamt 19-mal, um 19 Dreiecksmuster zu erhalten.

6 Unter jedem Dreiecksmuster knüpfe aus zwölf Fäden drei Diamanten untereinander. Um den Diamanten zu schließen, knüpfe mit den zehn Fäden unter dem Dach des Diamanten ein Netz, indem du die linken Arbeitsfäden für die diagonalen Rippenknoten rechts verwendest und umgekehrt.

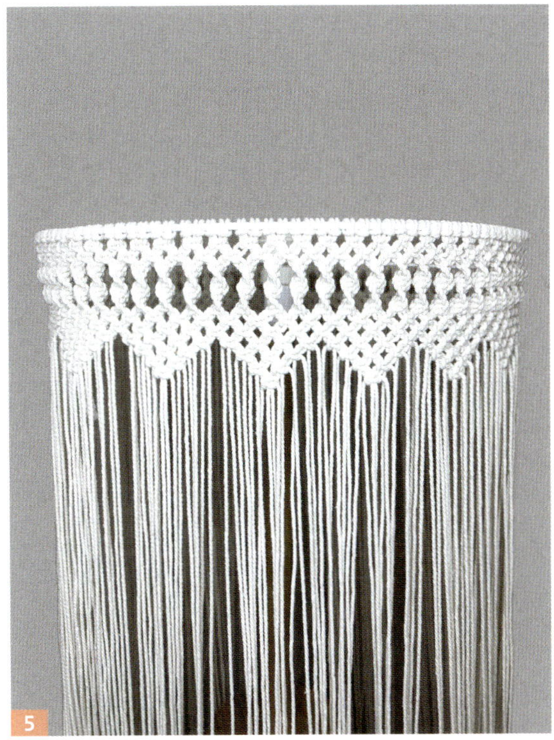

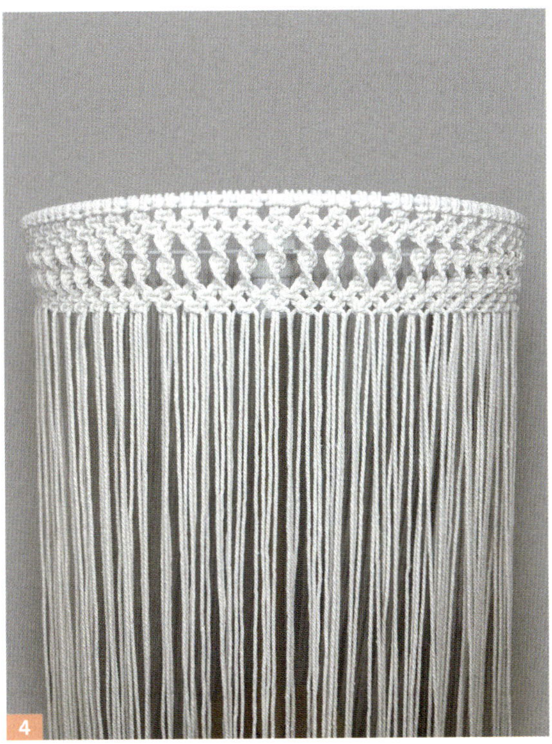

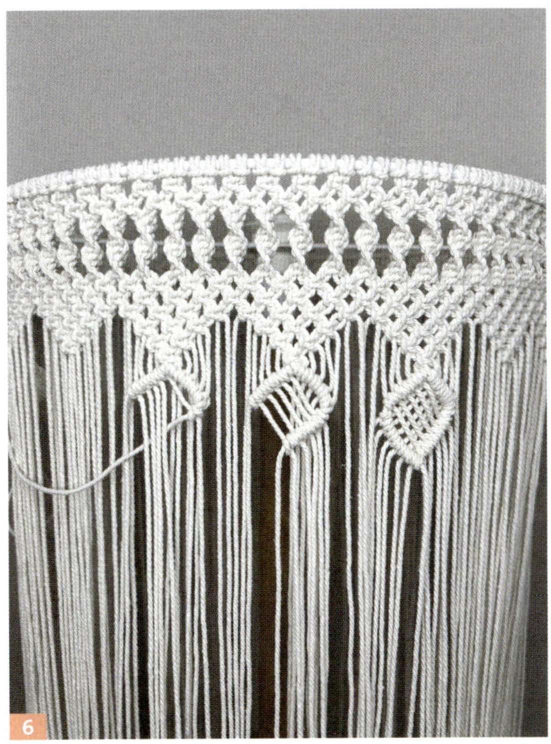

7 Knüpfe erneut unter jedem Diamanten nun aus acht Fäden zwei Diamanten untereinander. Diesmal knüpfe mit den sechs Fäden unter dem Dach des Diamanten ein Flechtmuster, indem du den ersten linken Arbeitsfaden für den ersten diagonalen Rippenknoten links verwendest und umgekehrt.

8 Knüpfe erneut unter jedem Diamanten nun aus sechs Fäden drei Diamanten untereinander. Diesmal knüpfe mit den vier Fäden unter dem Dach des Diamanten ein Flechtmuster, indem du den ersten linken Arbeitsfaden für den ersten diagonalen Rippenknoten links verwendest und umgekehrt.

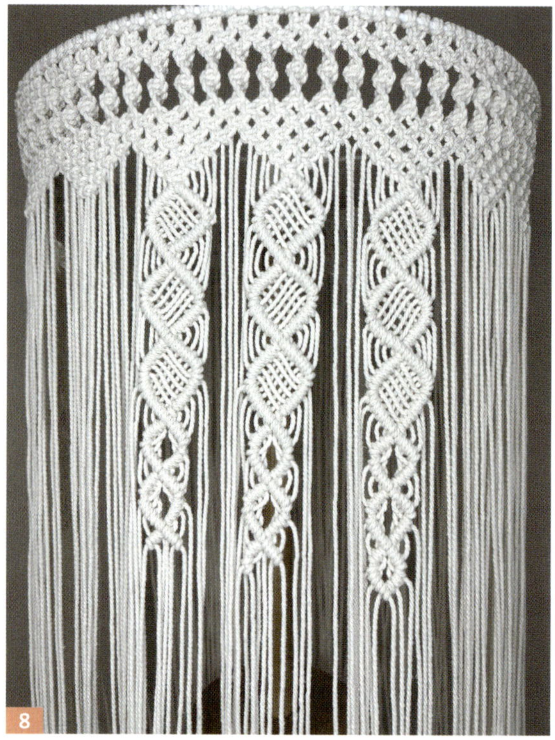

8

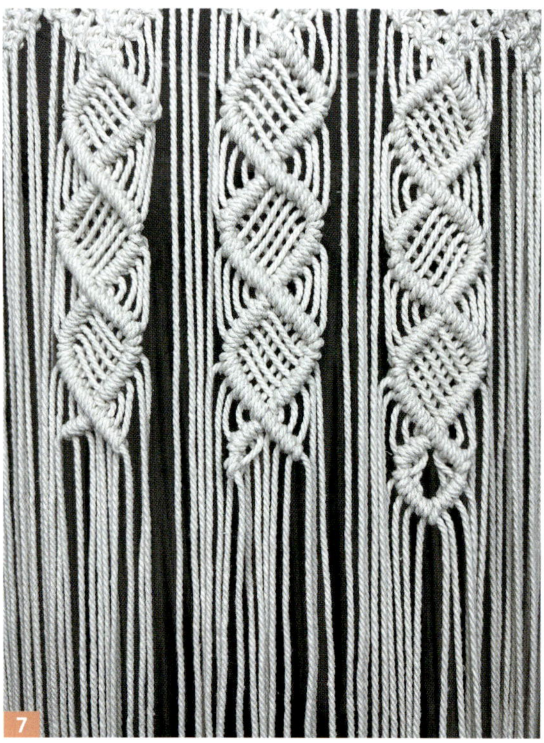

7

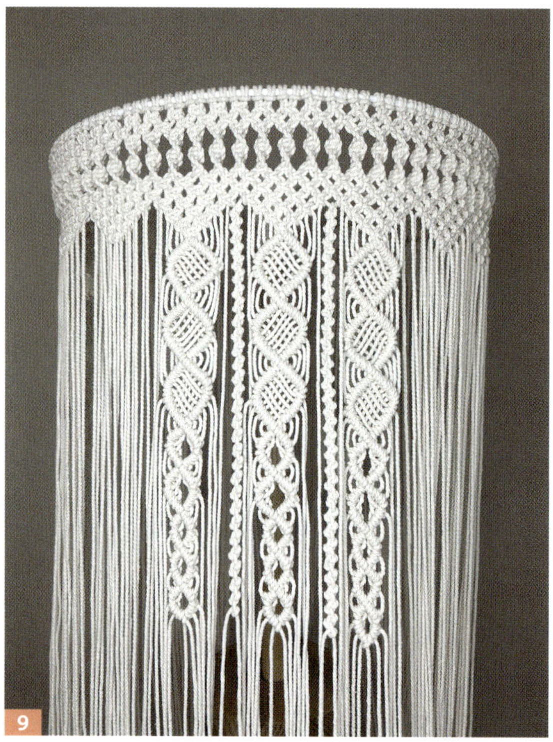

9

9 Knote mit den zwei Fäden zwischen den Dreiecksmustern einen wechselseitigen halben Überhandknoten, bis eine Länge von 25 cm erreicht ist.

10 Knote nach 4 cm am Ende jedes Fadens einen doppelten Überhandknoten. Kürze die überstehenden Fäden auf etwa 2 cm.

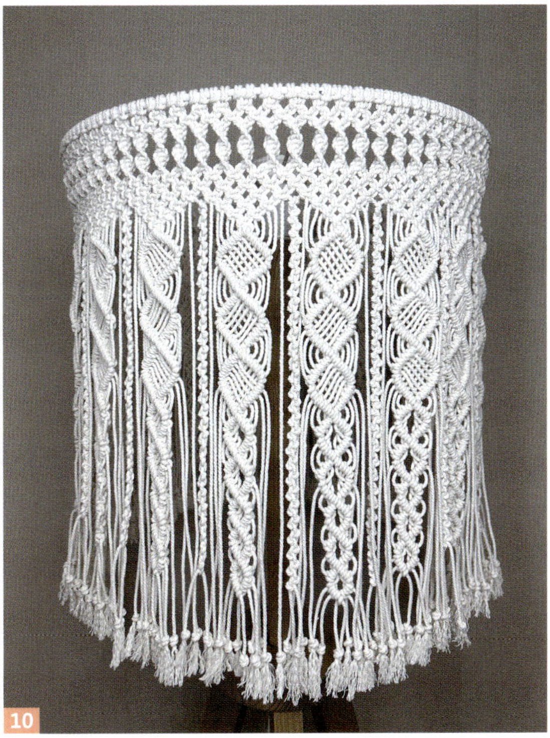

10

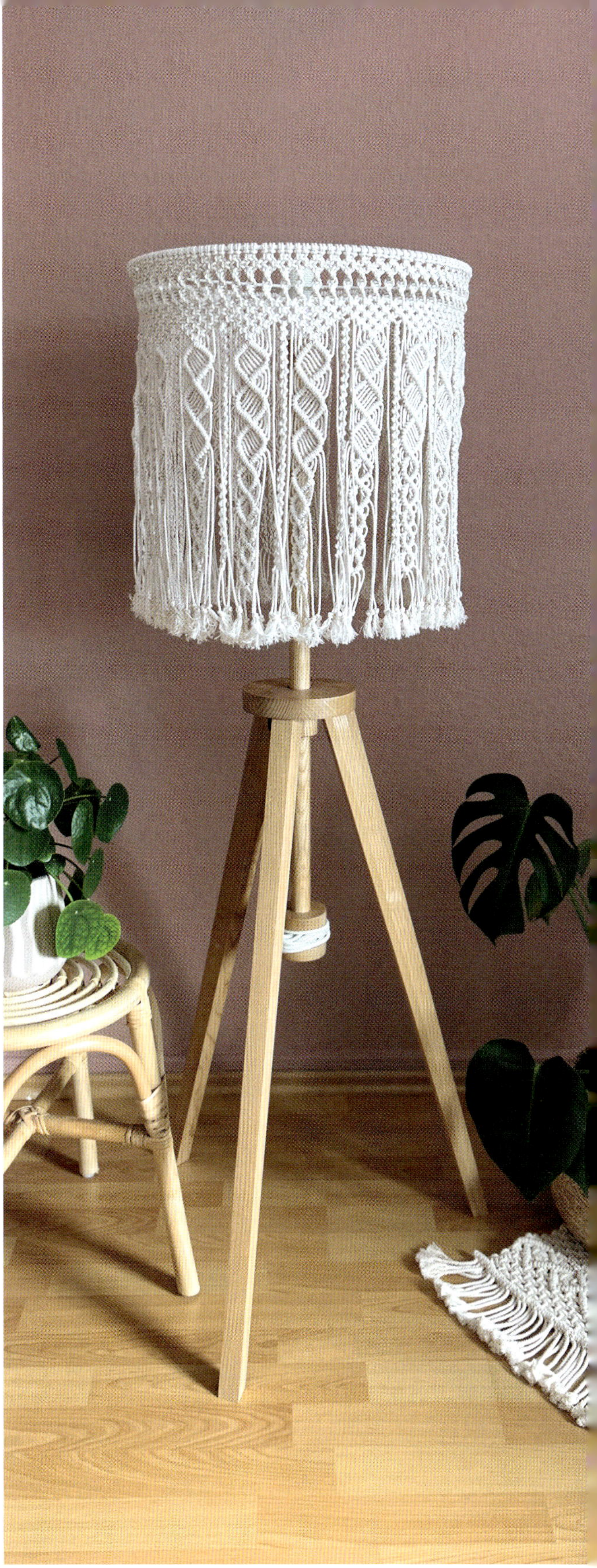

Tipi-Zelt

Das Tipi-Zelt aus Makramee bietet Kindern einen magischen Raum zum Spielen, Träumen und Entdecken. Es schafft eine gemütliche und fantasievolle Umgebung, in der sie ihre Vorstellungskraft entfalten können. Das Zelt bietet ausreichend Platz für eine kleine Leseecke, gemütliche Spielstunden oder ein geheimes Versteck. Es ist ein echter Blickfang im Kinderzimmer, im Spielzimmer und sogar im Wohnbereich.

Materialien:

- Baumwollgarn 3ply, 342,2 m, ø 3,7 mm (Rayher)
- 4 Rundstäbe, 1,2 m lang, mit je einem Loch (ø 8 mm) in 15 cm Abstand zum Stabende.

Fadenlängen:

- 1 x 2 m
- 6 x 4 m
- 6 x 3,8 m
- 6 x 3,5 m
- 8 x 3 m
- 6 x 2,6 m
- 6 x 2,2 m
- 6 x 1,8 m
- 6 x 1,5 m
- 9 x 1 m
- 18 x 2,5 m
- 6 x 1,2 m
- 192 x 0,55 m
- 48 x 0,25 m
- 140 x 0,15 m

Fertige Größe:

- 70 cm x 80 cm x 100 cm lang

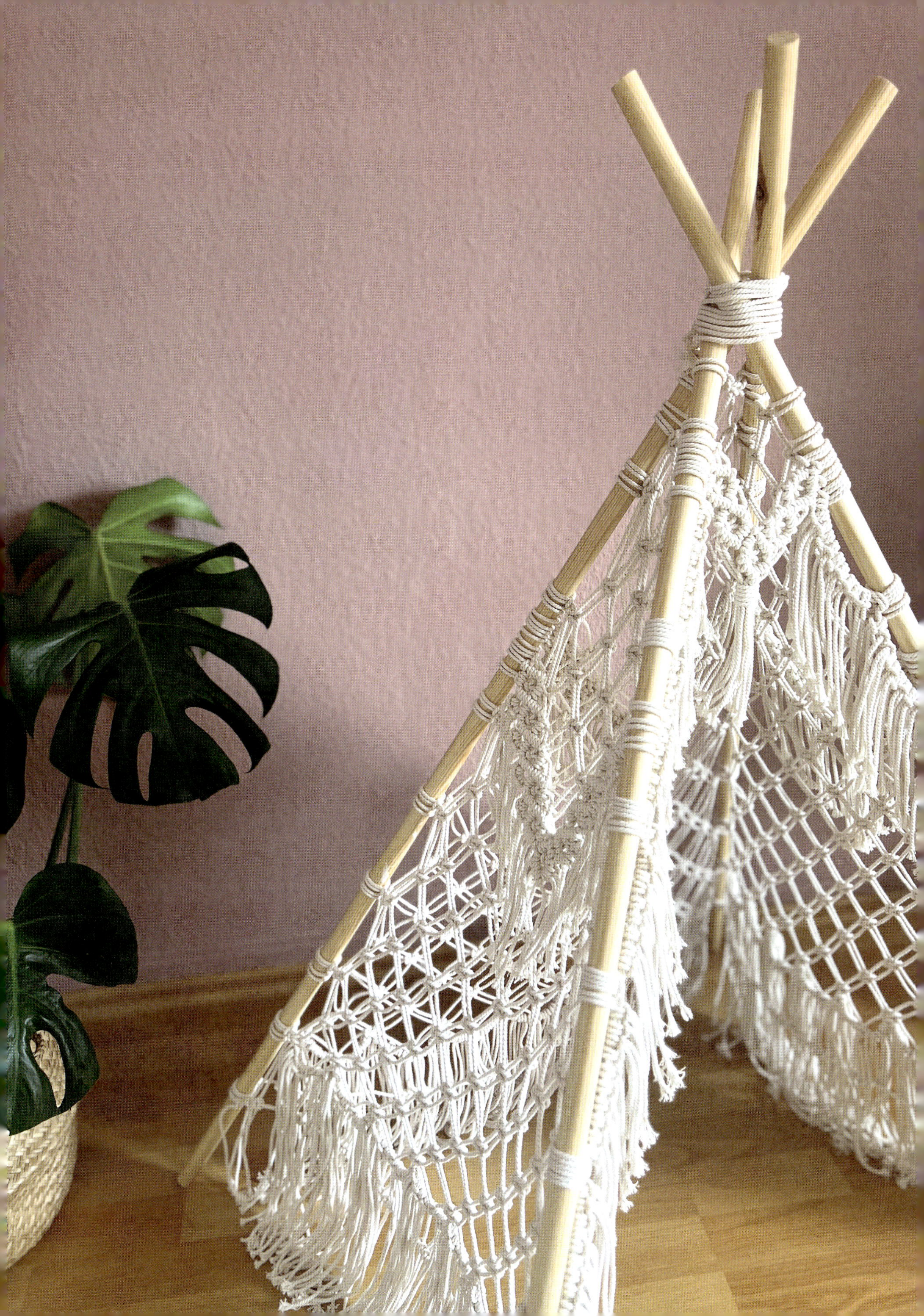

So wird's gemacht:

1 Verwende Heißkleber, um jeweils an der kreisförmigen Oberfläche des Stabendes (ohne Loch) kleine Noppen anzubringen. Dadurch wird verhindert, dass der Rundstab auf dem Boden verrutscht. Fädle einen Faden von 2 m Länge durch die vorgebohrten Löcher.

2 Ziehe den Faden zusammen und knüpfe zwei einfache Knoten.

3 Markiere auf dem Boden die Fläche, die das Tipi-Zelt haben soll. Ziehe nun die Rundstäbe auseinander und wickle den Faden für einen stabilen Halt um die Rundstäbe.

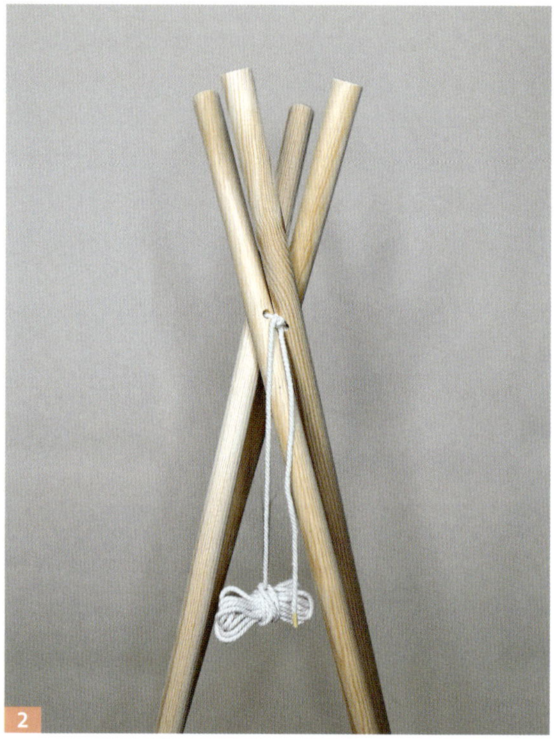

2

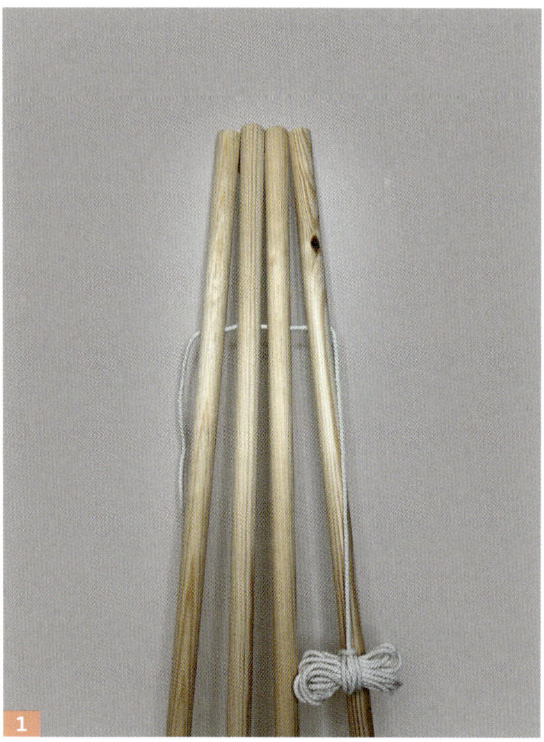

1

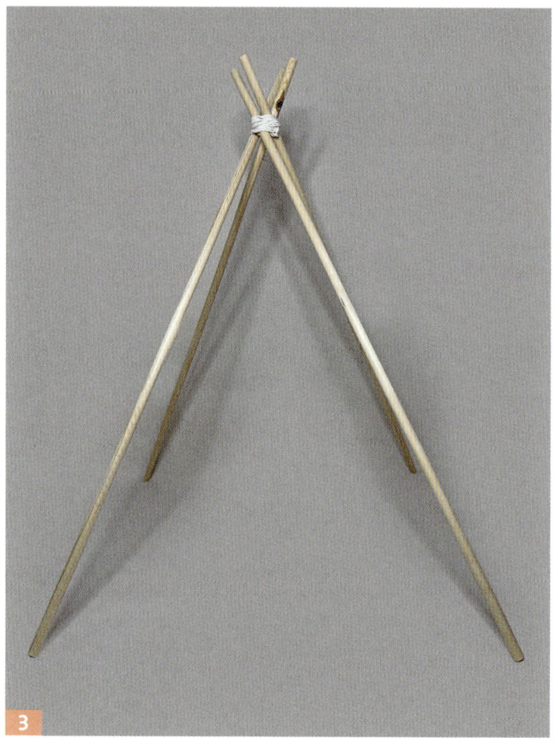

3

4 Befestige seitlich an nebeneinanderliegenden Rundstäben in einem Abstand von 5 cm je einen Faden von 4 m Länge mit einem Ankerknoten vorwärts. Knüpfe einen Kreuzknoten.

5 Befestige erneut je einen Faden von 3,8 m Länge in einem Abstand von 5 cm mit einem Ankerknoten vorwärts. Knüpfe nah am Rundstab je einen Kreuzknoten.

6 Ergänze einen weiteren Faden von 3,5 m Länge in einem Abstand von 5 cm an beiden Rundstäben und knüpfe drei nebeneinanderliegende Kreuzknoten.

7 Knüpfe wieder mit gleichem Abstand zwei Reihen Kreuzknoten.

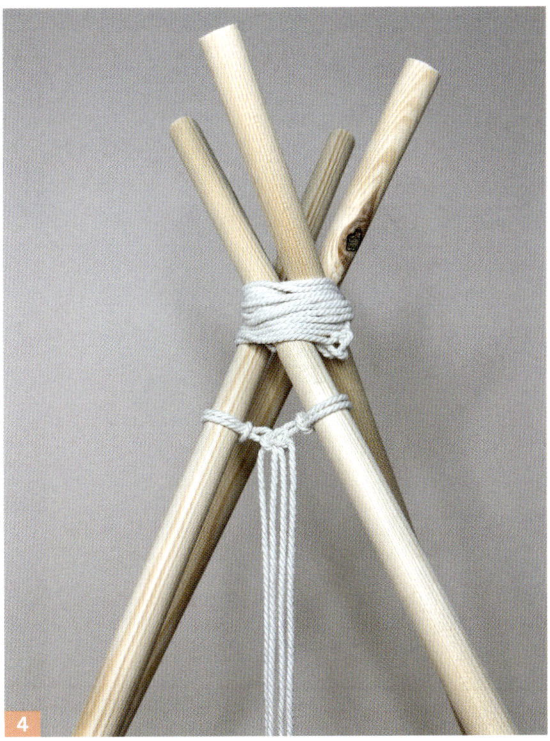
4

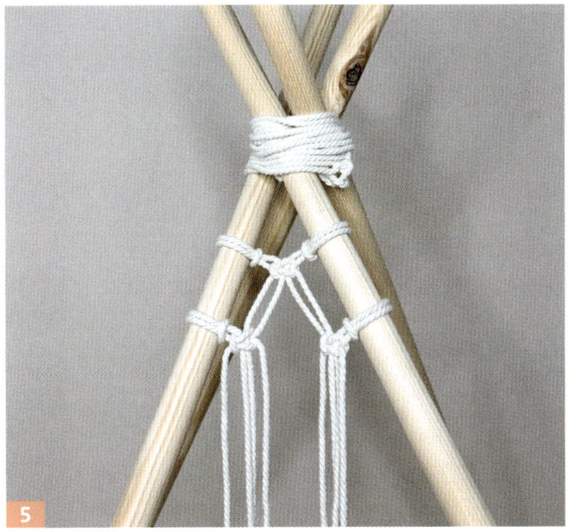
5

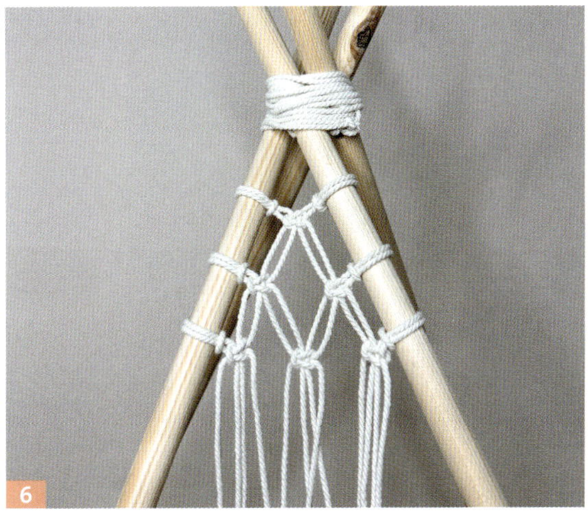
6

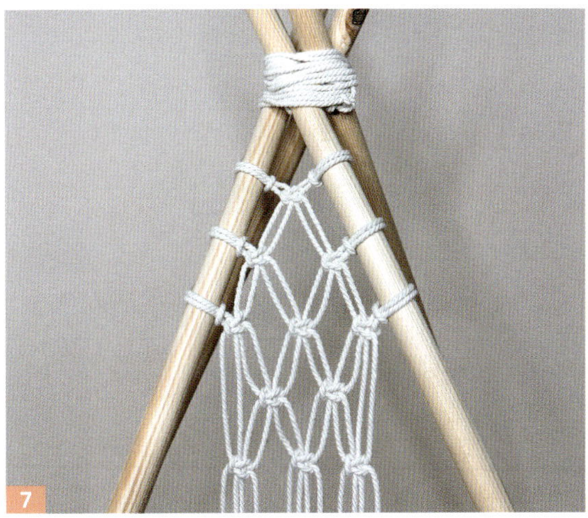
7

8 Befestige an die Rundstäbe in einem Abstand von 15 cm je einen Faden von 3 m Länge mit einem Ankerknoten vorwärts. Knüpfe vier nebeneinanderliegende Kreuzknoten.

9 Knüpfe wieder mit gleichem Abstand zwei Reihen Kreuzknoten.

10 Befestige an die Rundstäbe in einem Abstand von 15 cm je einen Faden von der Länge 2,6 m mit einem Ankerknoten vorwärts. Knüpfe fünf nebeneinanderliegende Kreuzknoten.

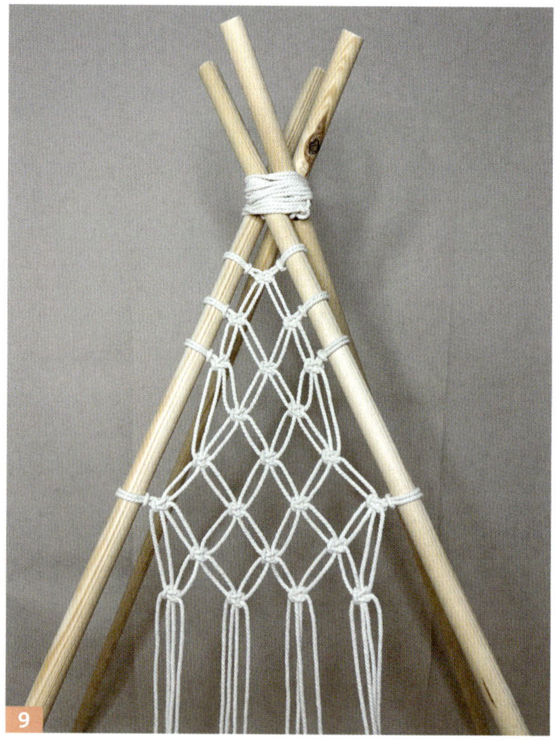
9

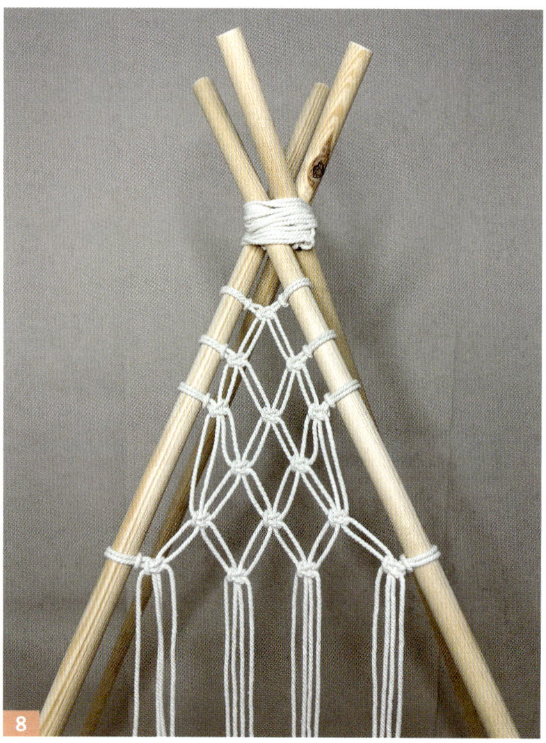
8

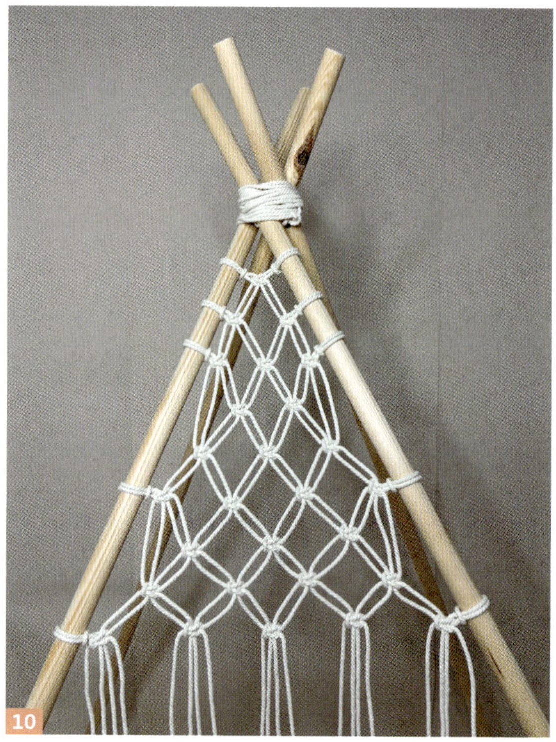
10

11 Knüpfe wieder mit gleichem Abstand zwei Reihen Kreuzknoten. Befestige an den Rundstäben in einem Abstand von 15 cm je einen Faden von 2,2 m Länge mit einem Ankerknoten vorwärts. Knüpfe sechs nebeneinanderliegende Kreuzknoten.

12 Wiederhole Schritt 11 insgesamt dreimal, wobei die hinzuzufügenden Fäden die Länge von 1,8 m, 1,5 m und 1 m haben.

13 Füge in einem Abstand von 15 cm einen Faden von 1 m Länge mit einem Rippenknoten hinzu.

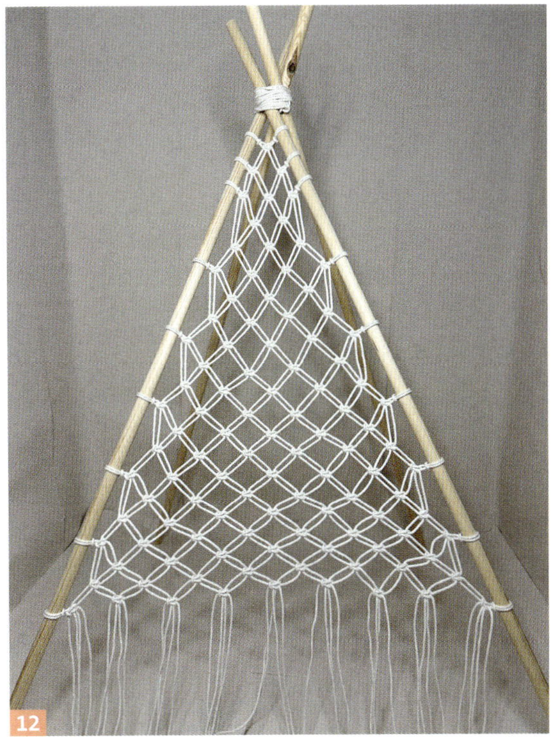

12

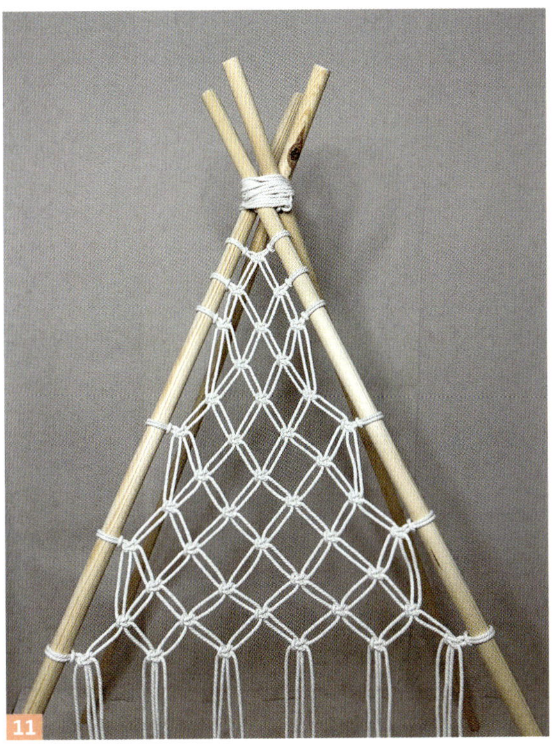

11

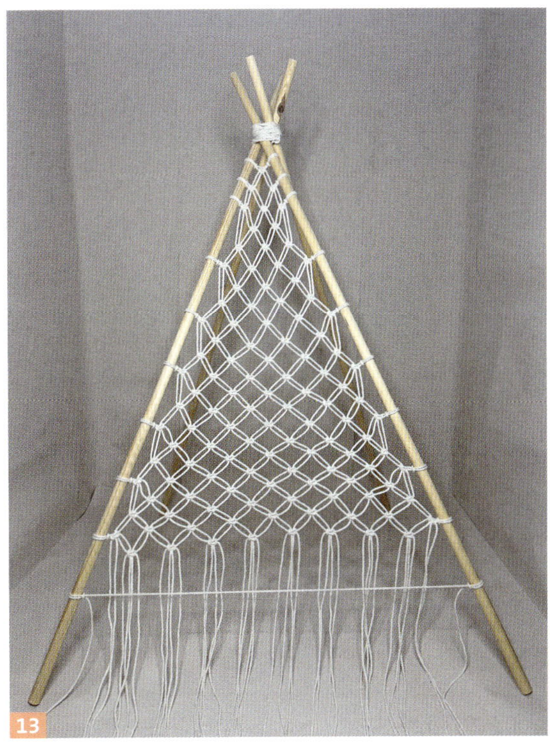

13

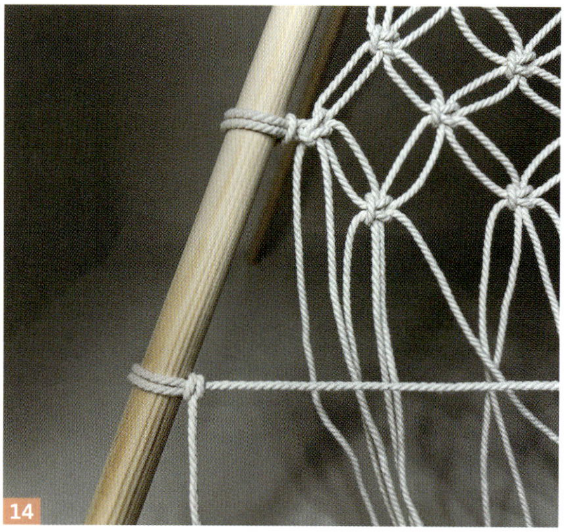

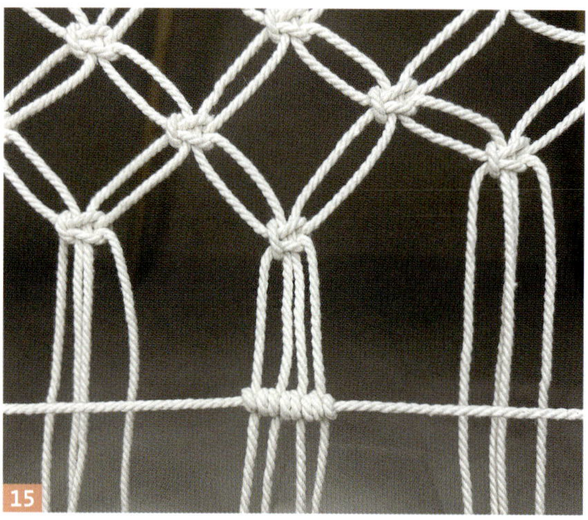

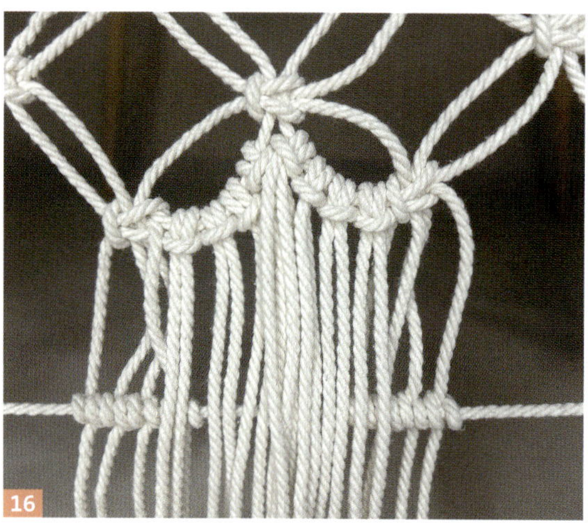

14 Knote an beide Enden des Fadens einen Rippenknoten, damit sich der Faden nicht verschiebt.

15 Knüpfe jeden Faden mit einem Rippenknoten an den horizontalen Faden.

16 Ergänze für die Fransen an den unteren Faden der letzten Reihe von Kreuzknoten je vier Fäden von 55 cm Länge. Kürze ggf. die überstehenden Fadenenden.

17 Wiederhole die Schritte 4 bis 16 an zwei weiteren Seiten des Tipi-Zeltes.

18 Ergänze an der Rückseite des Tipi-Zeltes in einem Abstand von 30 cm je drei Fäden der Länge von 2,5 m mit einem Ankerknoten vorwärts.

19 Knüpfe auf beiden Seiten jeweils fünf Diamanten mit einem Kreuzknoten in der Mitte.

20 Verbinde beide Diamantenstränge mit einem weiteren Diamanten.

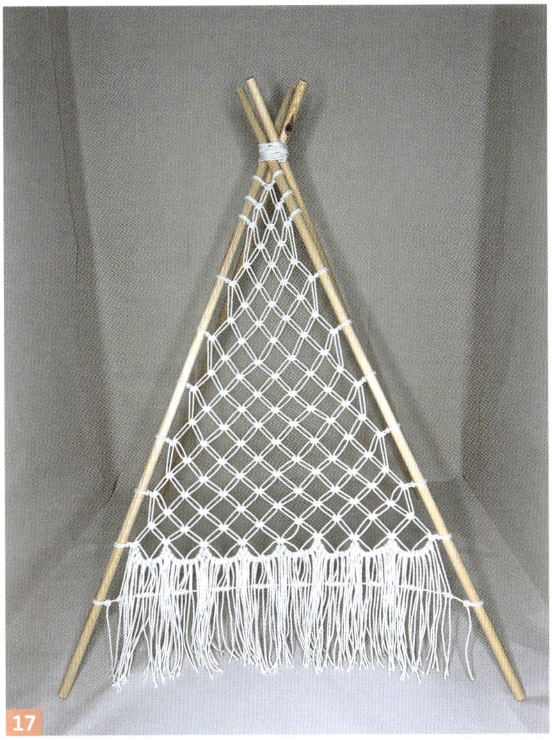
17

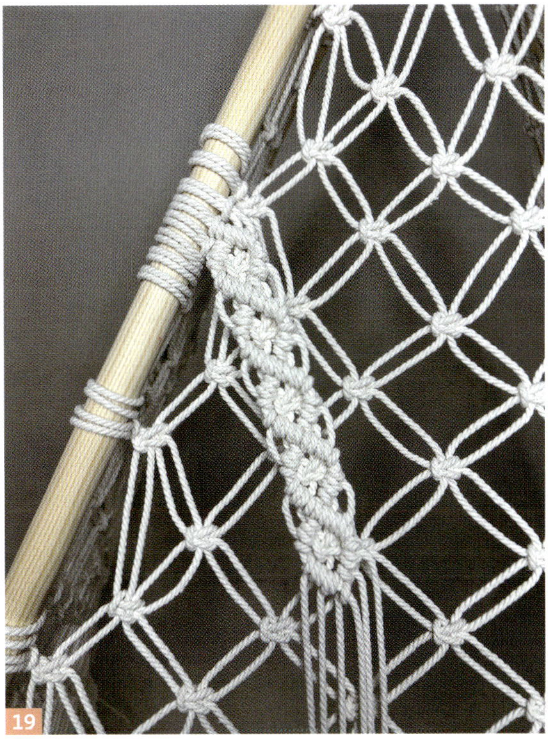
19

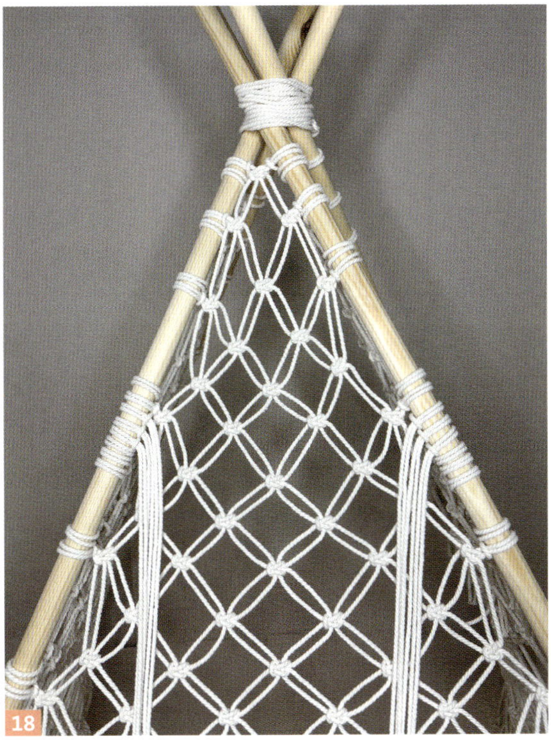
18

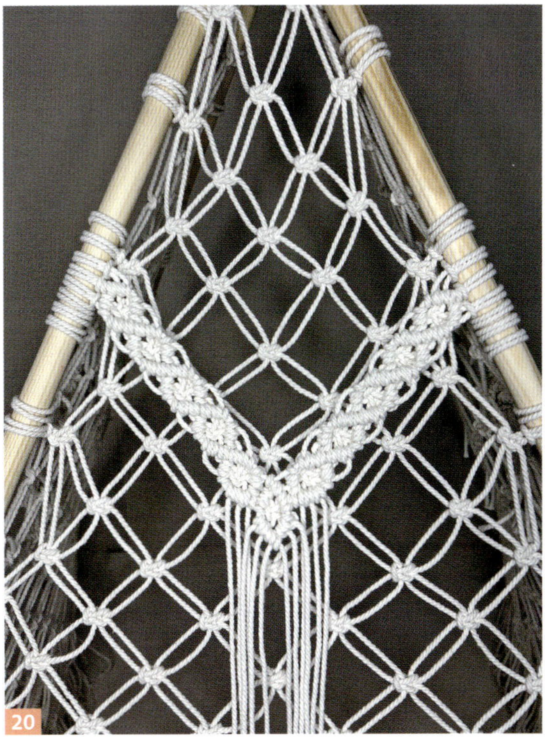
20

21 Ergänze für die Fransen je zwei Fäden von 25 cm Länge in die Lücke zwischen zwei Diamanten. Insgesamt sind es auf beiden Seiten 16 Fäden. Kürze ggf. überstehende Fadenenden auf die gleiche Länge.

22 Ergänze auf der Eingangsseite in einem Abstand von 15 cm auf beiden Seiten je drei Fäden von 1,2 m Länge. Knüpfe auf beiden Seiten je zwei Diamanten mit einem Kreuzknoten in der Mitte.

23 Verbinde wieder beide Diamantenstränge mit einem weiteren Diamanten. Befestige am rechten Stab einen 3 m langen Faden mit einem Ankerknoten von links nach rechts und am linken Stab einen 3 m langen Faden mit einem Ankerknoten von rechts nach links.

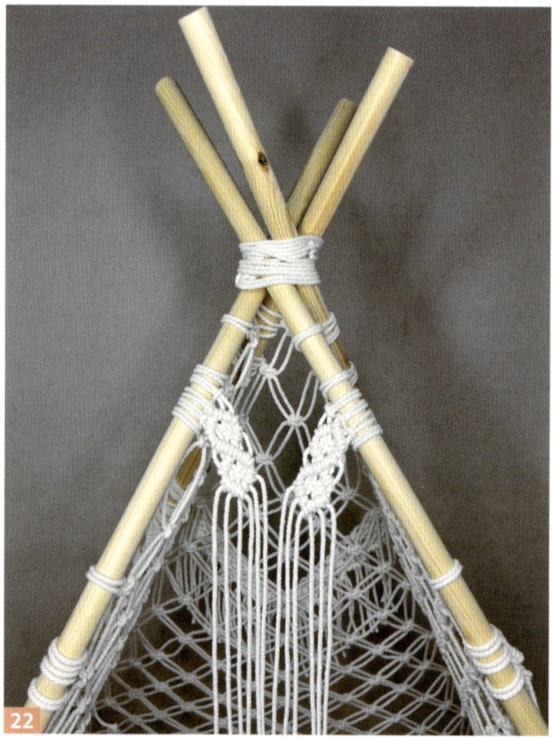
22

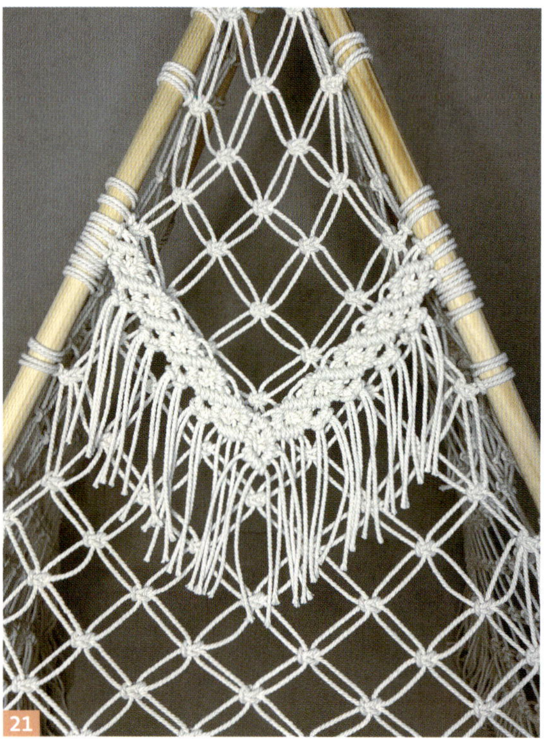
21

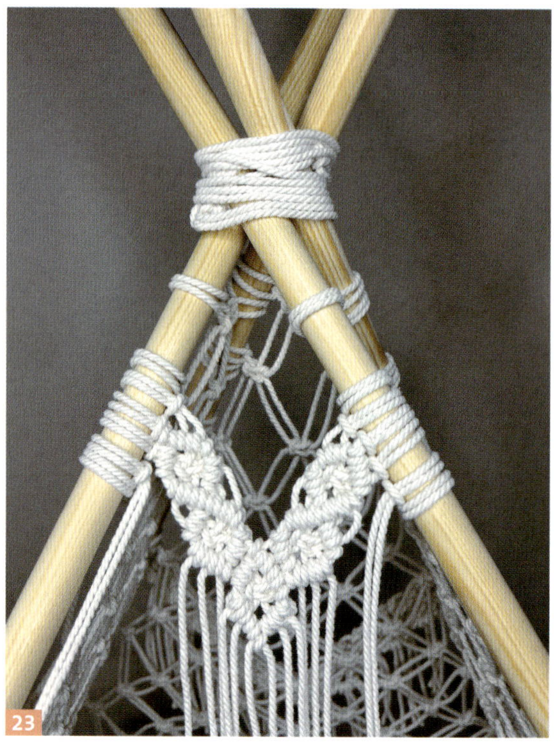
23

24 Knote nun immer in gleichen Abständen einen Ankerknoten vorwärts mit beiden Fäden.

25 Knüpfe auf jeder Seite insgesamt sieben Ankerknoten vorwärts.

26 Befestige nun zwischen zwei Ankerknoten an den doppelten Fäden je zehn Fäden von 15 cm Länge. Insgesamt sind es 14 x 10 Fäden. Führe unter dem vorderen Diamantenmuster mit allen Fäden einen Wickelknoten aus. Kürze nun die überstehenden Fadenenden auf eine Länge von 10 cm.

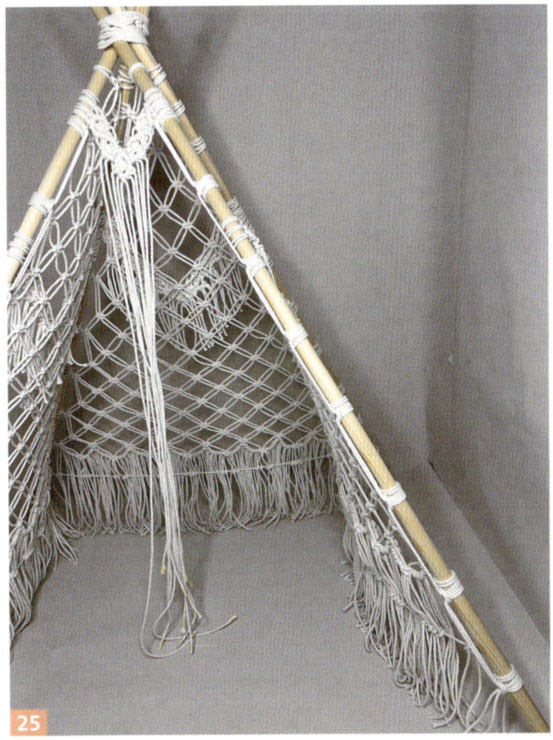

25

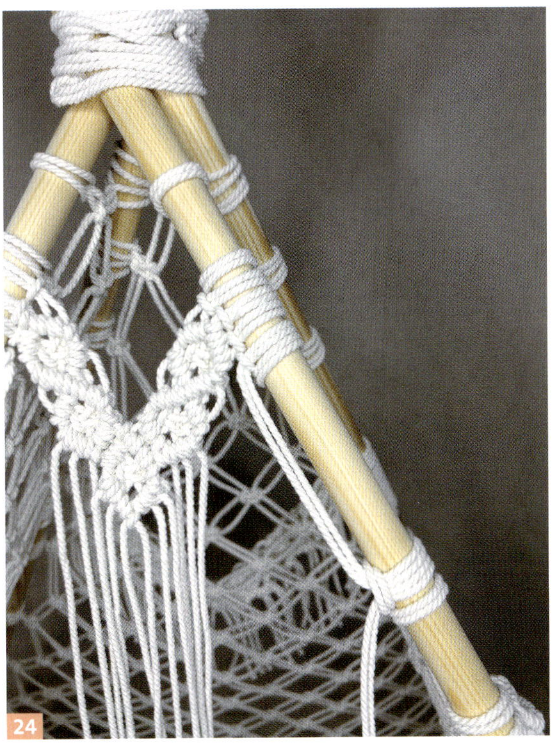

24

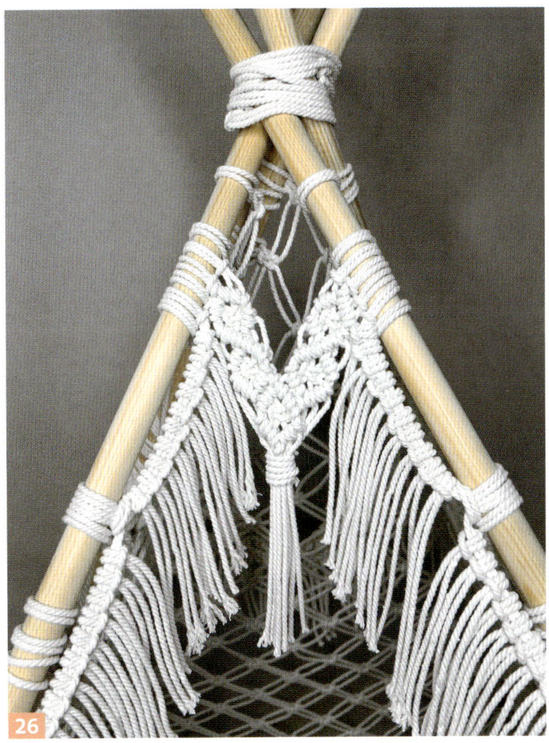

26

Kinderschaukel

Die Kinderschaukel aus Makramee ist ein bezauberndes Spielzeug, das den Kindern stundenlangen Spaß und Freude bereitet. Sie kann entweder an der Decke oder an einem Gestell befestigt werden und bietet einen sicheren und bequemen Platz zum Schaukeln und Spielen. Die sanften Bewegungen der Schaukel fördern das Gleichgewicht, die Koordination und die Fantasie der Kinder. Gleichzeitig verleiht die Kinderschaukel aus Makramee dem Raum einen Hauch von Stil und Charme.

Materialien:

- Baumwollgarn 3ply, 264,6 m, ø 3,7 mm (Rayher)
- Baumwollgarn gezwirnt, 84,3 m (bunt hier: Bobbiny)
- 5 Rundstäbe, 33 cm lang, mit je einem Loch (ø 8 mm) in 1,5 cm Abstand zum Stabende
- Regalboden (Buche), 33 cm x 33 cm, auf zwei gegenüberliegenden Seiten 16 Löcher, auf der dritten Seite 14 Löcher und auf der gegenüberliegenden vierten Seite fünf Löcher (ø 8 mm)
- Kausche, ø 5 mm

Fadenlängen:

Baumwollgarn 3ply:

- 4 x 14 m
- 4 x 4 m
- 90 x 2 m
- 12 x 1 m
- 3 x 0,2 m

Baumwollgarn gezwirnt:

- 12 x 1,6 m in der Farbe „Wild Rose"
- 18 x 1,6 m in der Farbe „Blush"
- 12 x 1,6 m in der Farbe „Golden Natural"
- 6 x 1,6 m in der Farbe „Misty"
- 2 x 1,5 m in der Farbe „Wild Rose"
- 2 x 1,5 m in der Farbe „Blush"
- 1 x 1,5 m in der Farbe „Golden Natural"

Fertige Größe:

- 1,6 m lang

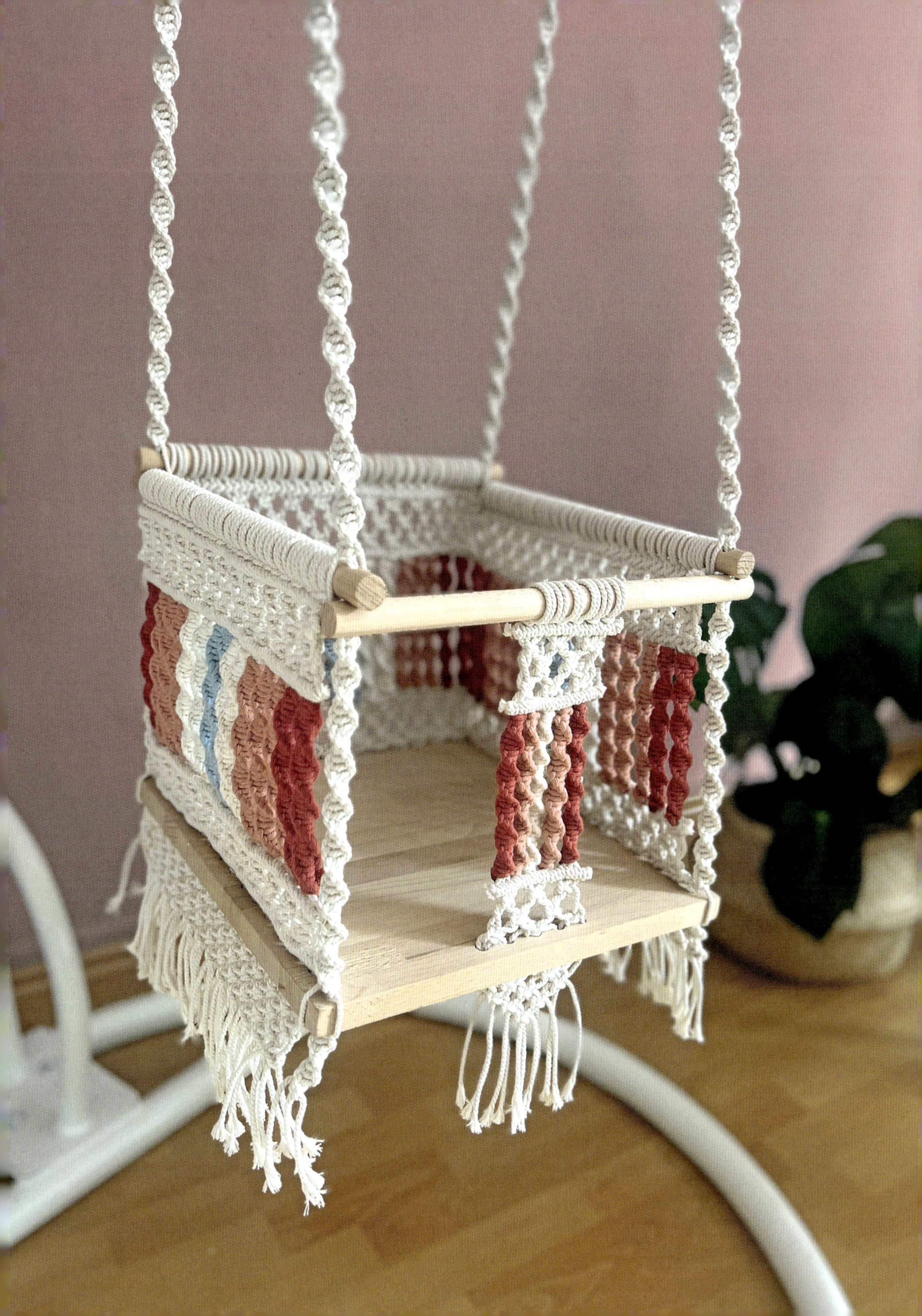

So wird's gemacht:

1 Befestige an einem Rundstab 28 Fäden des Baumwollgarns 3ply von 2 m Länge mit einem Ankerknoten vorwärts.

2 Knüpfe um einen neuen Faden des Baumwollgarns 3ply von 1 m Länge einen horizontalen Rippenknoten.

3 Knote drei Reihen wechselnde Kreuzknoten mit je vier Fäden.

4 Knüpfe erneut um einen neuen Faden des Baumwollgarns 3ply von 1 m Länge einen horizontalen Rippenknoten.

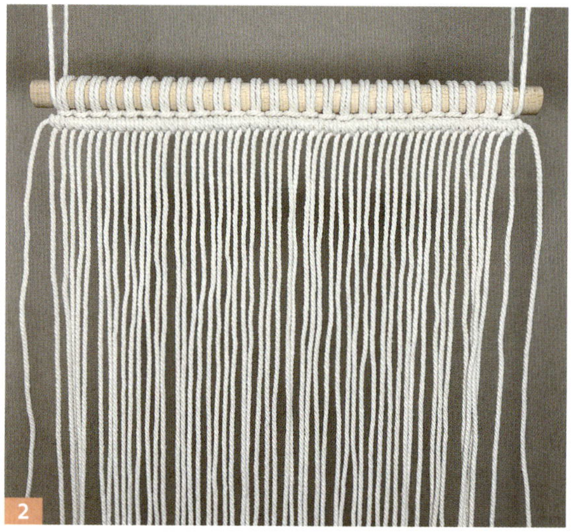

2

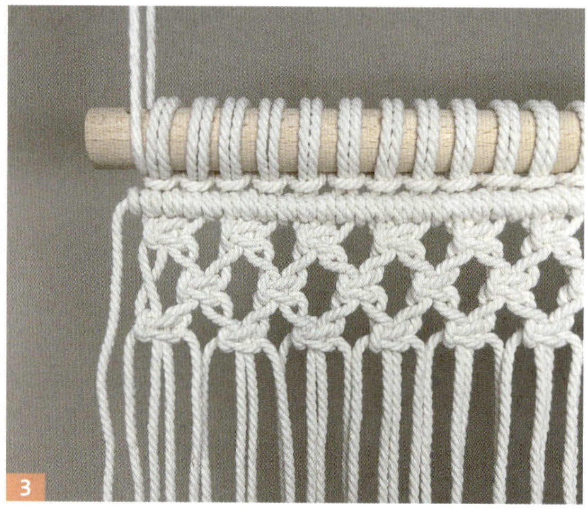

3

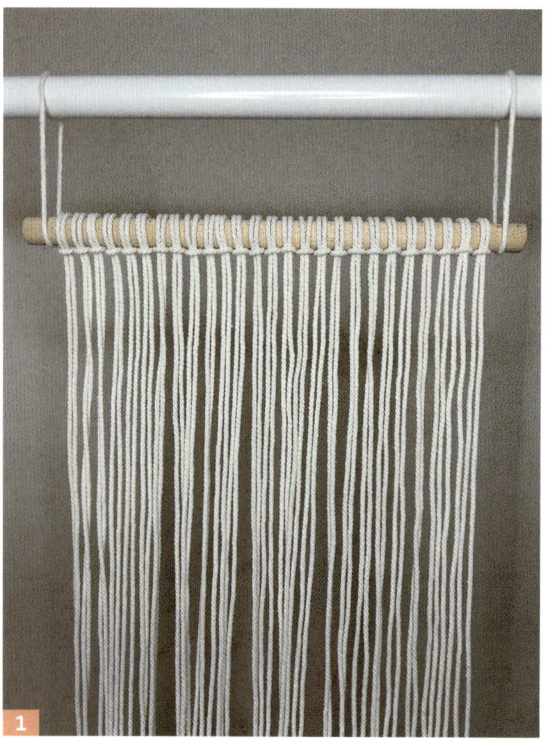

1

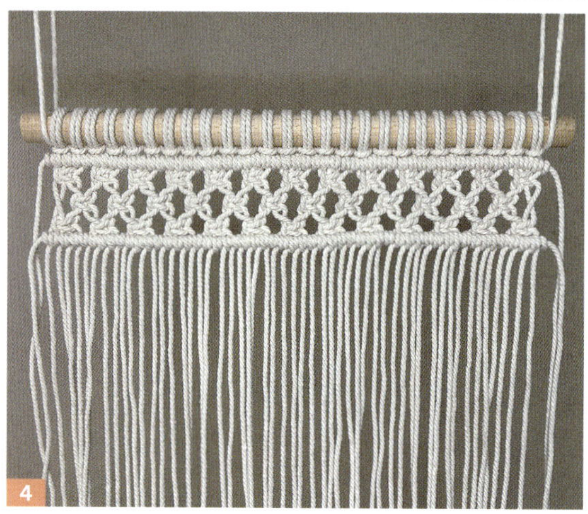

4

5 Knüpfe mit einem bunten, gezwirnten Baumwollgarn von 1,6 m Länge um vier Fäden einen gedrehten Strang aus Kreuzknoten. Wiederhole diesen Schritt, um insgesamt 16 Spiralen in unterschiedlichen Farben zu knüpfen. Die Anzahl der Fäden für jede Spirale variiert wie folgt: 4 3 3 3 4 3 3 3 3 3 3 4 3 3 3 4.

6 Knüpfe um einen neuen Faden des Baumwollgarns 3ply von 1m Länge einen horizontalen Rippenknoten.

7 Knote drei Reihen wechselnde Kreuzknoten mit je vier Fäden, und anschließend um einen neuen Faden des Baumwollgarns 3ply von 1 m Länge einen horizontalen Rippenknoten.

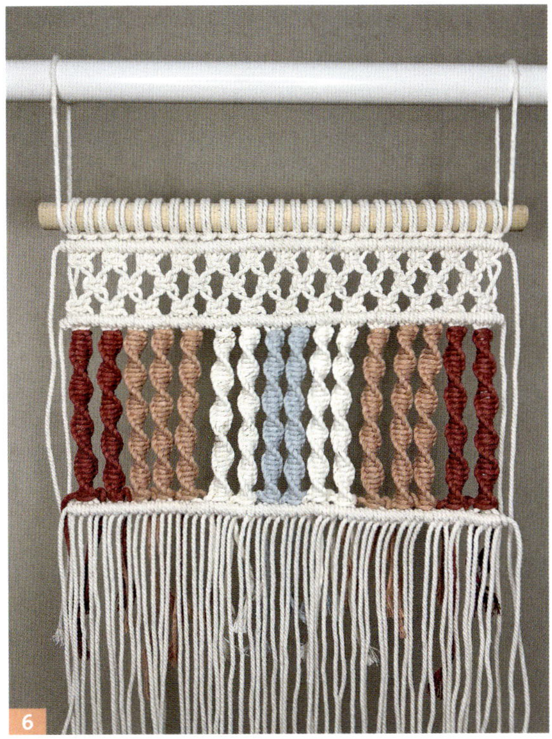

6

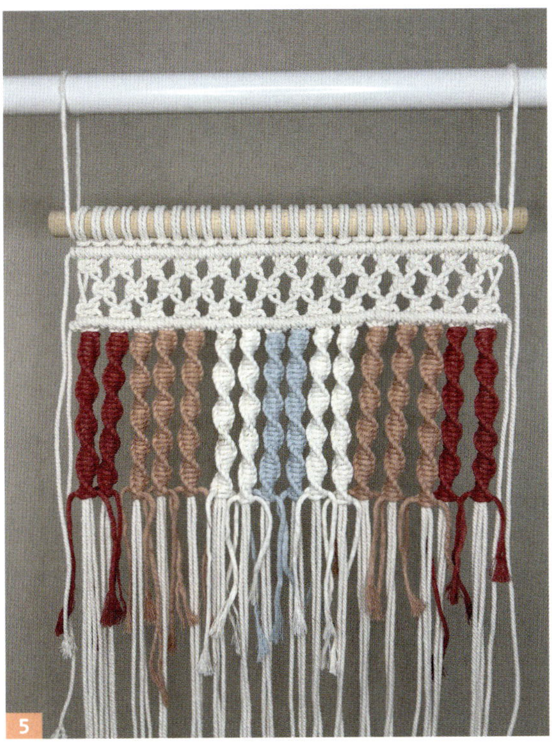

5

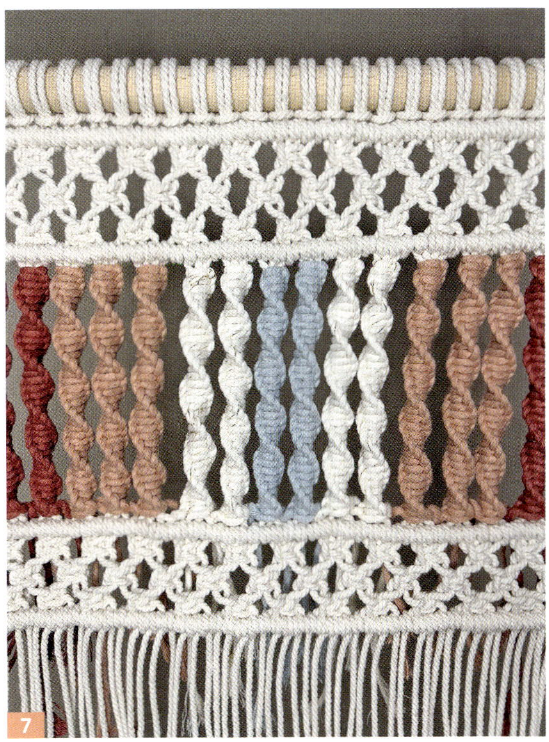

7

8 Knüpfe auf der Rückseite einen einfachen Knoten mit den bunten Fäden und kürze die überstehenden Fadenenden.

9 Wiederhole die Schritte 1 bis 8 insgesamt dreimal.

10 Befestige an einem Rundstab sechs Fäden des Baumwollgarns 3ply mit einer Länge von 2 m mit einem Ankerknoten vorwärts.

11 Knüpfe um einen neuen Faden des Baumwollgarns 3ply mit einer Länge von 20 cm einen horizontalen Rippenknoten.

12 Knote drei Reihen wechselnde Kreuzknoten mit je vier Fäden.

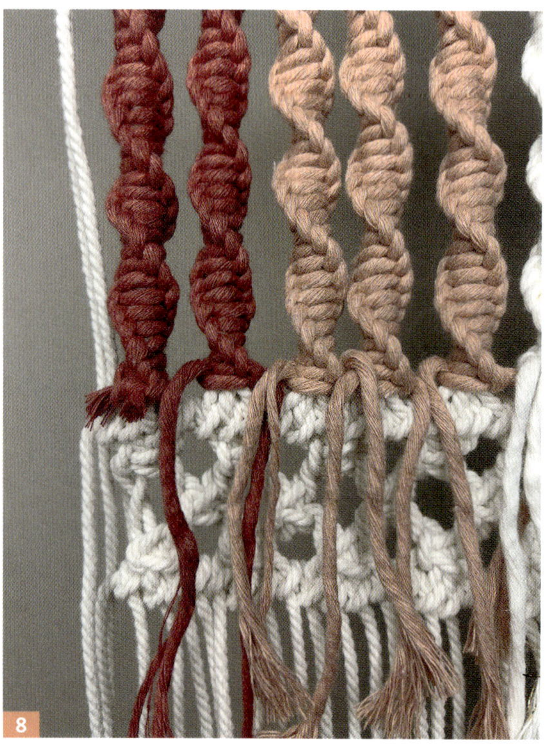
8

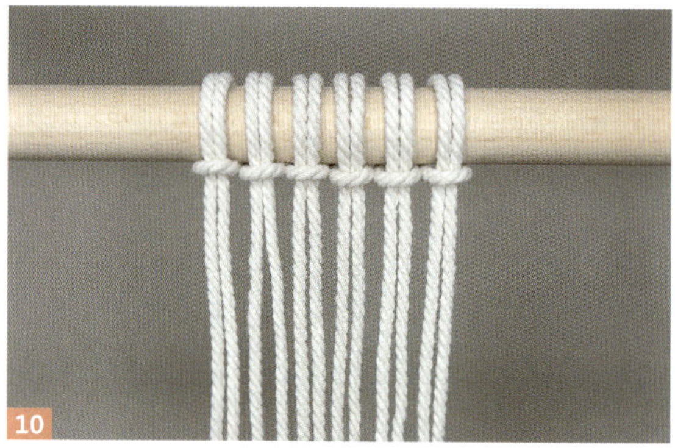
10

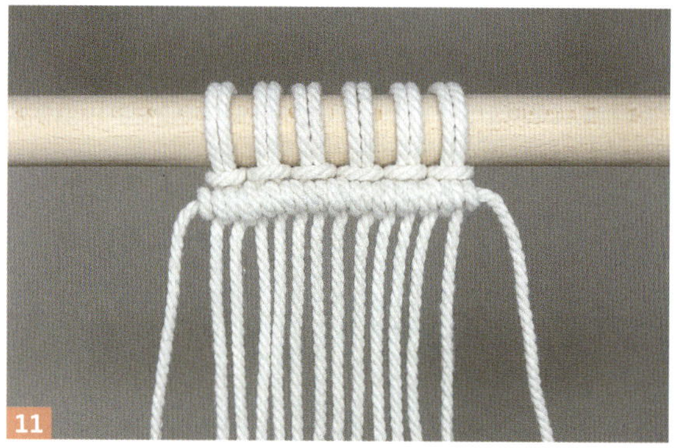
11

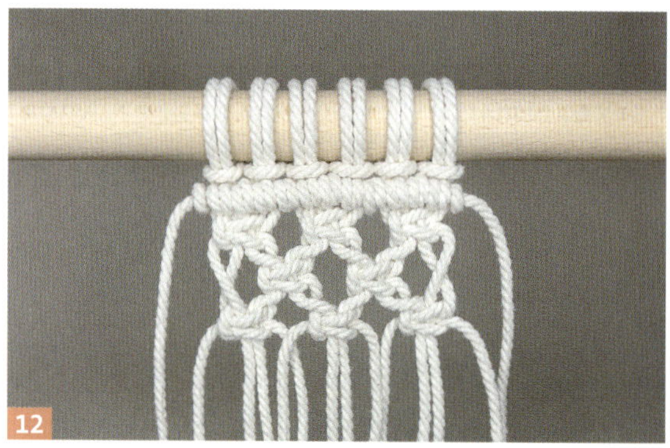
12

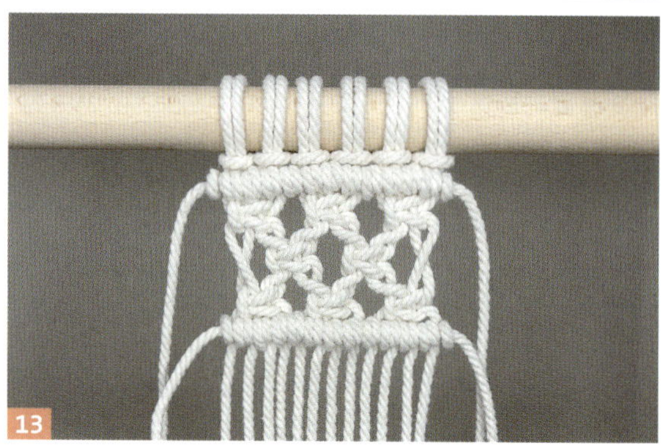
13

13 Knüpfe erneut um einen neuen Faden des Baumwollgarns 3ply mit einer Länge von 20 cm einen horizontalen Rippenknoten.

14 Knüpfe mit einem neuen bunten Faden (gezwirnt) der Länge 1,5 m um zwei Fäden einen gedrehten Strang aus Kreuzknoten. Wiederhole diesen Schritt, um insgesamt fünf Spiralen zu knüpfen.

15 Knüpfe um einen neuen Faden des Baumwollgarns 3ply mit einer Länge von 20 cm einen horizontalen Rippenknoten.

16 Knote drei Reihen wechselnde Kreuzknoten mit je vier Fäden.

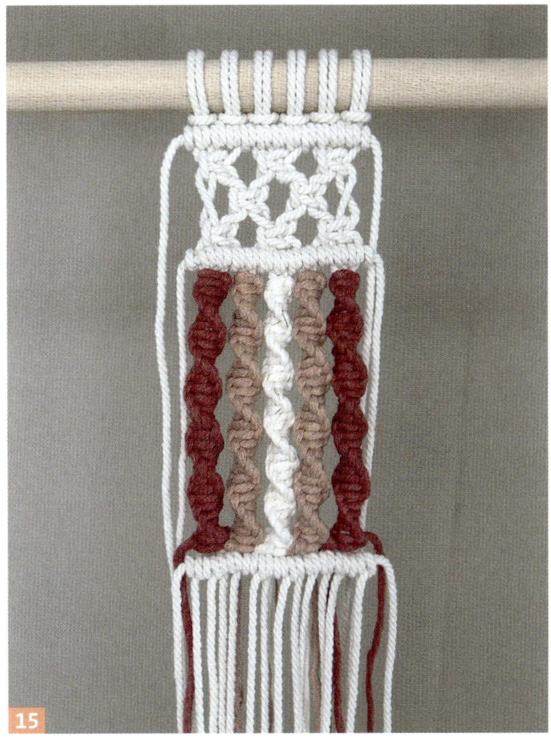
15

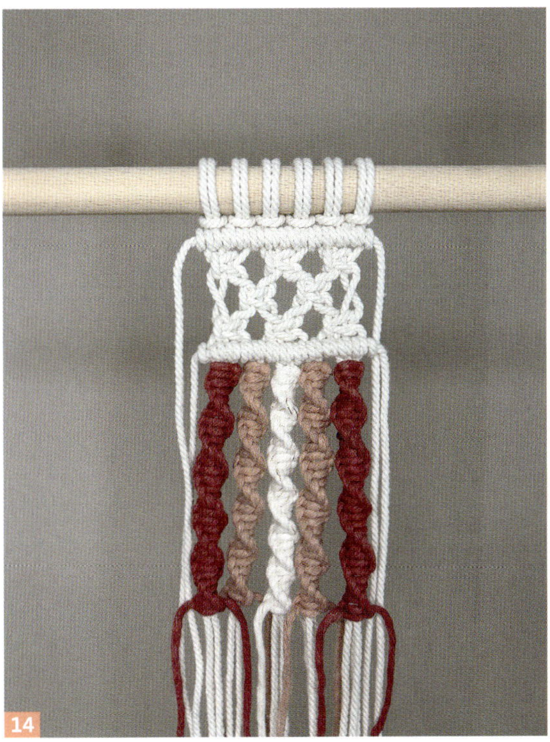
14

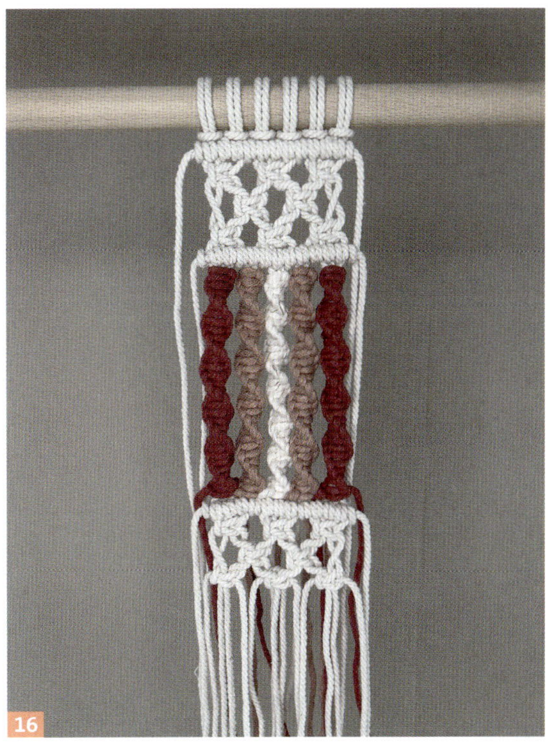
16

17 Nimm vier Fäden mit der Länge von 14 m und weitere vier Fäden mit der Länge von 4 m und lege sie so zusammen, dass je ein Faden mit einer Länge von 14 m außen liegt. Knüpfe nun mit den längeren Fäden mittig 20 Kreuzknoten um alle Fäden.

18 Lege eine Schlaufe zusammen um eine Kausche und knüpfe drei Kreuzknoten.

19 Knüpfe nun mit den längeren Fäden jeweils zwei Stränge aus Kreuzknoten mit einer Länge von 30 cm.

20 Fädle vier Fäden durch die vorgebohrten Löcher und knüpfe unterhalb jedes Lochs einen Kreuzknoten, um sie zu fixieren.

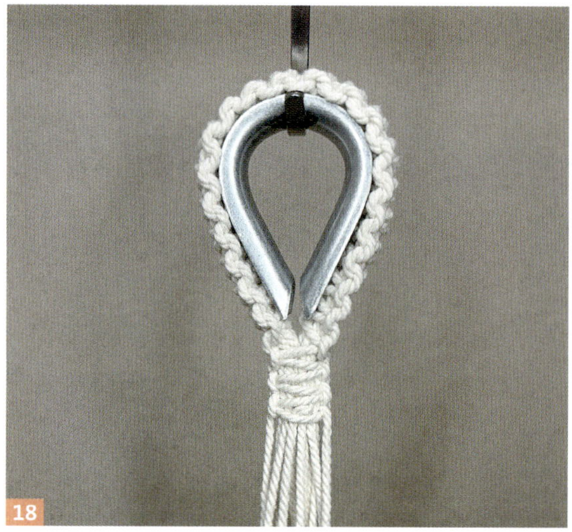
18

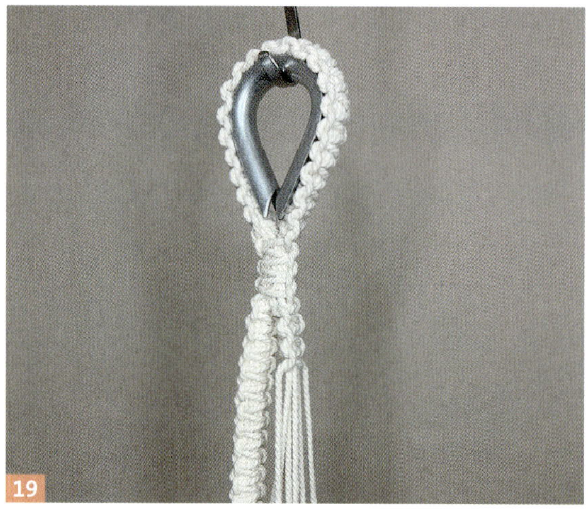
19

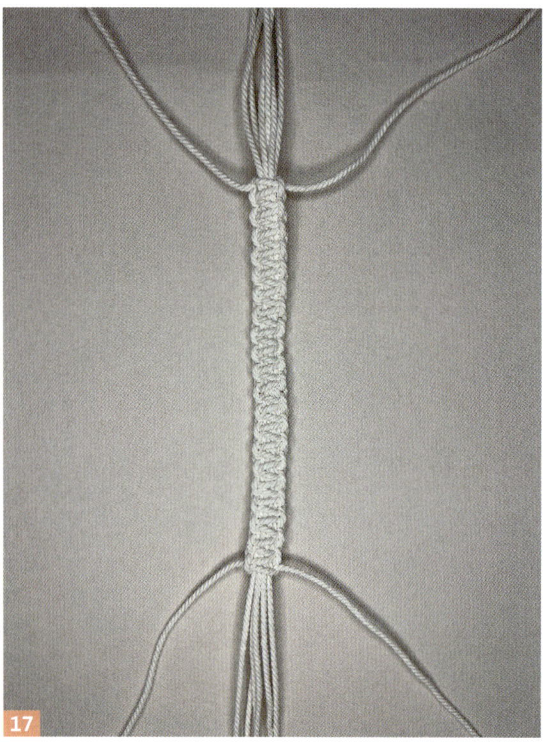
17

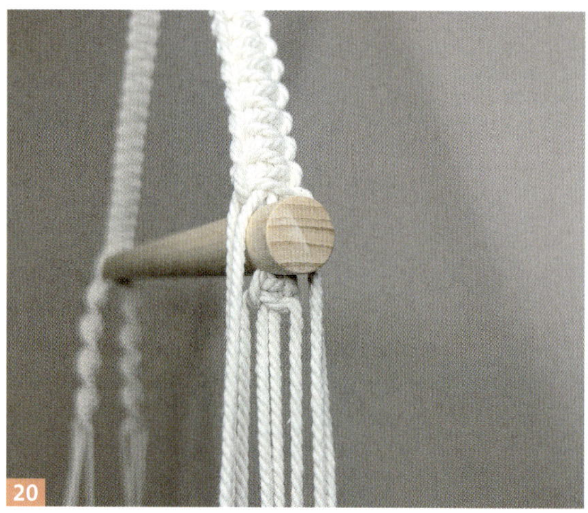
20

21 Nimm nun die zwei außenliegenden Fäden und zwei Fäden von dem Kreuzknoten und knüpfe einen gedrehten Strang aus Kreuzknoten. Wiederhole diesen Schritt auf beiden Seiten insgesamt viermal. Achte darauf, dass die vorderen zwei der vier Stränge eine Länge von 80 cm und die hinteren Stränge eine Länge von 80 cm haben.

22 Fädle ebenfalls die beiden inneren Fäden der kürzeren Stränge durch die vorgebohrten Löcher an den seitlichen Rundstäben. Du kannst hier eine Klemme verwenden, um sie zu befestigen.

23 Fädle nun dieselben inneren Fäden der Spirale durch die Löcher an den Seiten A und C. Befestige sie mit einem Kreuzknoten.

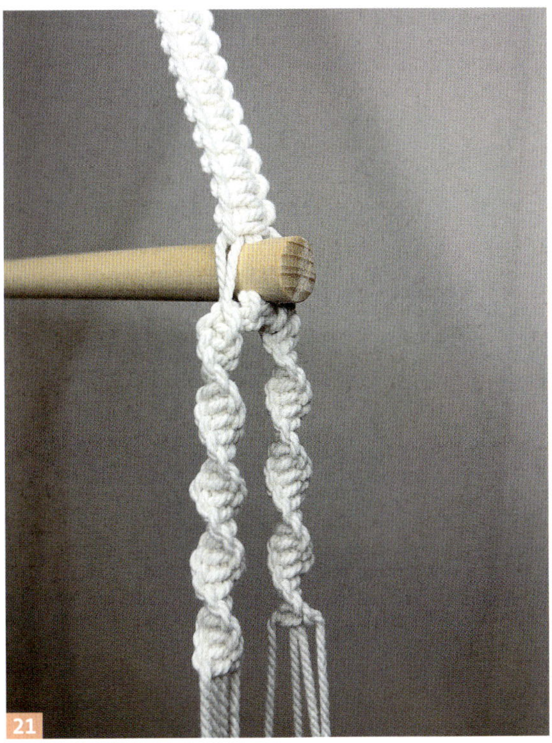

21

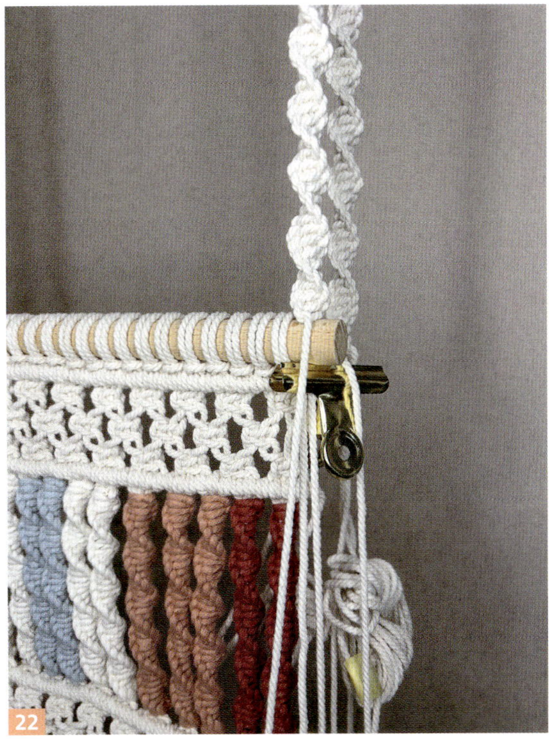

22

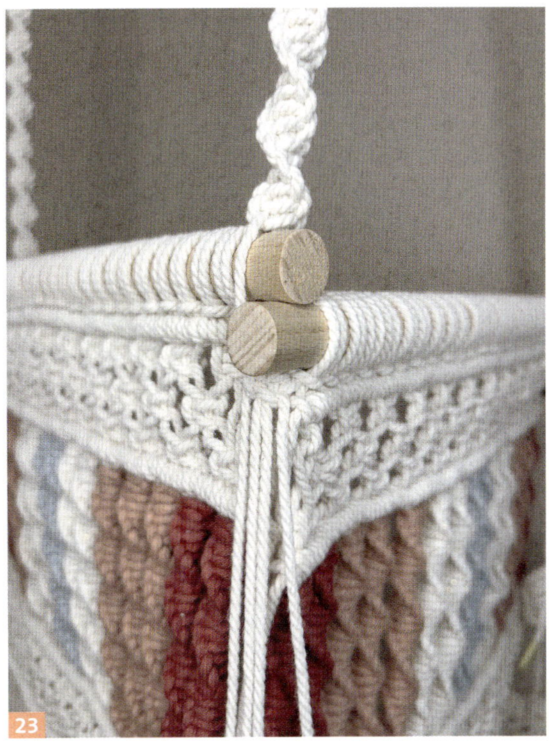

23

24 Knüpfe den gedrehten Strang aus Kreuzknoten entlang der seitlichen Muster, bis er auf der Höhe des letzten Rippenknotens ankommt. Verbinde die benachbarten Leitfäden der Rippenknoten zu einem einfachen Knoten und kürze die überstehenden Fadenenden.

25 Befestige nun die vordere Seite der Schaukel wie in den Schritten 22 und 23 beschrieben.

26 Fädle die Fäden gleichmäßig durch die vorgebohrten Löcher im Regalboden und befestige sie mit einem Kreuzknoten unterhalb des Bodens.

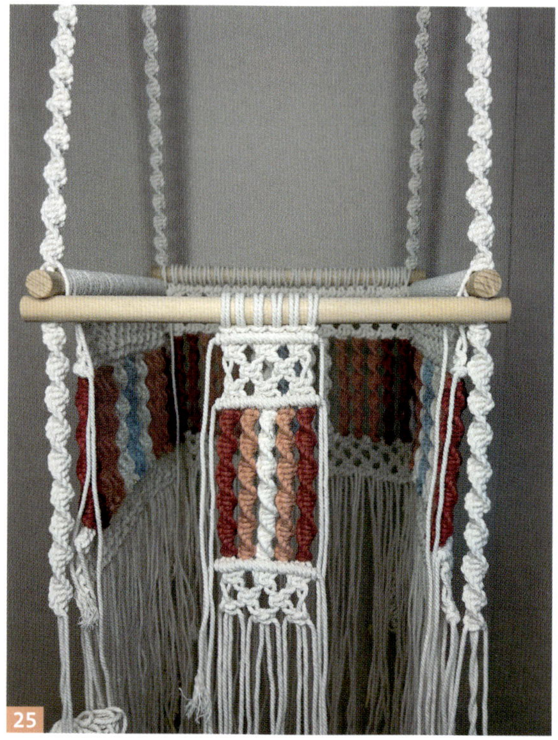

25

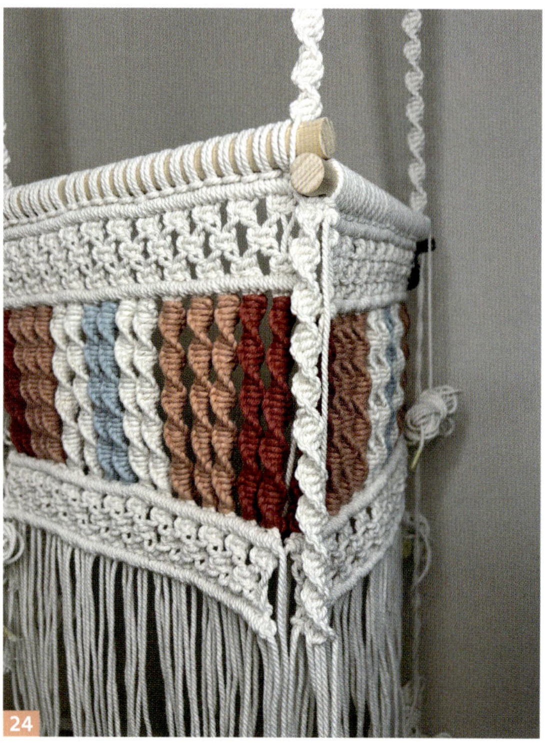

24

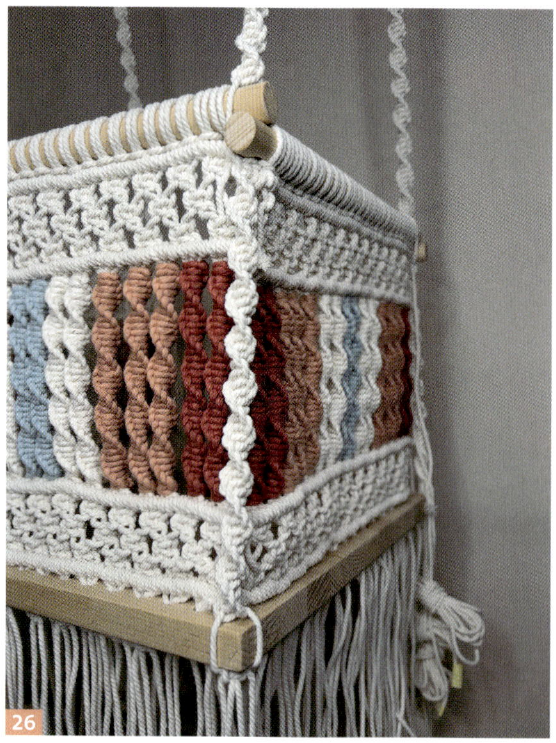

26

27 Knüpfe auf der Vorderseite der Schaukel fünf Reihen Kreuzknotennetz in Dreiecksform.

28 Knüpfe an den Seiten fünf Reihen ein Kreuzknotennetz. Knote in der Länge des Kreuzknotennetzes den gedrehten Strang aus Kreuzknoten weiter.

29 Kürze nun die überstehenden Fäden auf eine Länge von 6 cm.

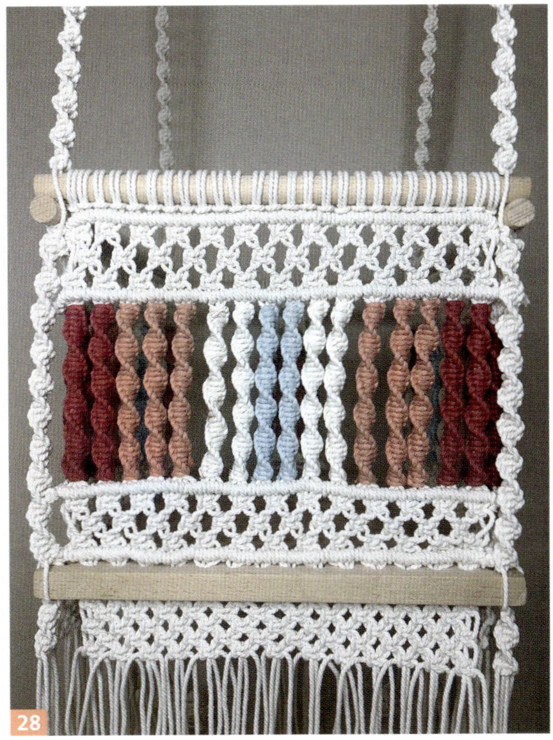
28

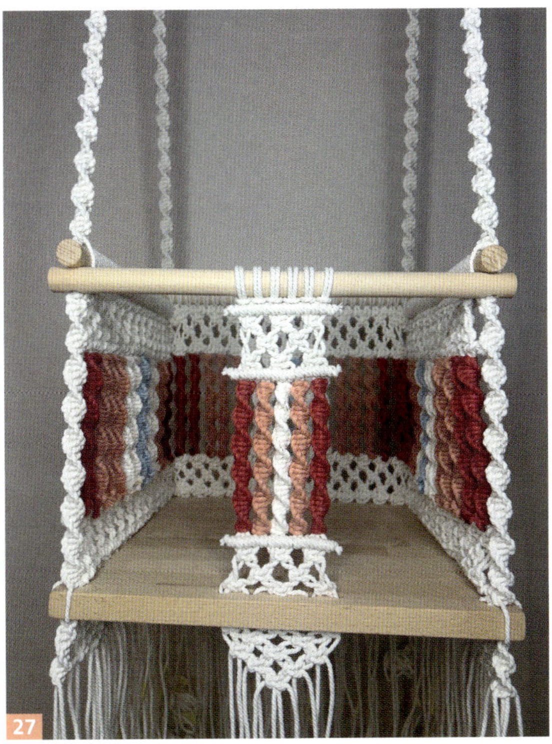
27

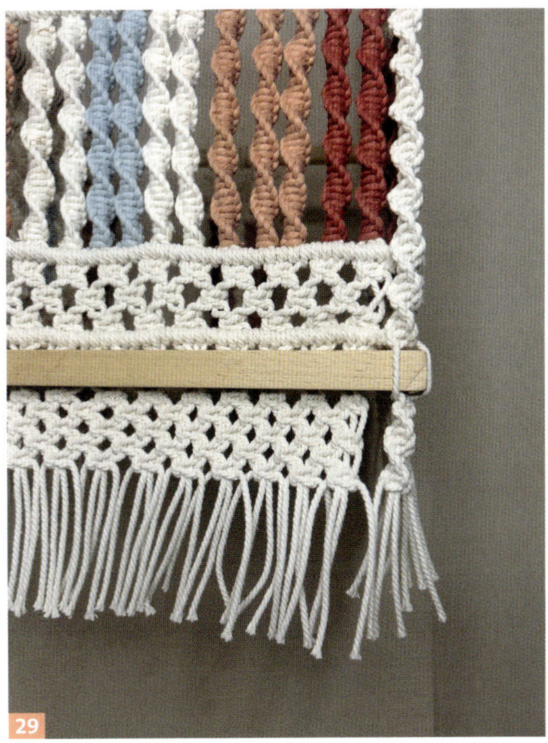
29

Babybett

Das Hänge-Babybett aus Makramee ist ein bezauberndes und gemütliches Schlafnest für das Baby. Es wird entweder an der Decke oder an einem Gestell befestigt und schafft eine beruhigende Wiegebewegung. Die sanften Schaukelbewegungen können dem Baby helfen, einzuschlafen und einen tiefen und erholsamen Schlaf zu finden. Mit seinem einzigartigen Design bietet das Hänge-Babybett eine wunderbare Alternative zu herkömmlichen Babybetten.

Materialien:

- Gestärktes Polyestergarn, 443,7 m, ø 5 mm
- Babybett-Gestell aus zwei ovalen Metallringen (86 x 49 cm; eftals.atelier)
- Metallring, ø 30 cm, ø 2,5 cm Stärke
- Holzring, ø 5 cm
- Metallring, ø 15 cm (Rayher)
- Kausche

Fadenlängen:

- 1 x 11,5 m
- 2 x 9 m
- 26 x 7 m
- 1 x 5 m
- 72 x 3 m
- 1 x 2 m
- 4 x 1,8 m
- 1 x 1,6 m
- 1 x 0,4 m

Fertige Größe:

- 1,6 m lang

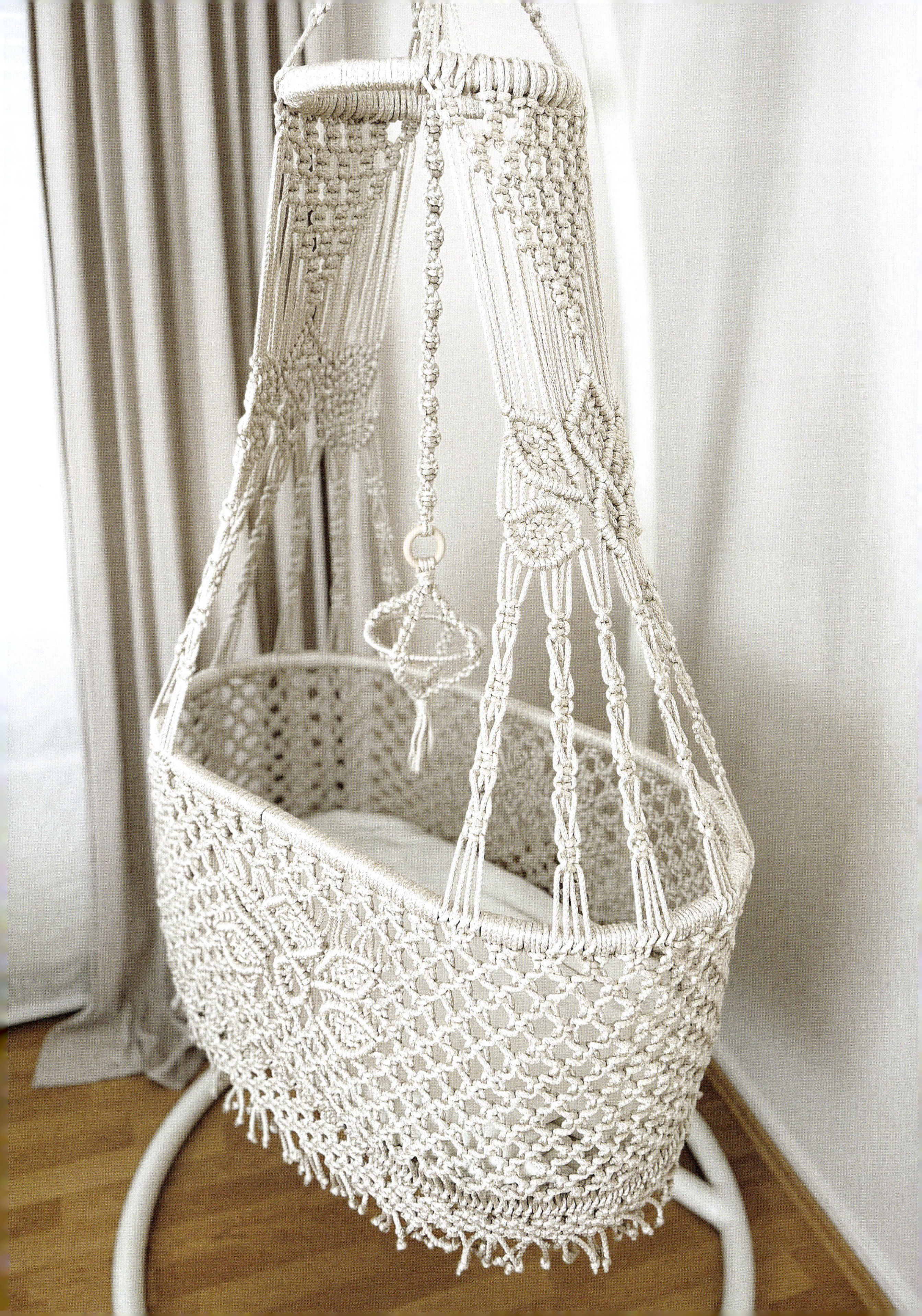

So wird's gemacht:

1 Befestige mit einer Heißklebepistole einen Faden von 11,5 m auf der Innenfläche des Metallrings (ø 30 cm). Wickel dazu den Faden straff um den Metallring und klebe das Ende des Fadens mit Heißkleber fest.

2 Markiere die Mitte von sechs 7 m langen Fäden, zwei 9 m langen Fäden und einem 2 m langen Faden. Lege die längeren Fäden nach außen und den kürzesten Faden in die Mitte.

3 Knüpfe von der Mitte ausgehend auf beiden Seiten sieben Kreuzknoten mit den äußeren Fäden, sodass insgesamt 14 Kreuzknoten entstehen.

4 Lege die nebeneinanderliegenden äußeren Fäden in die Mitte und die anderen beiden äußeren Fäden nach außen. Knüpfe mit den äußeren Fäden vier Kreuzknoten um

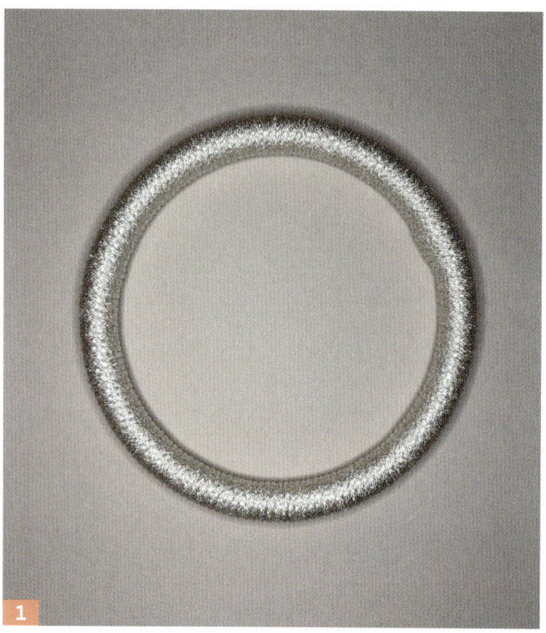
1

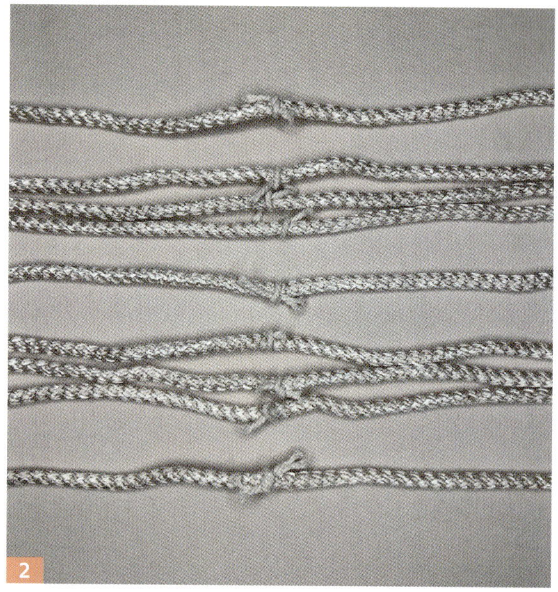
2

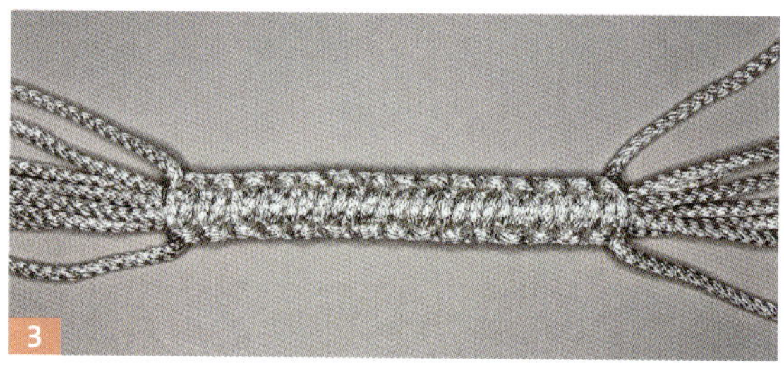
3

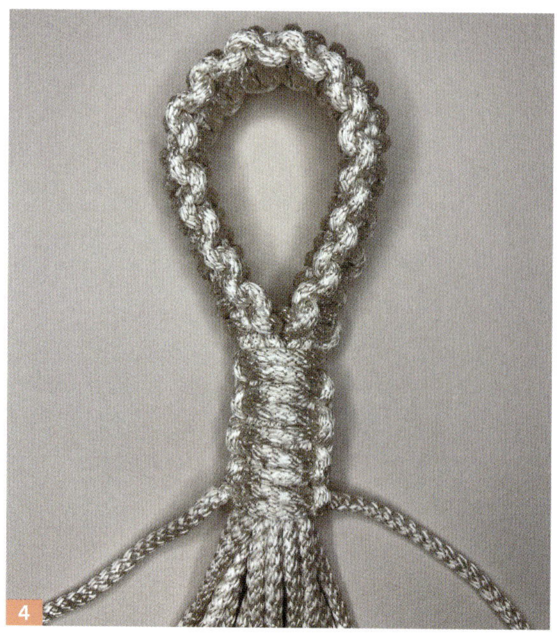
4

alle Fäden, sodass eine Schlaufe entsteht. Ziehe die unteren Fäden fest, sodass die Schlaufe nicht ausleiert.

5 Setze eine Kausche in die entstandene Schlaufe ein. Knüpfe vier Stränge mit je drei doppelten Kreuzknoten im Abstand von 4 cm, bestehend aus vier Fäden. Achte darauf, dass der kürzeste Faden in der Mitte bleibt und nicht mitgeknotet wird.

6 Befestige die Stränge bei einer Gesamtlänge von 23 cm mit einem Rippenknoten am Metallring.

7 Ergänze jeweils zehn Fäden von 7 m Länge an den Seiten des Metallrings mit einem vorwärts gerichteten Ankerknoten.

8 Knüpfe mit je vier Fäden doppelte Kreuzknoten.

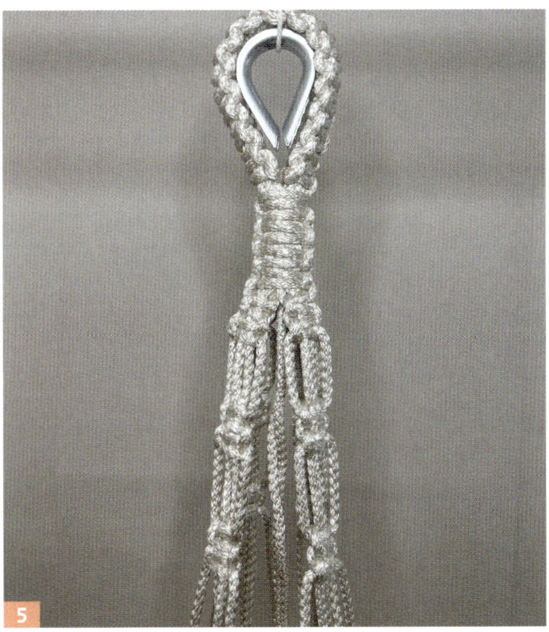
5

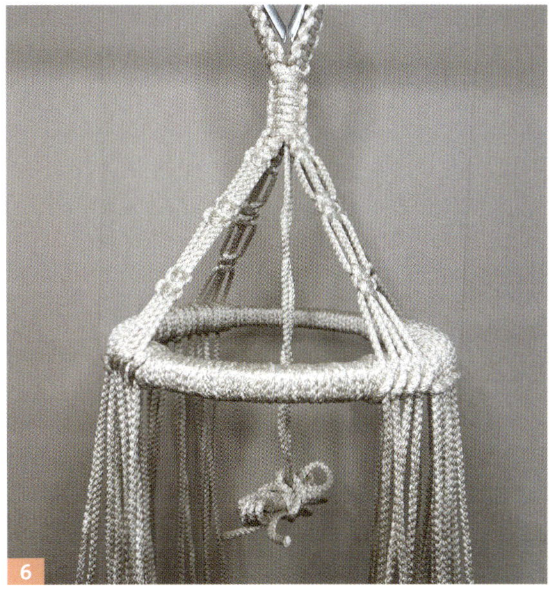
6

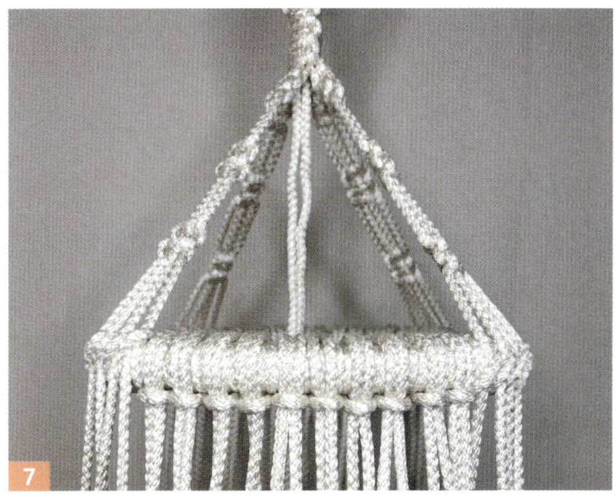
7

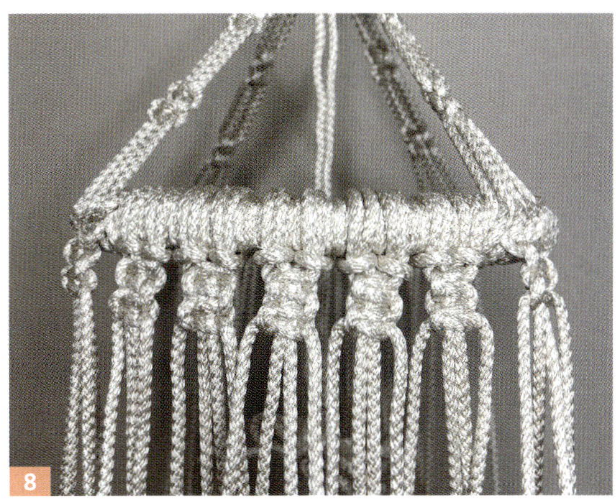
8

9 Knüpfe weitere sechs Reihen doppelter Kreuzknoten, sodass ein Muster entsteht, bei dem jede Reihe einen Knoten weniger hat und ein Dreiecksmuster entsteht.

10 Nimm im Abstand von 3 cm nach oben den linken Faden von der Mitte und knüpfe um diesen einen diagonalen Rippenknoten nach rechts mit je sechs Fäden. Wiederhole diesen Schritt spiegelverkehrt auf der linken Seite.

11 Knüpfe unter dem so entstandenen Dach zwei Reihen Kreuzknoten mit je vier Fäden.

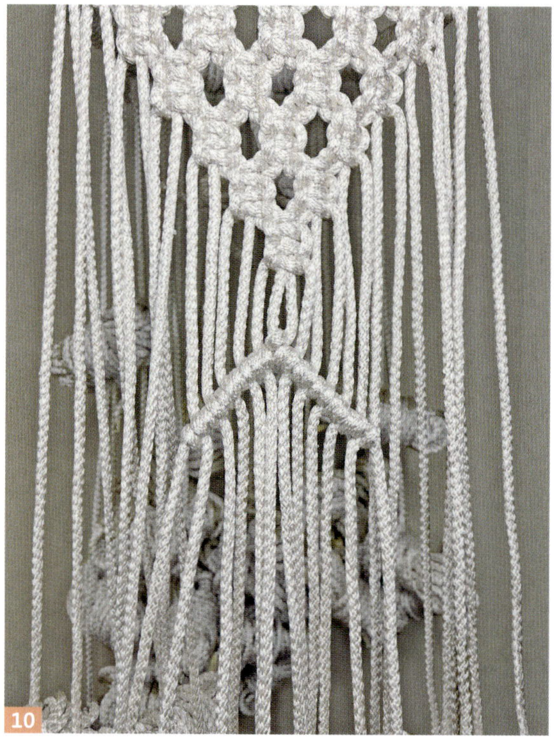

10

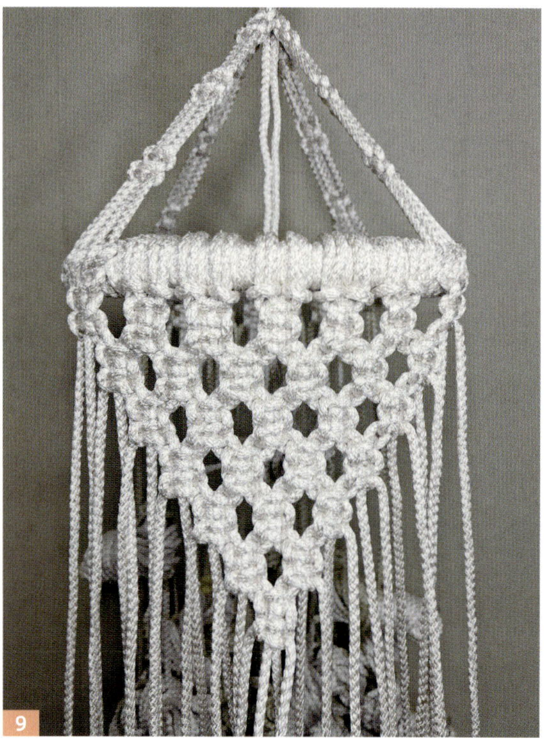

9

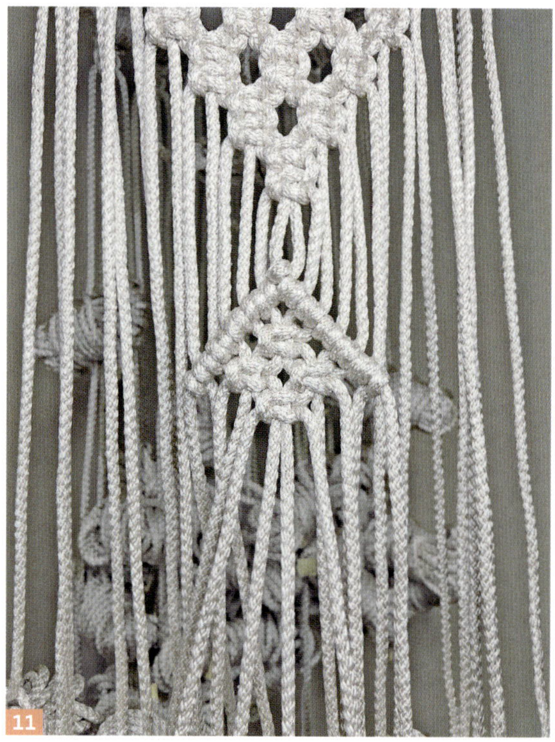

11

12 Knüpfe erneut mit den äußeren Leitfäden Rippenknoten in die entgegengesetzte Richtung, um den Diamanten zu schließen.

13 Knüpfe mit dem rechts außenliegenden Faden einen diagonalen Rippenknoten nach links mit zehn Fäden in Form eines halben Blumenblattes.

14 Knüpfe unter dem halben Blumenblatt erneut zwei Reihen Kreuzknoten.

15 Knüpfe erneut mit dem rechts außenliegenden Faden einen diagonalen Rippenknoten, sodass das Blumenblatt geschlossen wird.

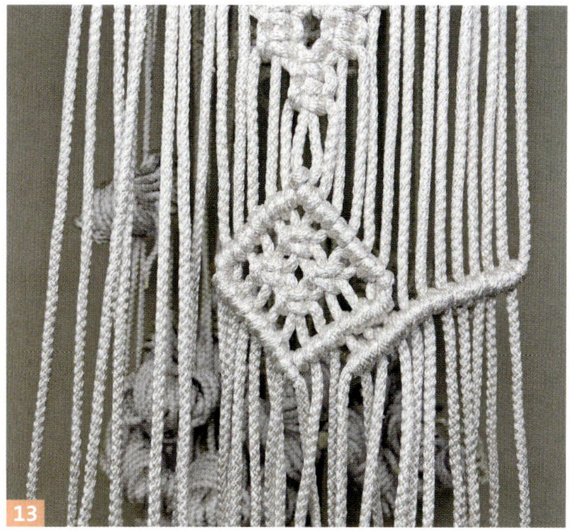
13

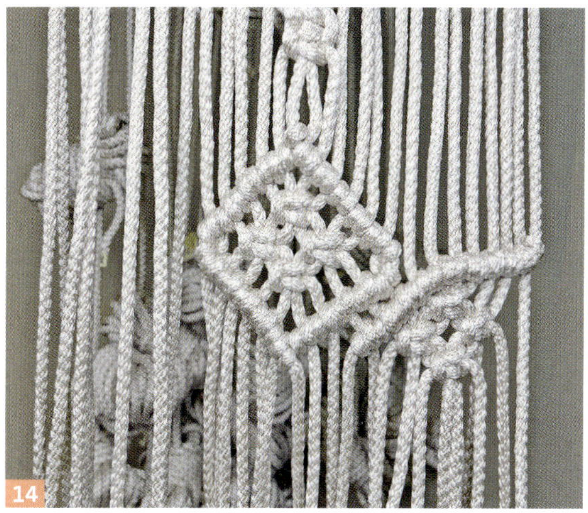
14

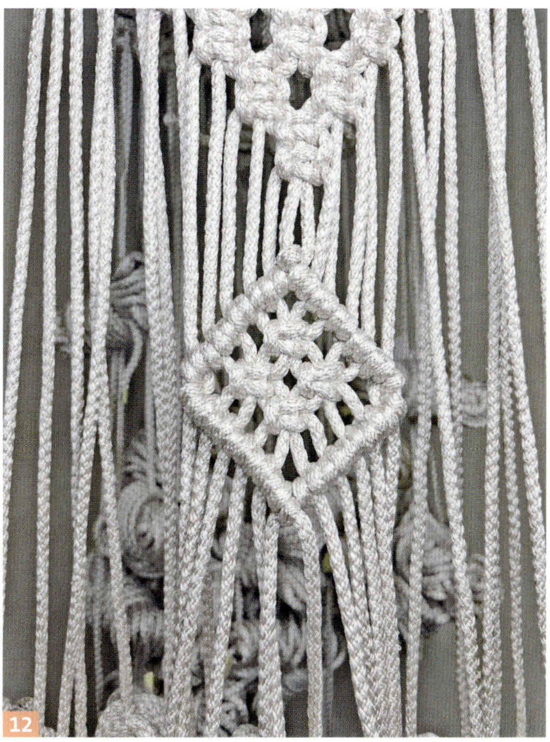
12

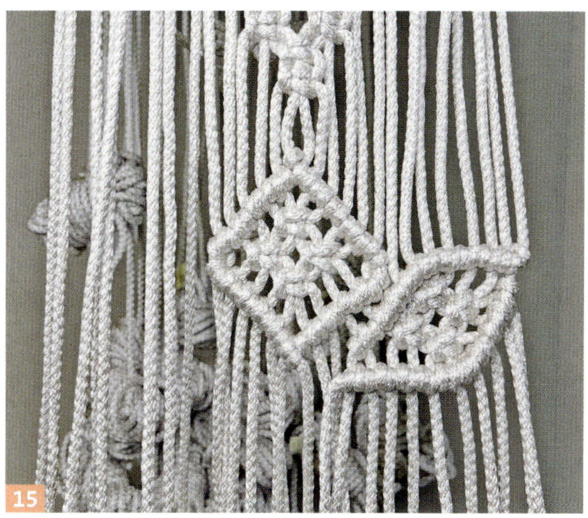
15

16 Wiederhole die Schritte 13 bis 15 spiegelverkehrt auf der linken Seite. Knote anschließend mit den sechs Fäden in der Mitte ein Diamantendach aus insgesamt sechs Fäden.

17 Wiederhole die Schritte 13 bis 16 unter den rechten und linken Blättern.

18 Schließe den Diamanten in der Mitte, indem du von der Mitte beginnend diagonale Rippenknoten knüpfst.

19 Knüpfe im Abstand von 4 cm nach oben vier doppelte wechselnde Kreuzknoten mit je vier Fäden, sodass insgesamt sieben Stränge entstehen.

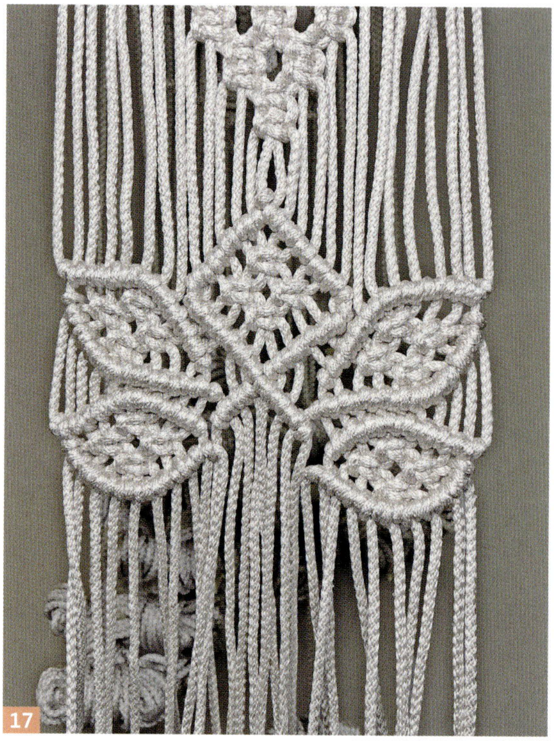
17

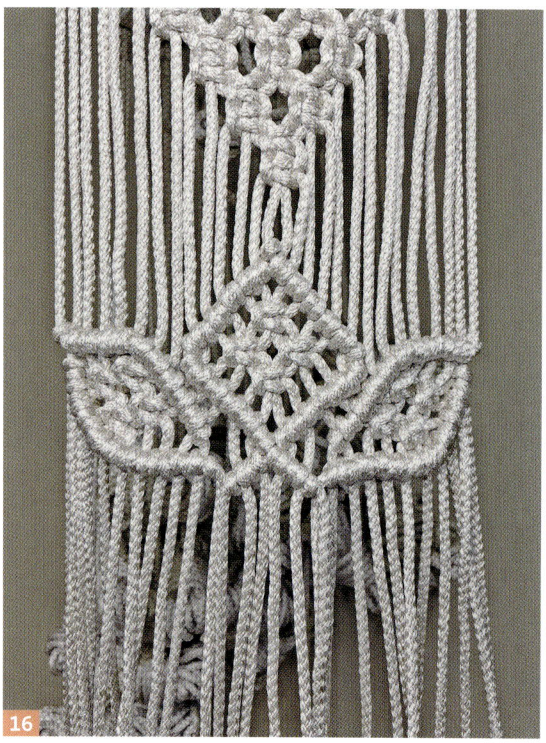
16

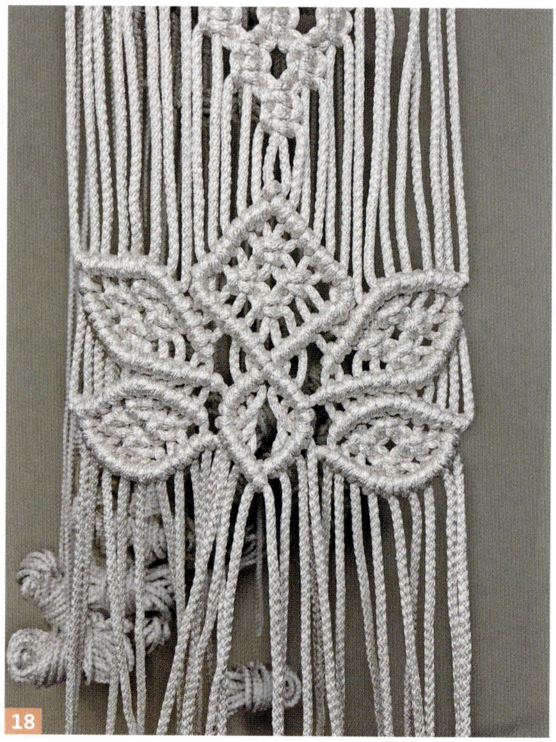
18

20 Befestige die sieben Stränge jeweils gleichmäßig auf jeder Seite mit einem Rippenknoten. Der längste Strang in der Mitte sollte eine Gesamtlänge von 77 cm haben, gemessen vom äußeren Rand des oberen Metallrings. Die äußersten Rippenknoten auf der rechten und linken Seite sollten in der Mitte des Bettes einen Abstand von 45 cm haben. Beachte, dass der obere Ring des Bettgestells im Gleichgewicht hängt.

21 Ergänze in die entstandenen Lücken und in der Mitte 72 Fäden von 3 m Länge mit einem vorwärts gerichteten doppelten Ankerknoten. 20 Fäden kommen auf jede Seite in die Mitte des Bettgestells und jeweils 16 Fäden nach rechts und links in die entstandenen Lücken in Schritt 20.

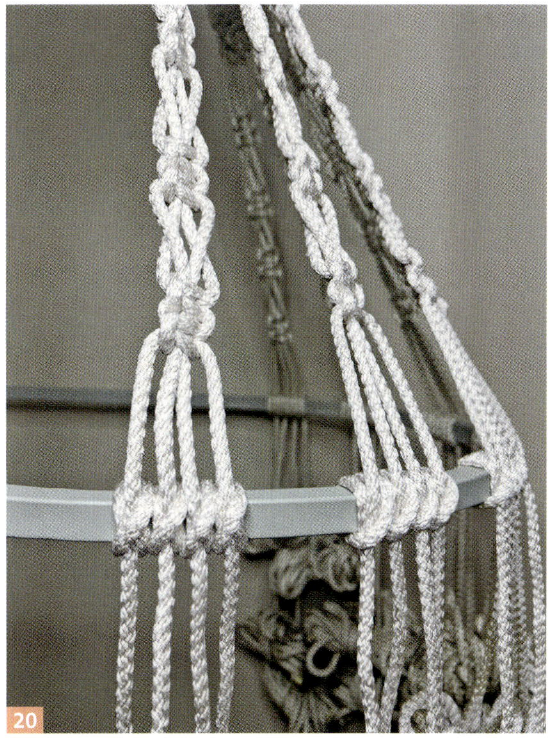
20

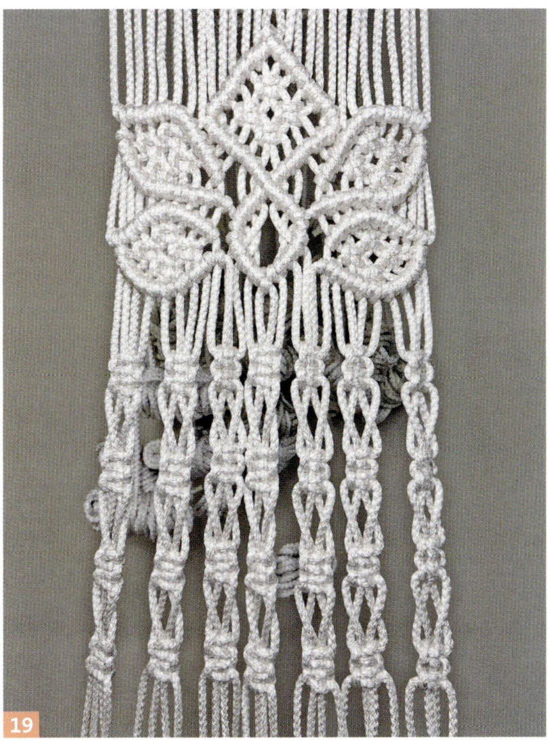
19

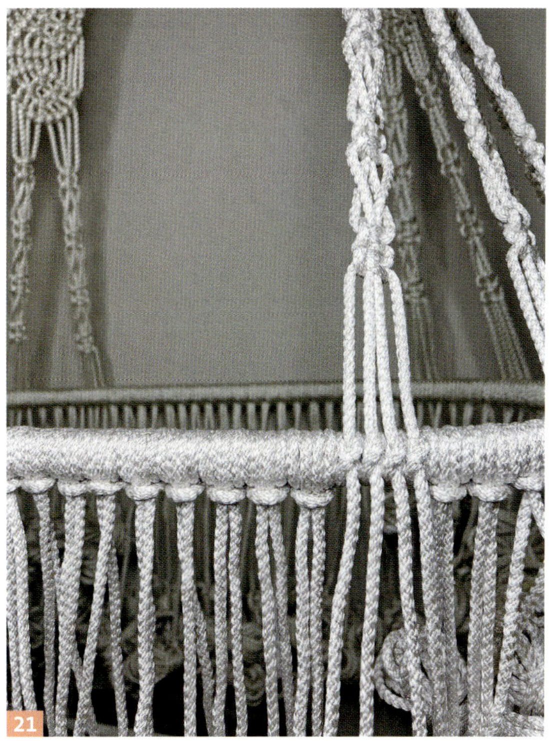
21

22 Knüpfe drei Reihen wechselnde Kreuzknoten.

23 Wiederhole das Blumenmuster der Schritte 13 bis 16 auf beiden Seiten des Babybettes und knüpfe um das Blumenmuster herum weitere elf Reihen wechselnder Kreuzknoten.

24 Knüpfe die Fadenenden mit einem Rippenknoten an den unteren ovalen Metallring. Achte darauf, dass der untere Ring des Bettgestells im Gleichgewicht hängt.

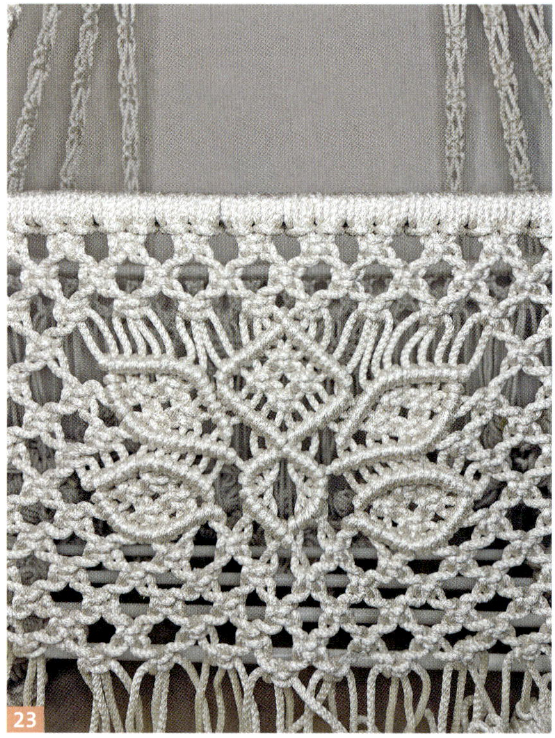

23

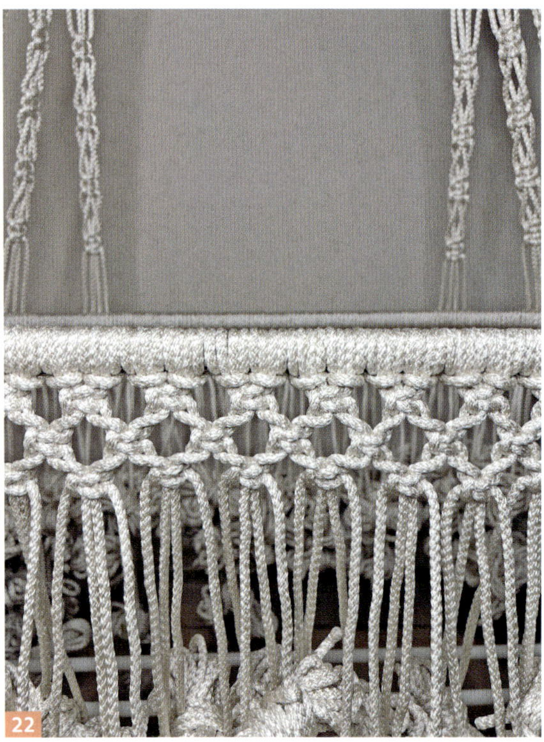

22

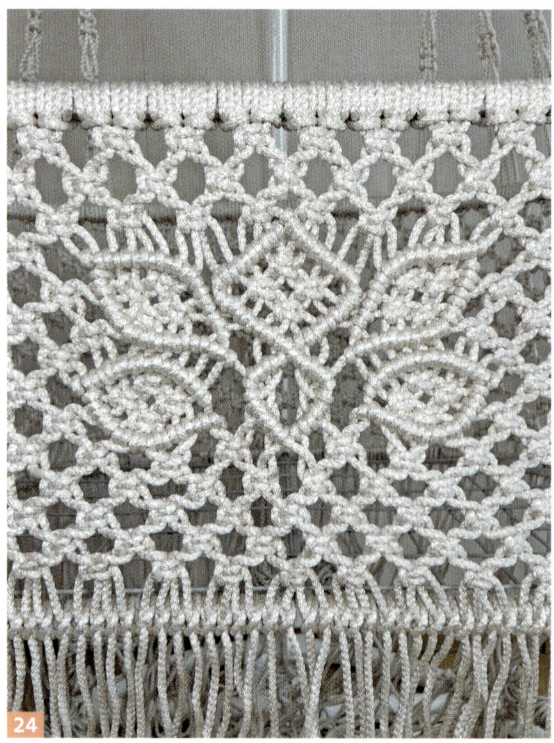

24

25 Knüpfe vier Reihen Kreuzknoten, damit sich der Rippenknoten nicht lockert.

26 Knote am Fadenende nach 3 cm einen einfachen Knoten.

27 Kürze die überstehenden Fadenenden nach dem einfachen Knoten. Verwende ein Feuerzeug, um das Ende des Polyestergarns anzubrennen und zu versiegeln, damit es nicht aufgeht.

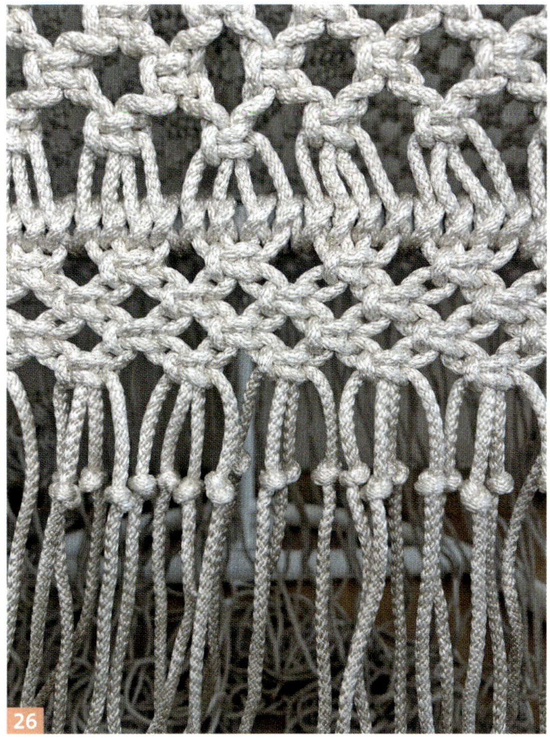

26

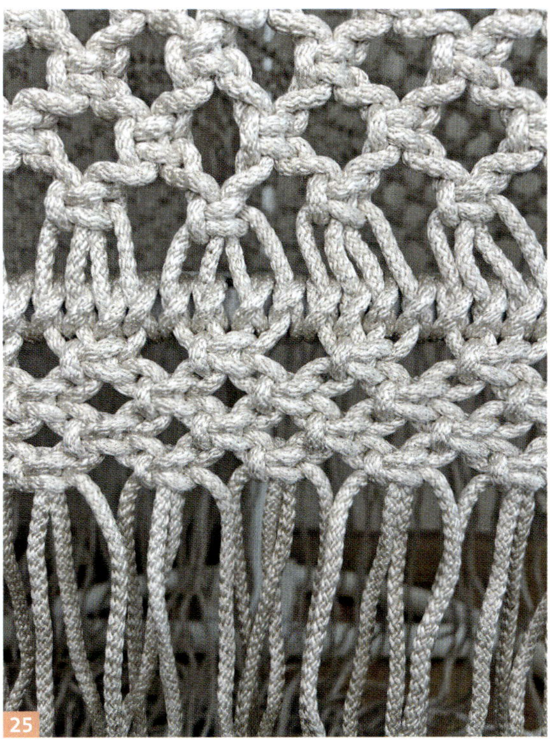

25

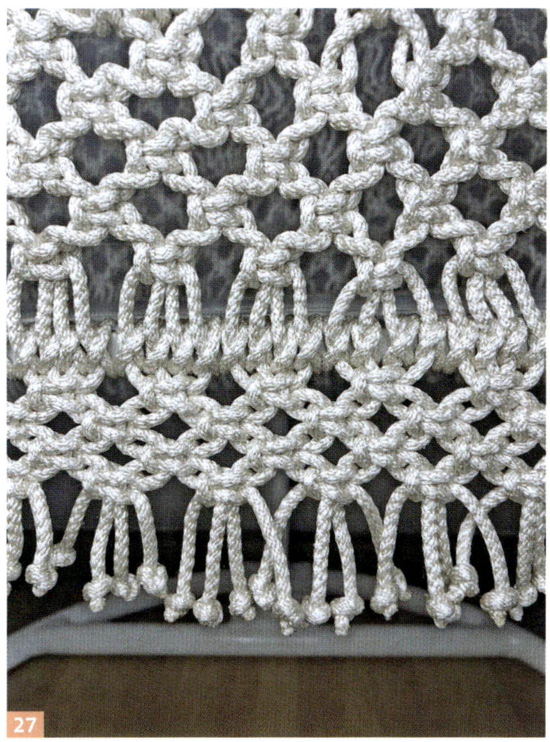

27

28 Fädle den in der Mitte liegenden Faden durch den Holzring und umwickle das Ende bei einer Gesamtlänge von 65 cm mit einem Kreppband.

29 Knüpfe mit einem Faden von 5 m Länge einen gedrehten Strang aus Kreuzknoten um den mittleren kurzen Faden. Beginne hierfür nicht am oberen Ende des Fadens, sondern unten am Holzring.

30 Schiebe weitere vier Fäden von 1,8 m Länge mittig durch den Holzring. Knüpfe mit einem 40 cm langen Faden einen Wickelknoten um die Fäden, damit diese nicht verrutschen.

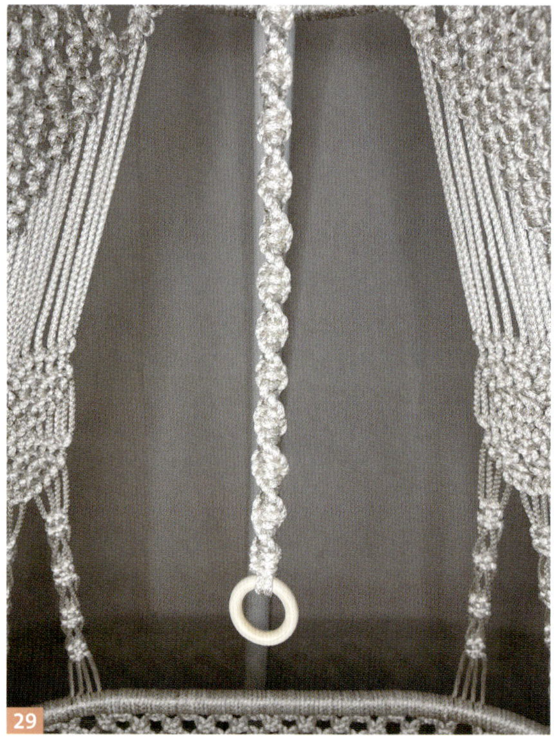
29

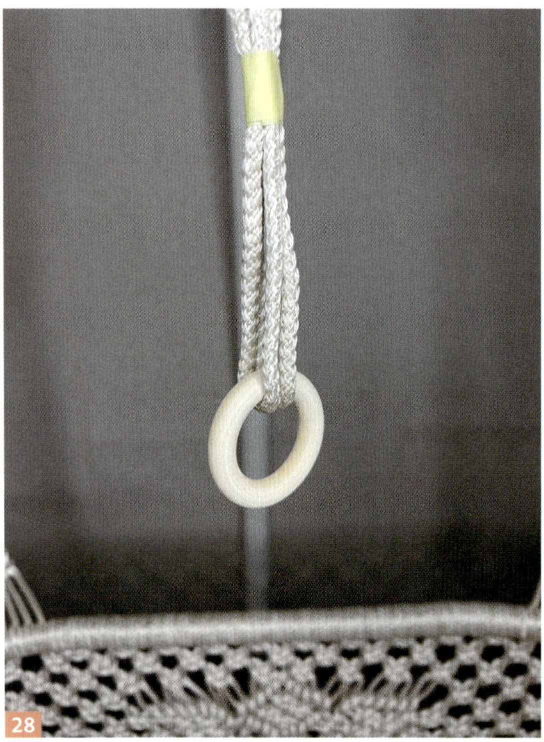
28

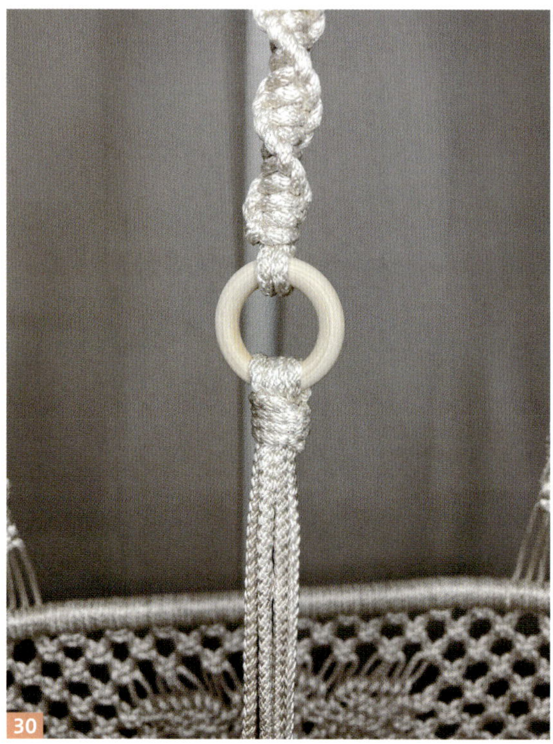
30

31 Knüpfe mit je zwei Fäden fünf wechselseitige senkrechte Überhandknoten. Ziehe diese etwas auseinander, sodass sie etwas weniger fest geknotet sind.

32 Umwickle den kleineren Metallring (ø 15 cm) mit einem 1,6 m langen Faden. Befestige das Fadenende der Überhandknoten mit einem Rippenknoten in gleichen Abständen um den Metallring. Knüpfe erneut sechs wechselseitige senkrechte Überhandknoten. Am Ende knüpfe mit allen Fäden einen Wickelknoten.

33 Kürze die überstehenden Fadenenden auf 8 cm. Verwende ein Feuerzeug, um das Ende des Polyestergarns anzubrennen und zu versiegeln, damit es nicht aufgeht.

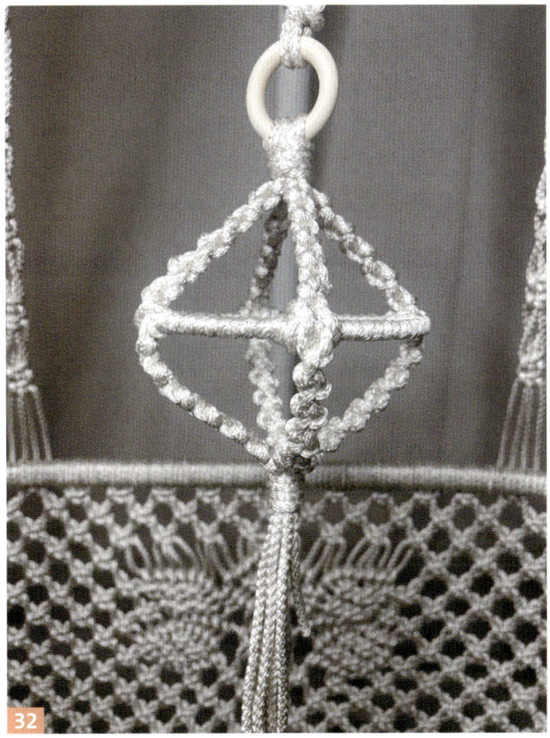
32

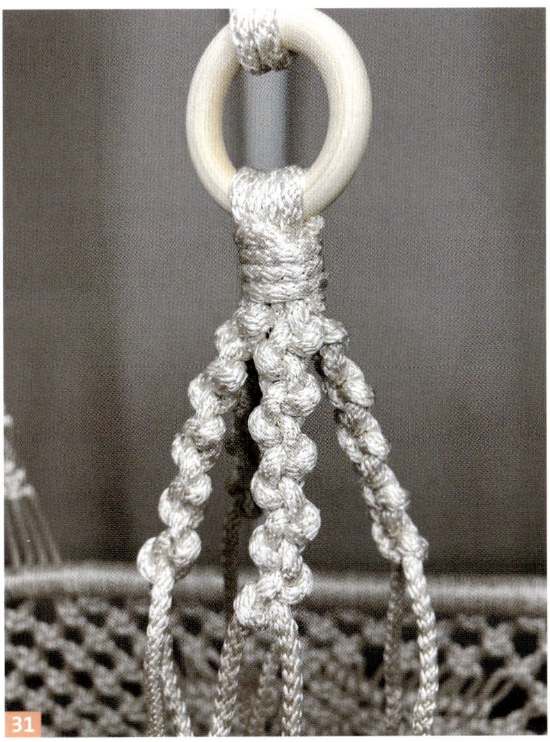
31

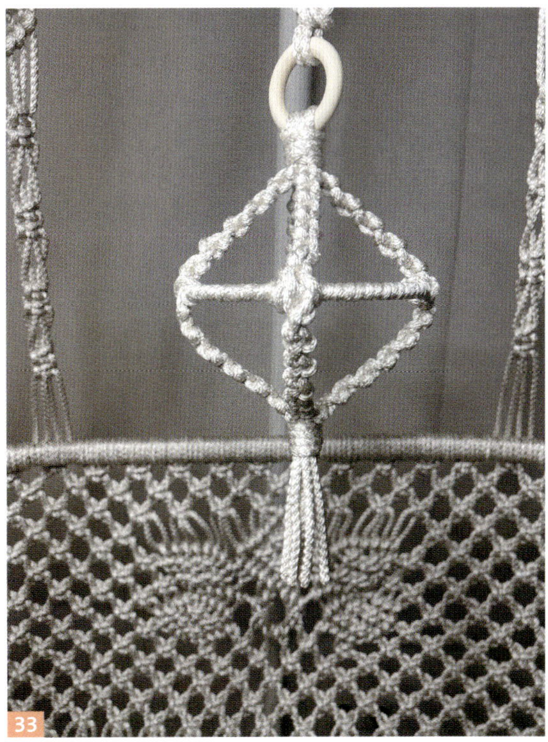
33

Acapulco-Sessel

Der Acapulco-Sessel mit seinem einzigartigen Design und dem ansprechenden Geflecht aus Makramee ist ein absoluter Blickfang in jedem Raum. Er lädt förmlich zum Entspannen und Verweilen ein und bietet den perfekten Platz, um sich zurückzulehnen und die Seele baumeln zu lassen. Dieser Sessel ist ein stilvolles Statement-Möbelstück, das deinem Wohnbereich oder deiner Terrasse eine besondere Note verleiht und eine gemütliche Atmosphäre schafft. Er ist robust und wetterbeständig, sodass er sogar im Freien genutzt werden kann.

Materialien:

- Gestärktes Polyestergarn, 140 m, ø 5 mm
- Acapulco-Sessel (83,5 x 72 x 83 cm)

Fadenlängen:

- 16 x 6 m
- 8 x 5,5 m

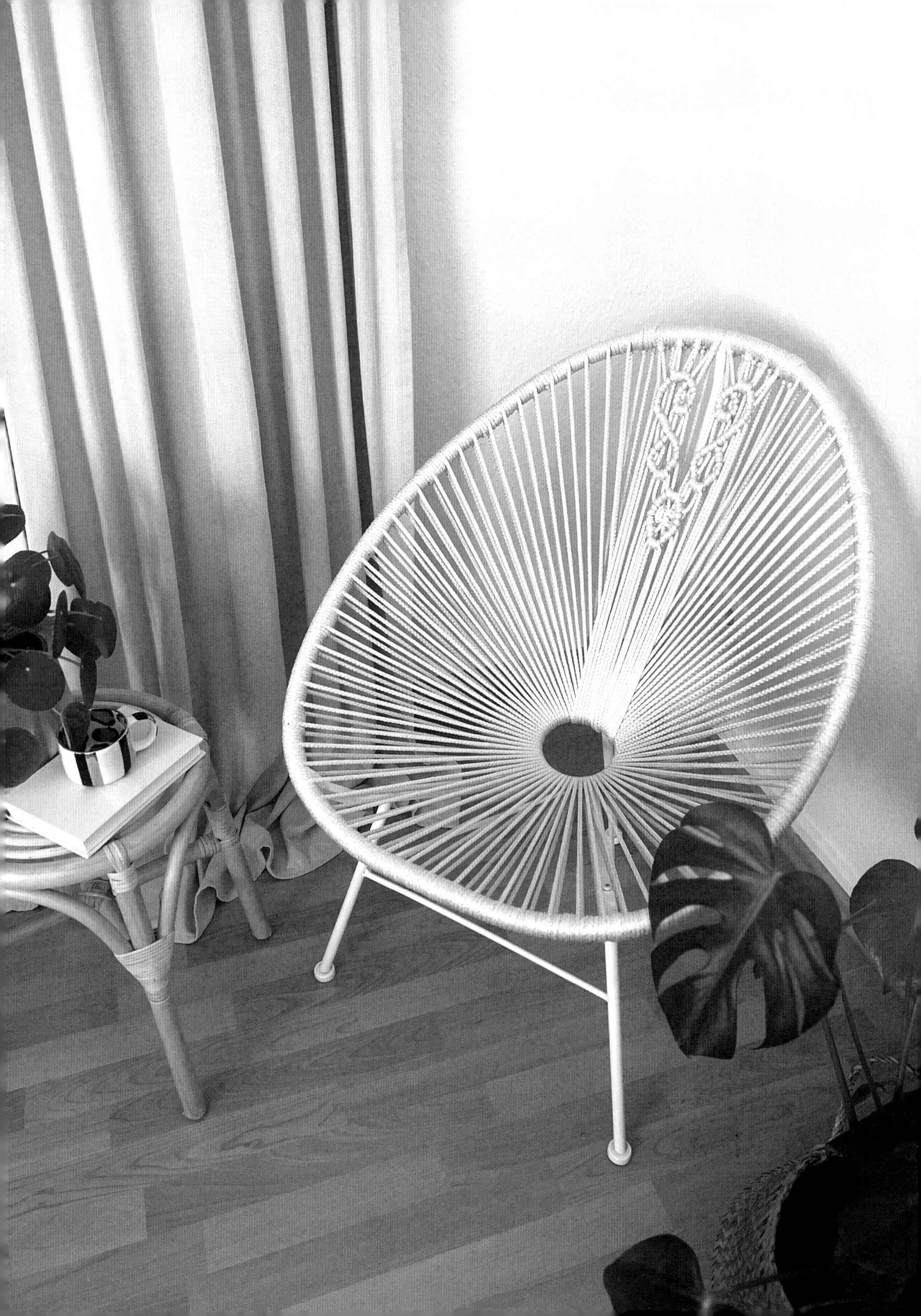

So wird's gemacht:

1 Befestige mithilfe einer Heißklebepistole einen Faden von 6 m Länge an der Innenfläche des Sesselgestells.

2 Wickle den Faden nun viermal straff um das Gestell und einmal um den Ring in der Sitzfläche.
Wickle den Faden straff um das Gestell, um sicherzustellen, dass er festsitzt und sich später beim Sitzen nicht ausleiert.

3 Wickle den Faden fünfmal um das äußere Gestell und einmal um den Ring in der Sitzfläche. Wiederhole diesen Schritt insgesamt viermal, sodass du insgesamt fünfmal um den Ring in der Mitte gewickelt hast. Befestige das Ende des Fadens erneut mithilfe von Heißkleber an der Innenfläche des Gestells.

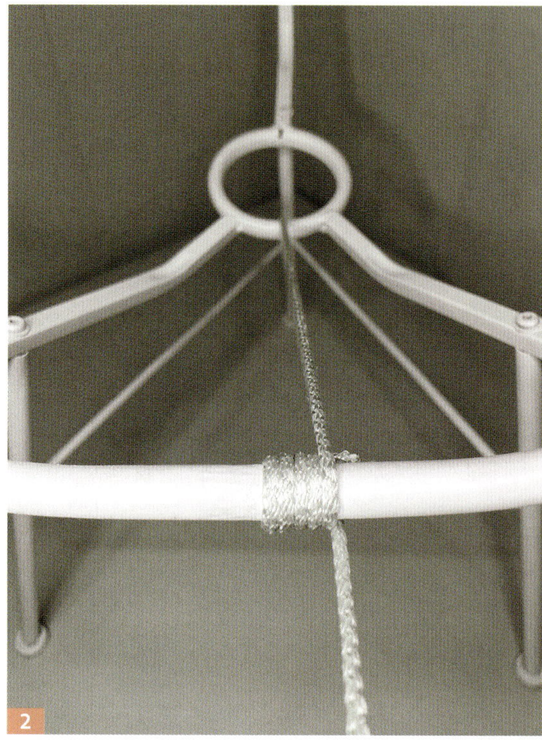
2

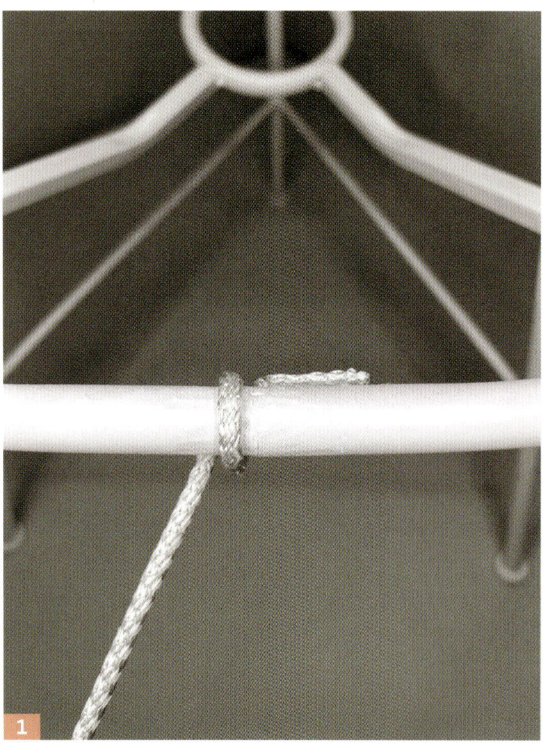
1

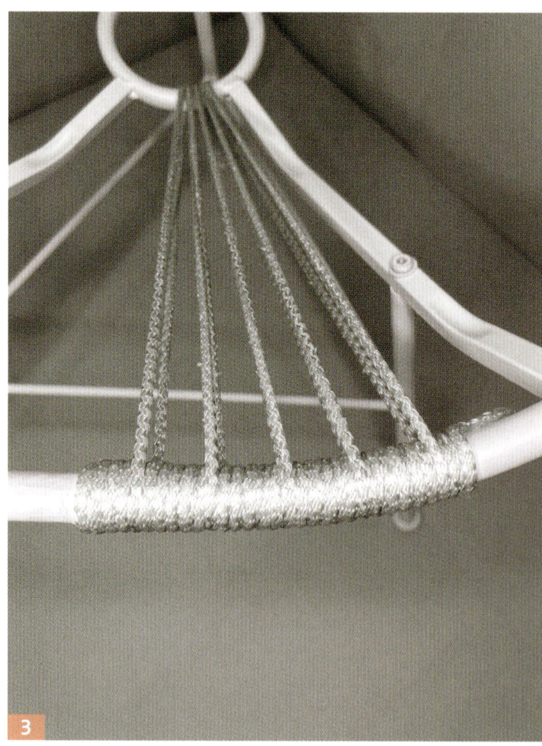
3

4 Klebe den Anfang eines weiteren 6 m langen Fadens an die Innenfläche des Sesselgestells.

5 Setze das Umwickeln des Gestells fort, indem du über den geklebten Faden wickelst.

6 Für die Ummantelung des Gestells benötigst du insgesamt 16 Fäden von 6 m Länge. Du kannst auch einen einzelnen Faden der Länge von 96 m verwenden, jedoch wird das Umwickeln um den Ring in der Sitzfläche schwierig. Daher empfiehlt es sich, mehrere kürzere Fäden zu verwenden. Lass den Bereich der Rückenlehne frei, um dort ein Muster zu knüpfen.

7 Befestige je vier Fäden von 5,5 m mit einem Ankerknoten vorwärts an der Rückenlehne.

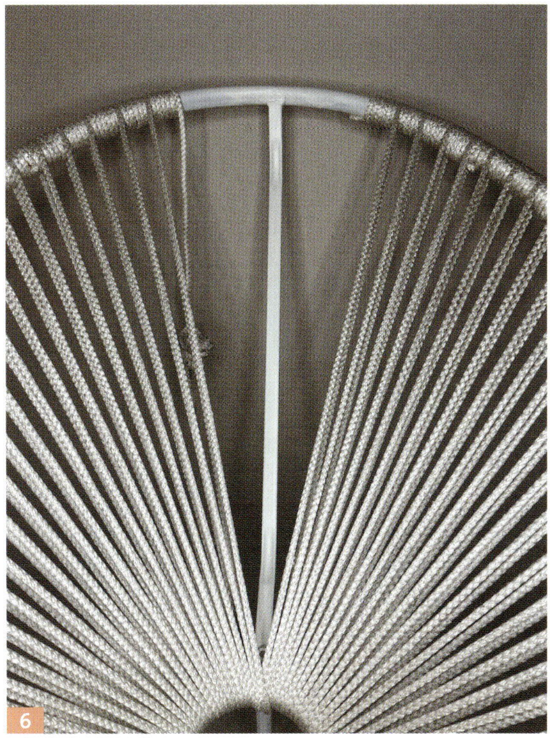
6

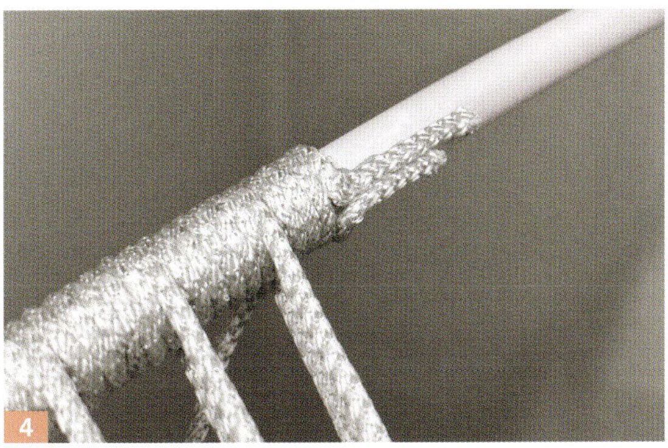
4

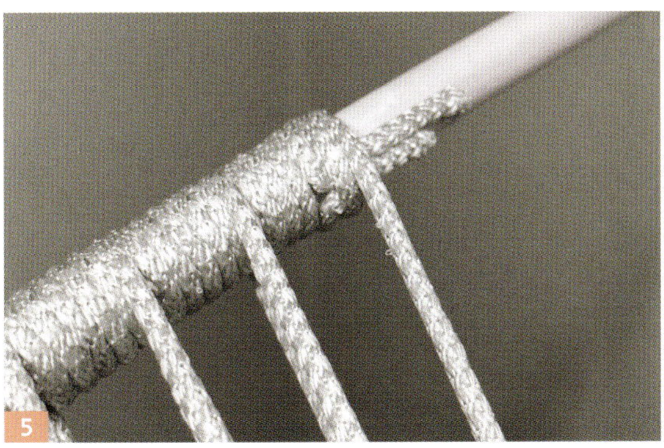
5

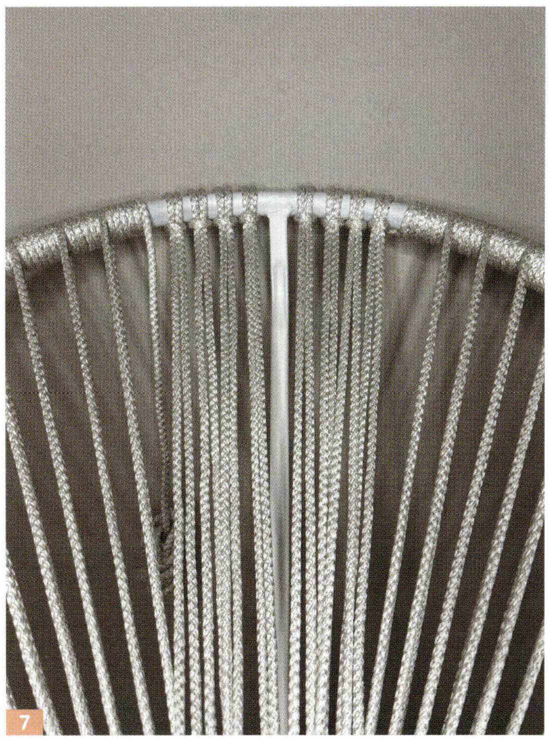
7

8 Nimm den dritten und sechsten Faden und lege diese horizontal über den vierten und fünften Faden.

9 Knüpfe nun einen horizontalen Rippenknoten mit dem vierten und fünften Faden um die horizontal gelegten Fäden.

10 Ziehe die Rippenknoten zusammen, indem du die horizontal gelegten Fäden anziehst.

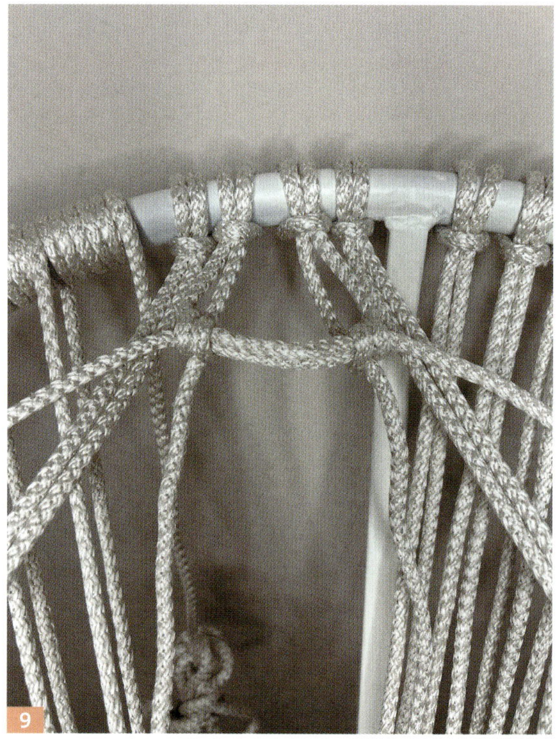

9

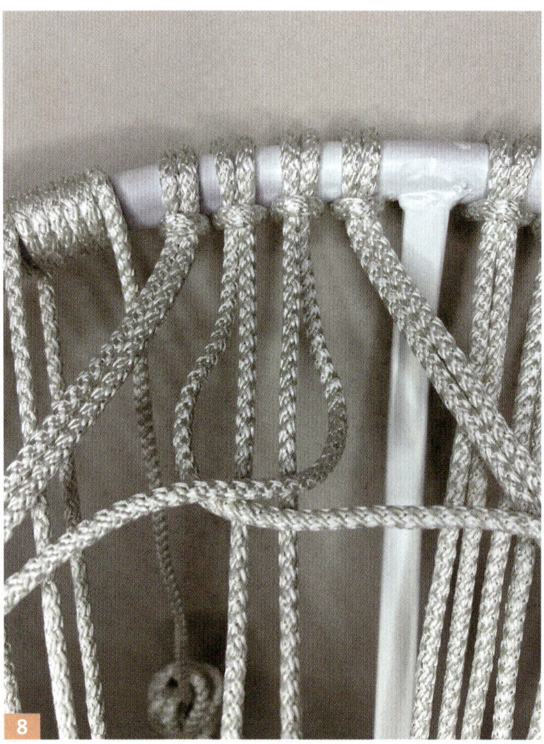

8

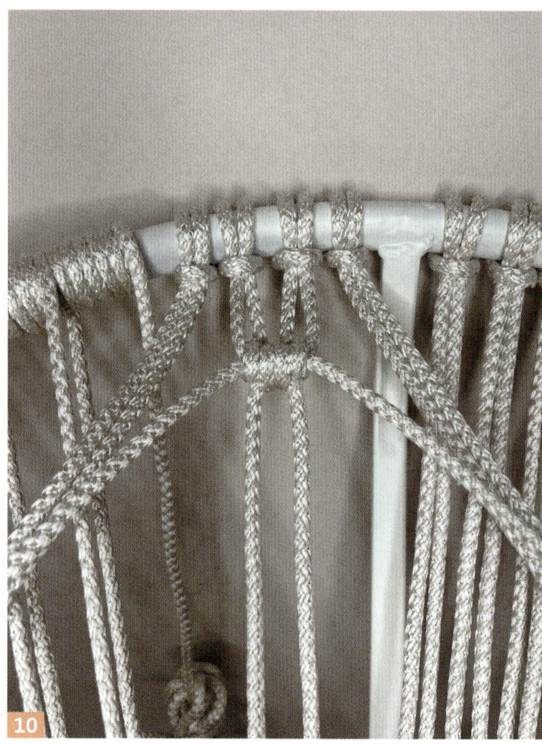

10

11 Knüpfe mit dem ersten und zweiten Faden links von den horizontalen Rippenknoten zwei diagonale Rippenknoten. Knote anschließend mit dem siebten und achten Faden rechts zwei weitere diagonale Rippenknoten, um einen Halbkreis zu erhalten.

12 Knote mit dem fünften Faden unter dem Halbkreis einen diagonalen Rippenknoten.

13 Knüpfe mit den beiden Fäden unter dem kleinen Dach einen Rippenknoten, um einen kleinen Diamanten zu erhalten.

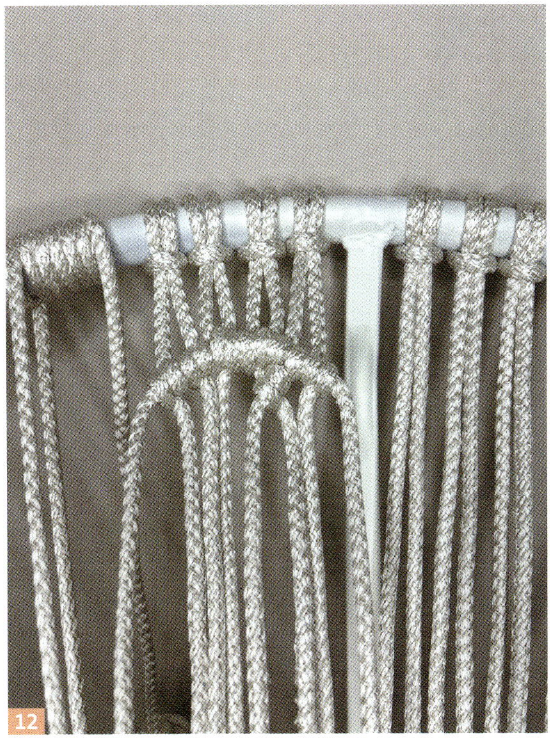

12

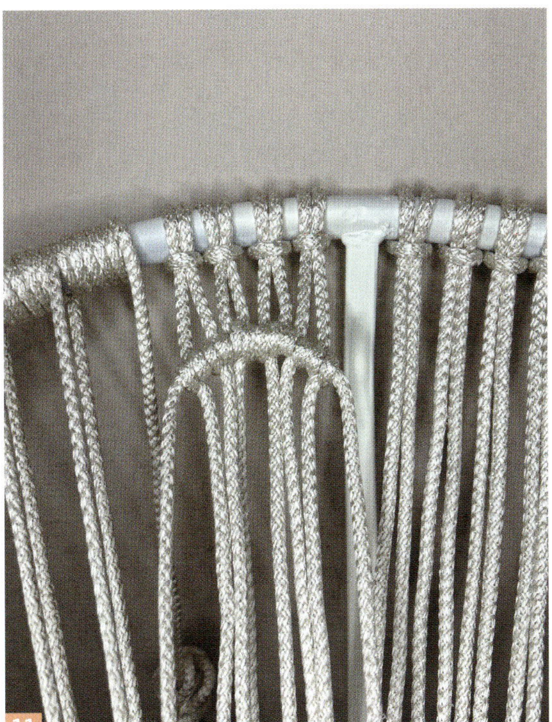

11

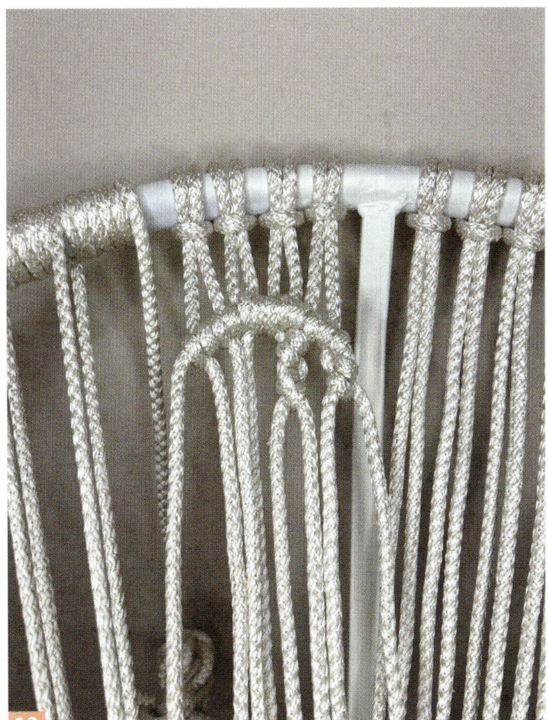

13

14 Wiederhole die Schritte 8 bis 10 mit den äußeren Fäden des kleinen Diamanten.

15 Knüpfe mit allen Fäden einen diagonalen Rippenknoten um den linken Leitfaden.

16 Knüpfe mit dem fünften Faden als Leitfaden zwei weitere diagonale Rippenknoten links.

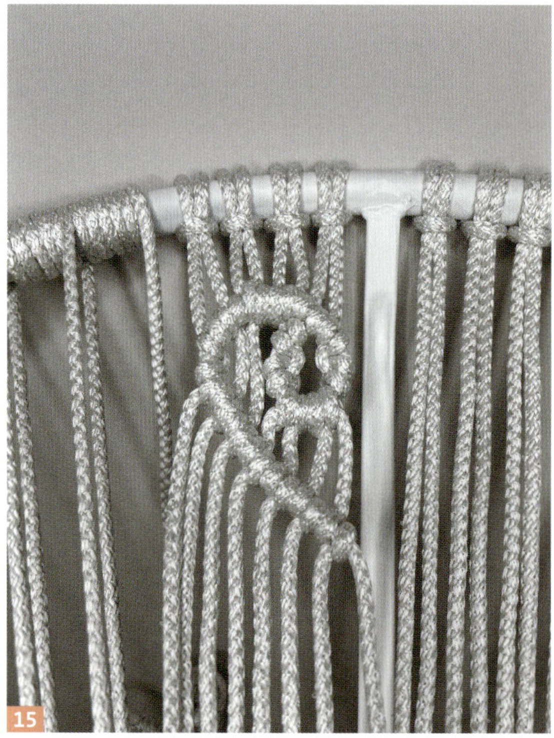
15

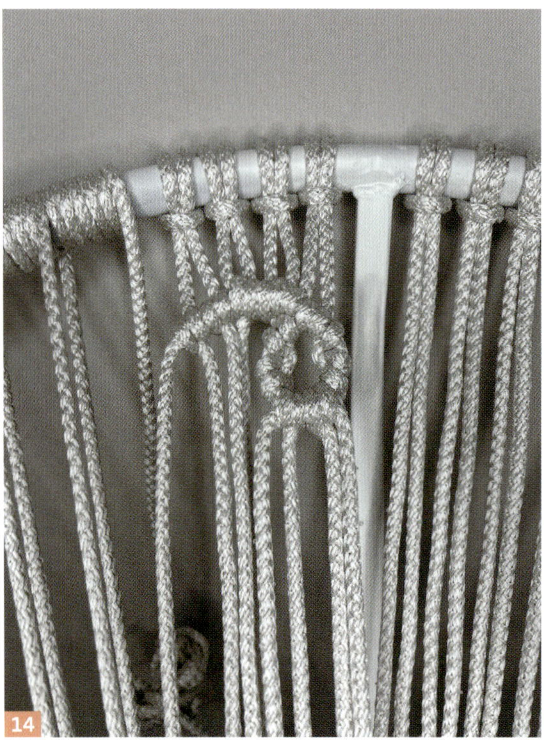
14

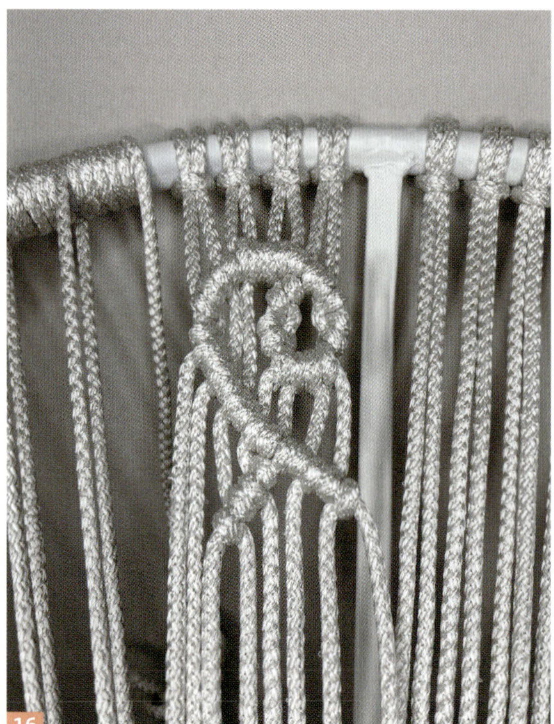
16

17 Knüpfe nun einen größeren Diamanten und führe am Ende mit den beiden Leitfäden die Schritte von 8 bis 10 aus. Wiederhole das Muster spiegelverkehrt auf der anderen Seite.

18 Nutze die vier Fäden in der Mitte und knüpfe die Schritte 8 bis 10.

19 Knüpfe rechts und links des horizontalen Rippenknotens zwei diagonale Rippenknoten, um einen Halbkreis zu erhalten.

20 Knüpfe mit den sechs Fäden unter dem Halbkreis einen Kreuzknoten mit je zwei Fäden.

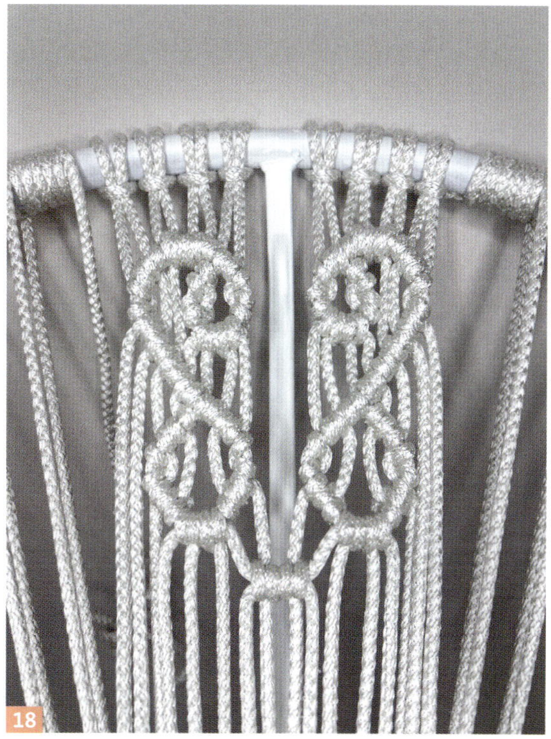
18

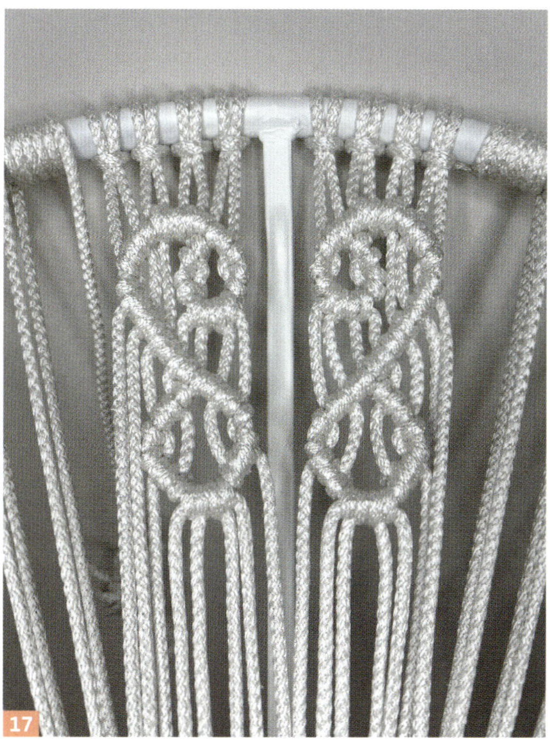
17

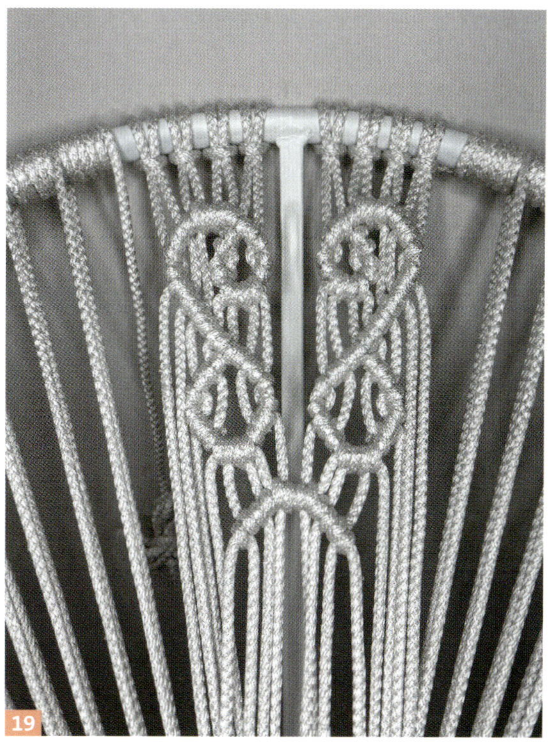
19

21 Knüpfe mit den drei Fäden auf jeder Seite weitere drei diagonale Rippenknoten um die Leitfäden.

22 Führe mit den beiden Leitfäden die Schritte 8 bis 10 aus.

23 Wickle die Enden der acht Fäden für das Muster um den Ring in der Sitzfläche. Befestige die Fadenenden mit einem Rippenknoten am Gestell.

24 Knüpfe mit allen Fäden einen Rippenknoten.

25 Kürze die überstehenden Fäden und befestige sie mithilfe von Heißkleber am Gestell.

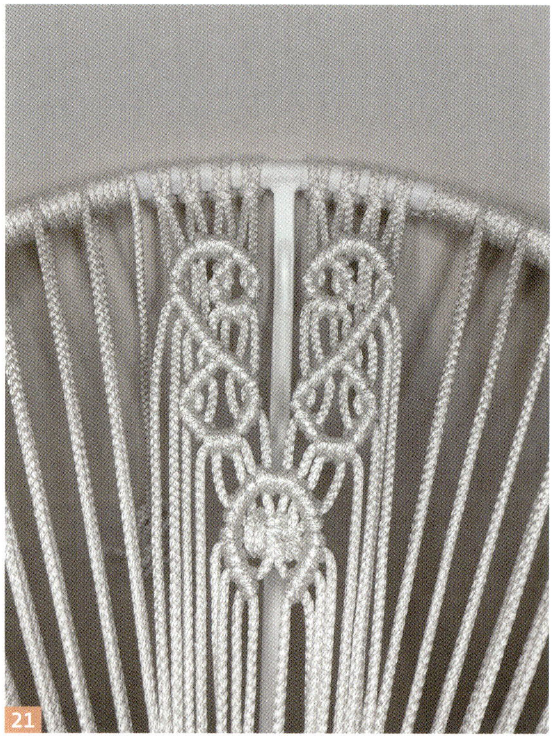

21

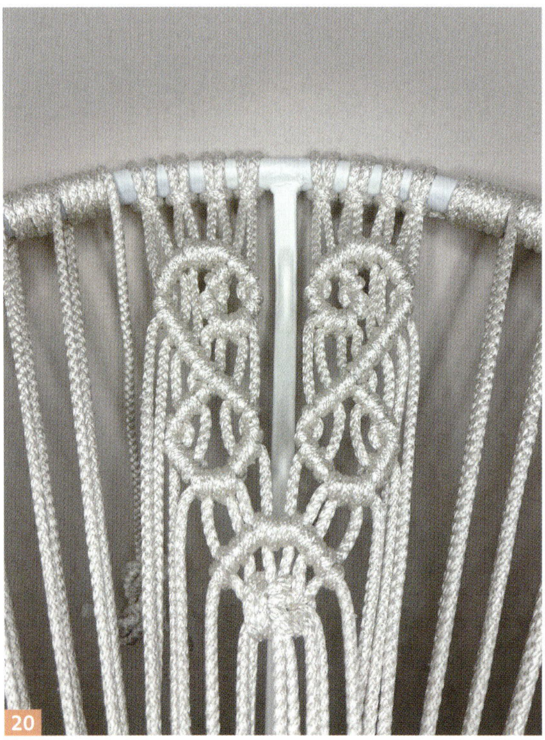

20

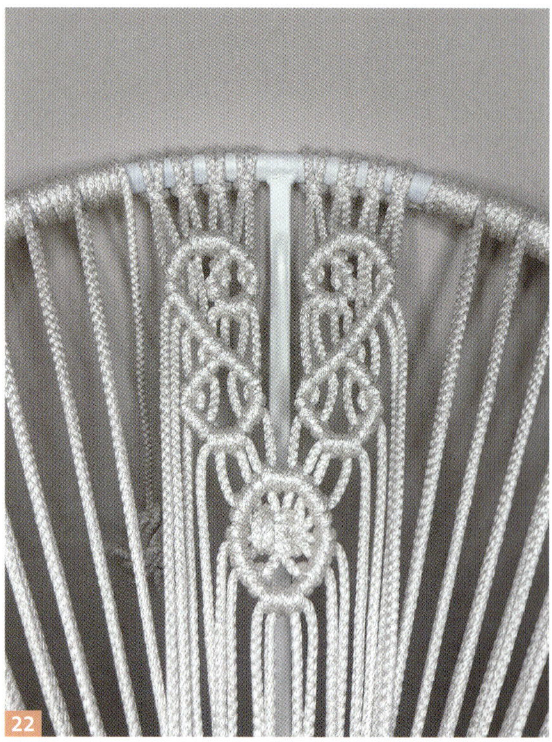

22

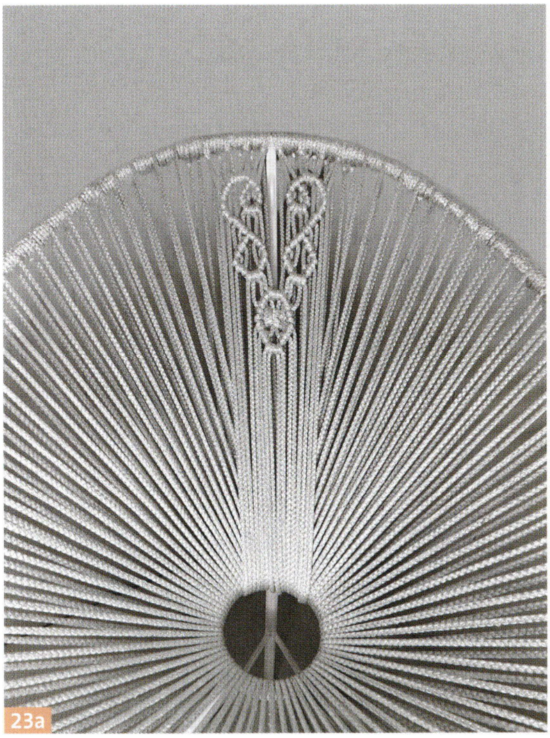
23a

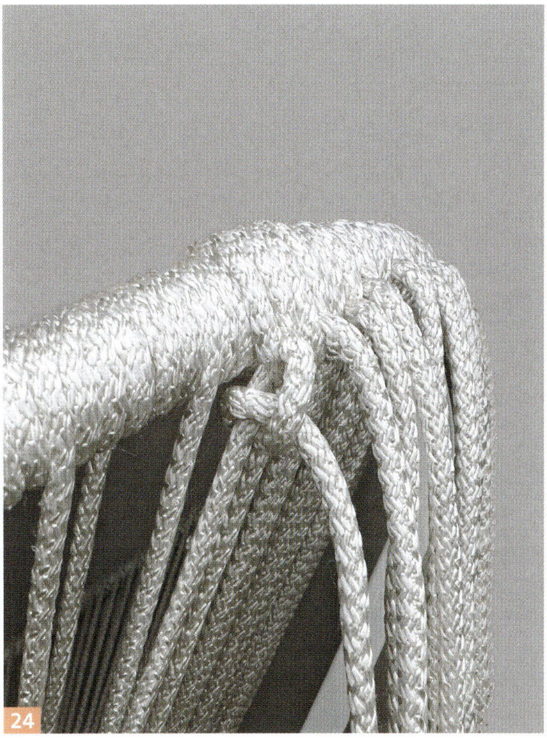
24

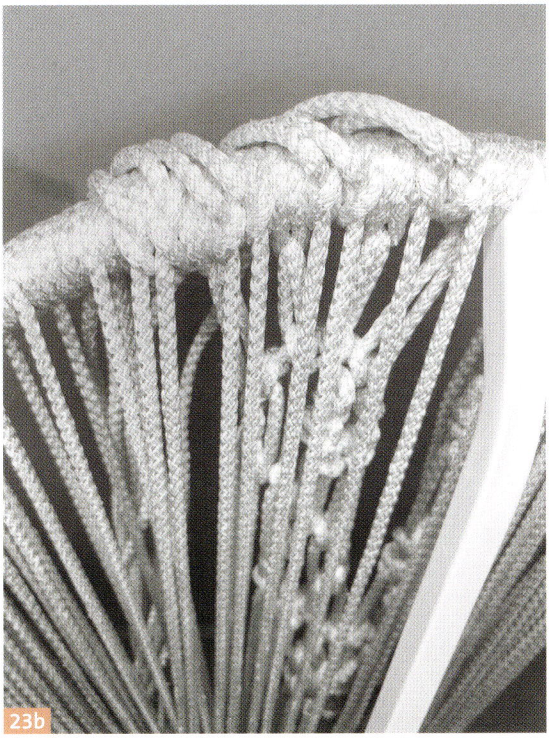
23b

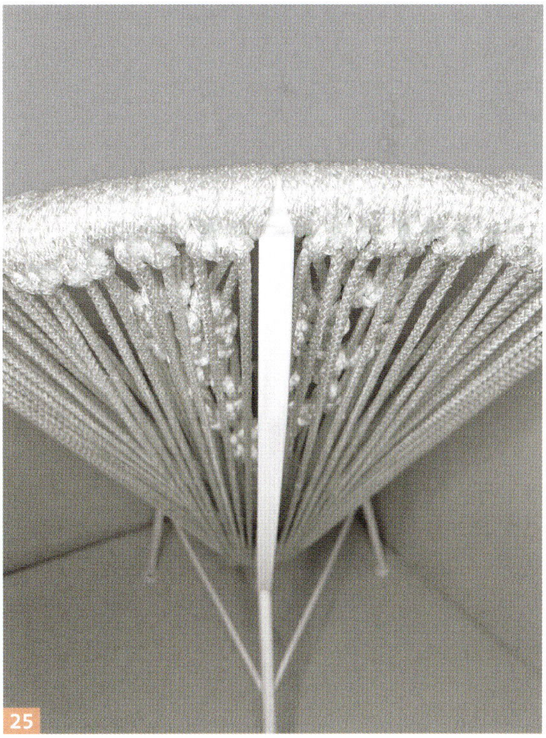
25

Hängesessel

Mit seinem einzigartigen Design und seinem angenehmen Komfort ist der Hängesessel aus Makramee der perfekte Ort, um sich zurückzulehnen, ein Buch zu lesen oder einfach nur die Ruhe zu genießen. Er schafft eine entspannte und stilvolle Umgebung und lädt dich dazu ein, dich zu entspannen und die Zeit zu genießen. Er kann entweder an der Decke oder an einem Gestell angebracht werden und eignet sich sowohl für den Innen- als auch den Außenbereich. Egal, ob im Wohnzimmer, im Garten oder auf der Terrasse, er wird zum Blickfang und verleiht jedem Raum eine entspannte und einladende Atmosphäre.

Materialien:

- Gestärktes Polyestergarn, 440,6 m, ø 5 mm
- Hängesessel-Gestell (45 x 80 x 73 cm; eftals.atelier)
- Metallring, ø 32 cm, Stärke ø 2 cm (eftals.atelier)

Fadenlängen:

- 1 x 28 m
- 3 x 13 m
- 6 x 12 m
- 8 x 10 m
- 4 x 6 m
- 8 x 5 m
- 2 x 4,5 m
- 6 x 4 m
- 4 x 3,5 m
- 8 x 3 m
- 4 x 2,5 m
- 6 x 2 m
- 38 x 1,7 m

Fertige Größe:

- 1,8 m lang

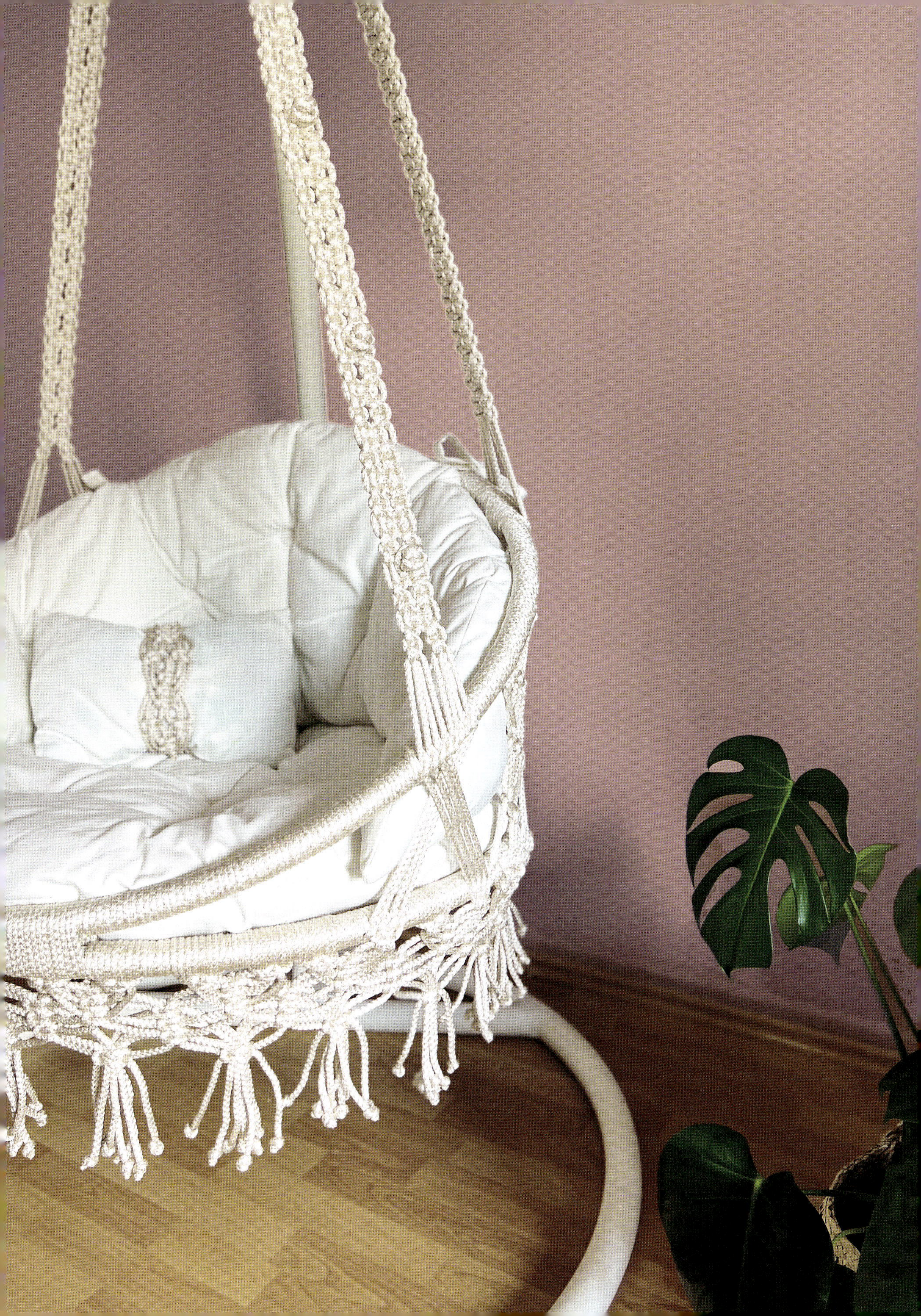

So wird's gemacht:

1 Befestige mit Heißkleber einen Faden von 13 m Länge auf der Innenfläche des Metallrings.

2 Wickel den Faden straff um den Metallring.

3 Klebe das Ende des Fadens mit Heißkleber am Metallring fest.

4 Wickel je einen Faden von 4,5 m Länge um die beiden senkrechten Metallstäbe des Hängesessel-Gestells. Befestige die Fäden mit Heißkleber.

5 Befestige auf der Vorderseite des Gestells vier Fäden von 6 m Länge mit einem vorwärts gerichteten doppelten Ankerknoten.

6 Ergänze auf beiden Seiten jeweils vier Fäden von 5 m Länge mit einem vorwärts gerichteten doppelten Ankerknoten.

7 Knüpfe mit je vier Fäden vier Reihen Kreuzknoten.

8 Knüpfe mit den äußeren Fäden je einen Ankerknoten von rechts nach links auf der

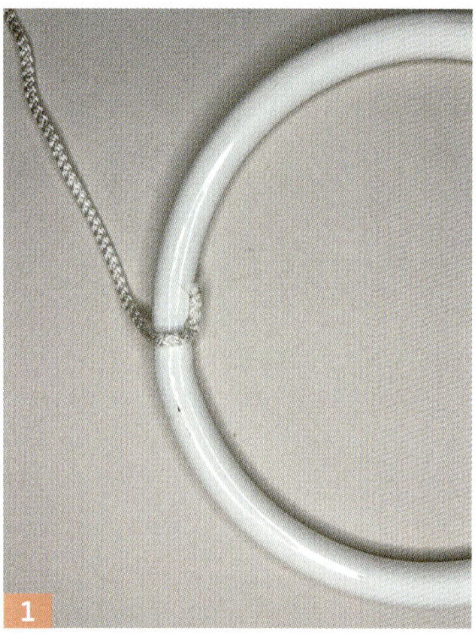
1

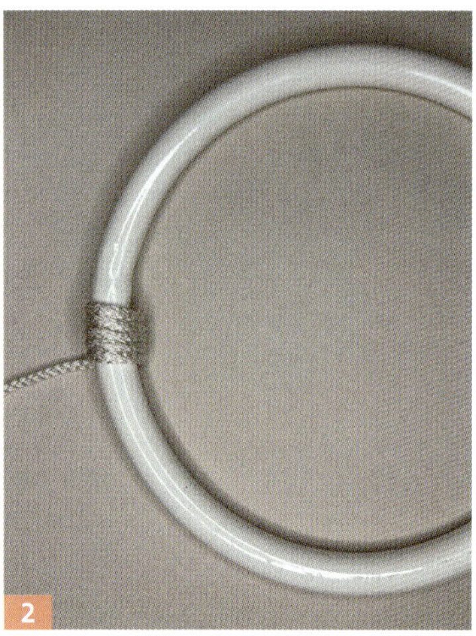
2

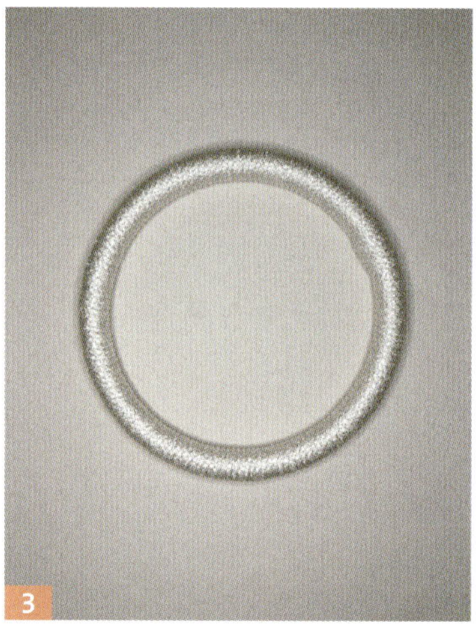
3

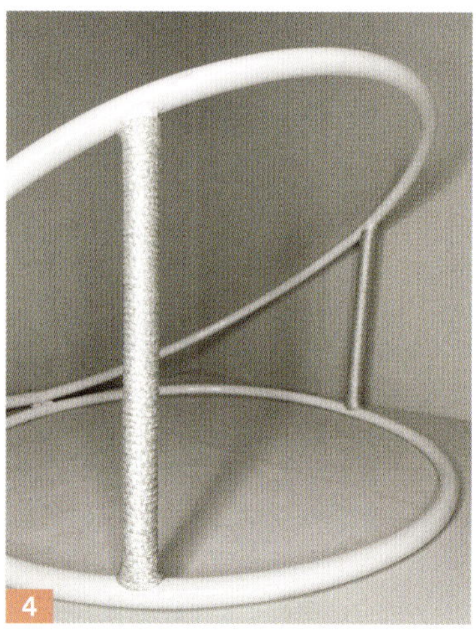
4

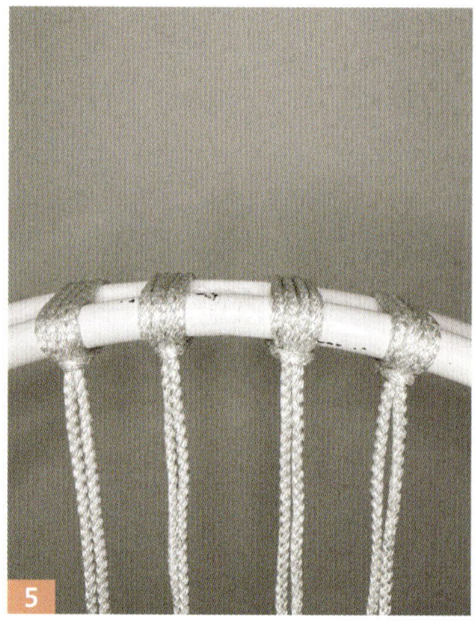
5

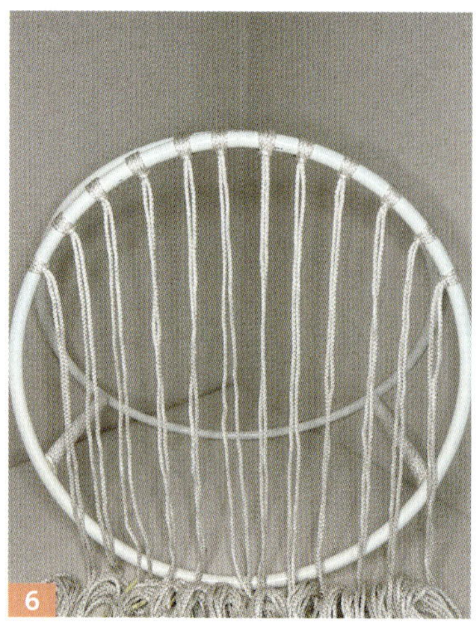
6

linken Seite bzw. von links nach rechts auf der rechten Seite.

9 Knüpfe eine weitere Reihe Kreuzknoten.
Wiederhole Schritt 8 und 9 weitere neunmal.

10 Markiere die Mitte von sechs 12 m langen und zwei 13 m langen Fäden. Lege die längeren Fäden nach außen.

11 Knüpfe von der Mitte ausgehend auf beiden Seiten sieben Kreuzknoten mit den äußeren Fäden, sodass insgesamt 14 Kreuzknoten entstehen.

12 Lege die nebeneinanderliegenden äußeren Fäden in die Mitte und die anderen beiden äußeren Fäden nach außen.

13 Knüpfe mit den äußeren Fäden vier Kreuzknoten um alle Fäden, sodass eine Schlaufe entsteht. Ziehe die unteren Fäden fest, sodass sich die Schlaufe nicht lockert.

14 Knüpfe mit vier Fäden vier Stränge mit je drei doppelten Kreuzknoten im Abstand von 4 cm.

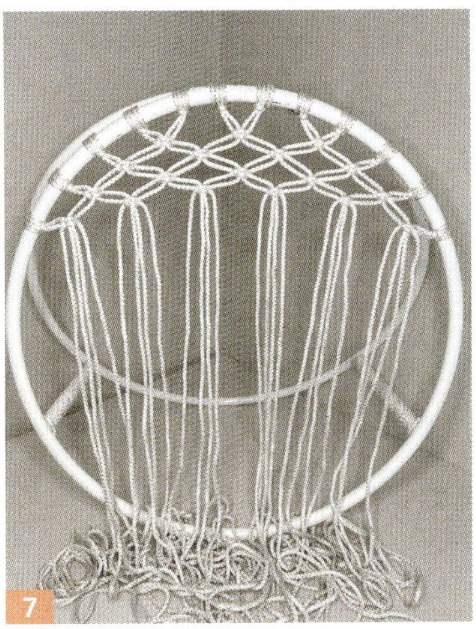
7

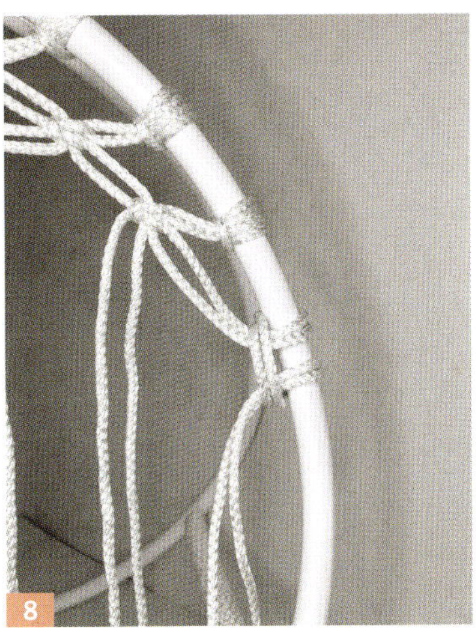
8

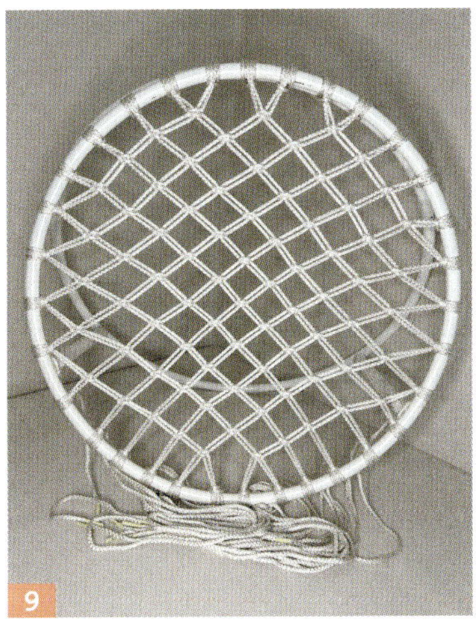
9

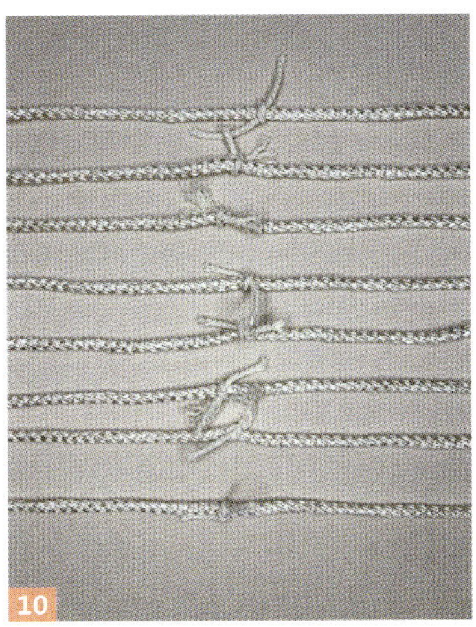
10

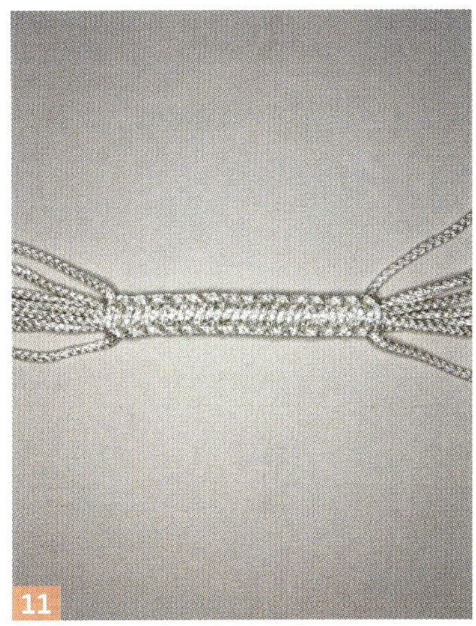
11

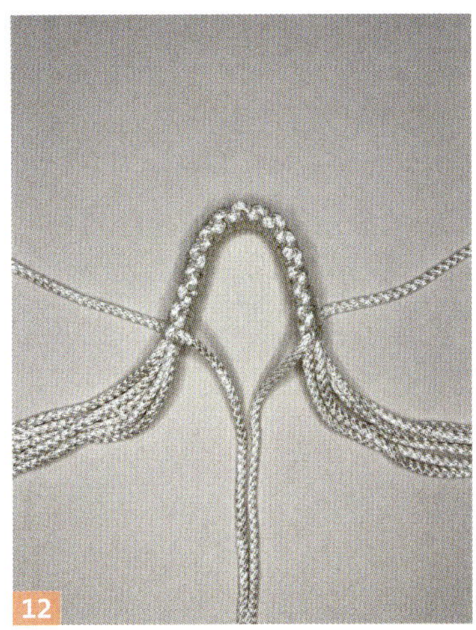
12

15 Befestige die vorderen beiden Stränge mit einem Rippenknoten bei einer Gesamtlänge von 23 cm und die hinteren beiden Stränge bei einer Gesamtlänge von 24 cm am Metallring.

16 Knüpfe mit den vier Fäden Kreuzknoten an allen Strängen, um sie zu fixieren. Ergänze auf beiden Seiten bei allen Strängen je einen Faden der Länge von 10 m mit einem vorwärts gerichteten Ankerknoten.

17 Knüpfe für die hinteren Stränge mit den ersten vier Fäden von links zwei Kreuzknoten und mit den vier Fäden von rechts zwei Kreuzknoten. Knüpfe anschließend mit den vier Fäden in der Mitte einen weiteren Kreuzknoten. Wiederhole dieses Muster insgesamt 18-mal, bis der Strang eine Gesamtlänge von 73 cm hat.

18 Knüpfe für die vorderen Stränge mit den ersten vier Fäden von links zwei Kreuzknoten und mit den vier Fäden von rechts zwei Kreuzknoten. Knüpfe anschließend mit den vier Fäden in der Mitte einen Erbsenknoten aus drei Kreuzknoten. Wiederhole dieses Muster insgesamt fünfmal, bis der Strang eine Gesamtlänge von 97 cm hat.

19 Befestige je vier Fäden der hinteren Stränge rechts und links vom senkrechten Metallstab mit einem Rippenknoten. Achte darauf,

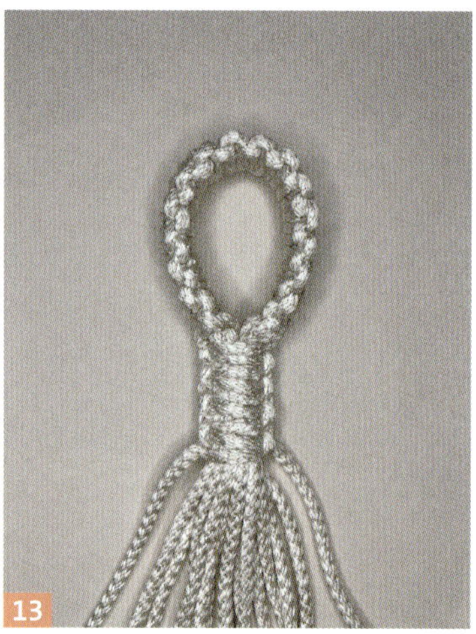
13

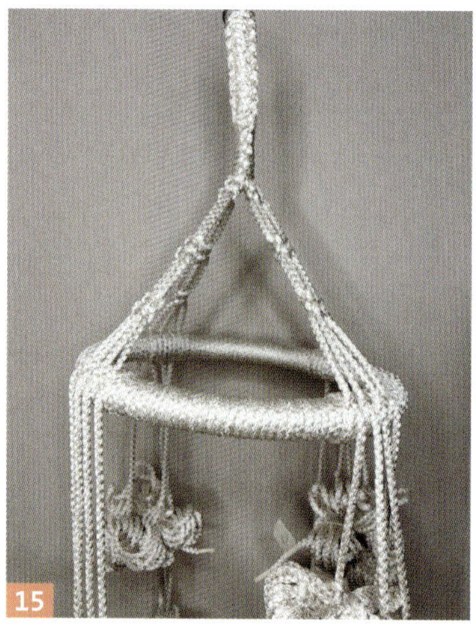
15

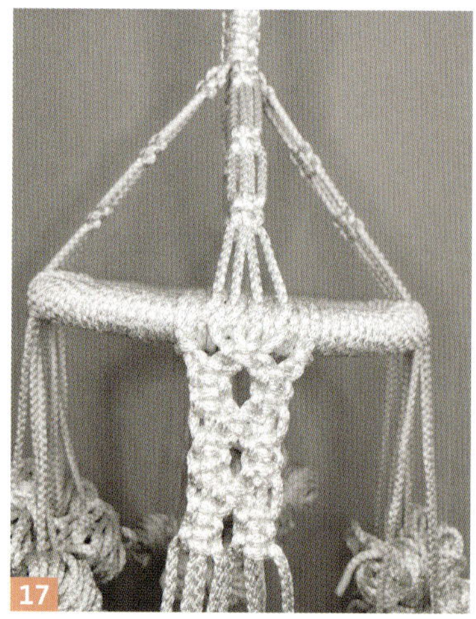
17

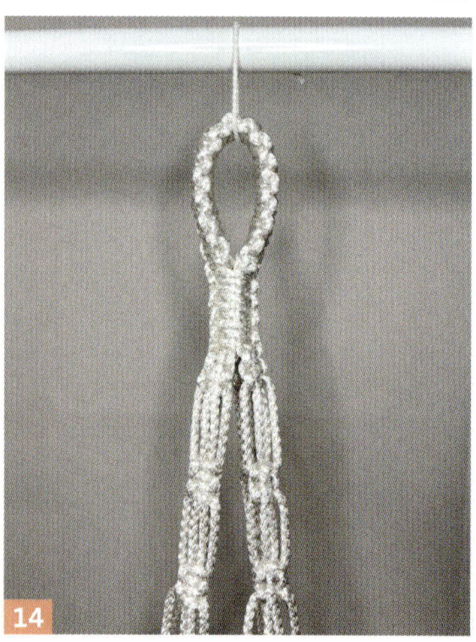
14

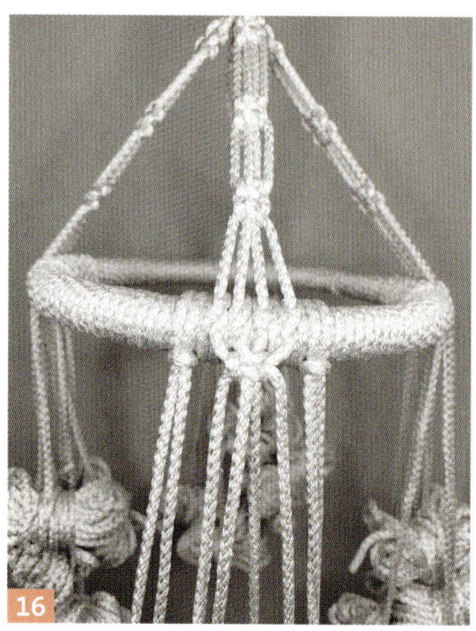
16

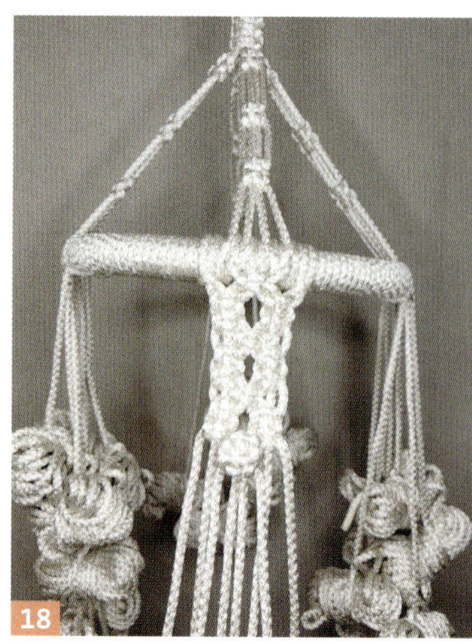
18

dass die rechten Fäden eine Gesamtlänge von 82 cm und die linken Fäden eine Gesamtlänge von 87 cm haben.

20 Befestige die Fäden der vorderen beiden Stränge in 30 cm Abstand von der Mitte des vorderen Gestells mit einem Rippenknoten. Achte darauf, dass der rechts außenliegende Faden eine Gesamtlänge von 104 cm und der links außenliegende Faden eine Gesamtlänge von 109 cm hat.

21 Befestige zwischen den oberen Strängen an der Rücklehne des Gestells sechs Fäden von 4 m Länge mit einem vorwärts gerichteten Ankerknoten. Die Fäden sollten immer paarweise nebeneinanderliegen. Ergänze rechts und links von diesen Fäden jeweils zwei Fäden von 3,5 m Länge. Füge nach den senkrechten Metallstäben auf beiden Seiten vier Fäden von 3 m Länge mit einem vorwärts gerichteten Ankerknoten hinzu. Ergänze zum Schluss auf beiden Seiten zwei Fäden der Länge 2,5 m mit einem vorwärts gerichteten Ankerknoten.

22 Knüpfe mit den Fäden ein Kreuzknotennetz aus wechselnden Kreuzknoten.

23 Befestige die Fadenenden mit einem vorwärts gerichteten Rippenknoten am unteren Ring des Gestells.

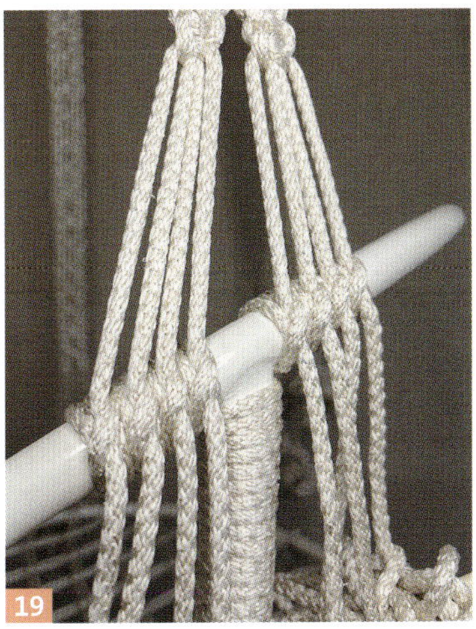
19

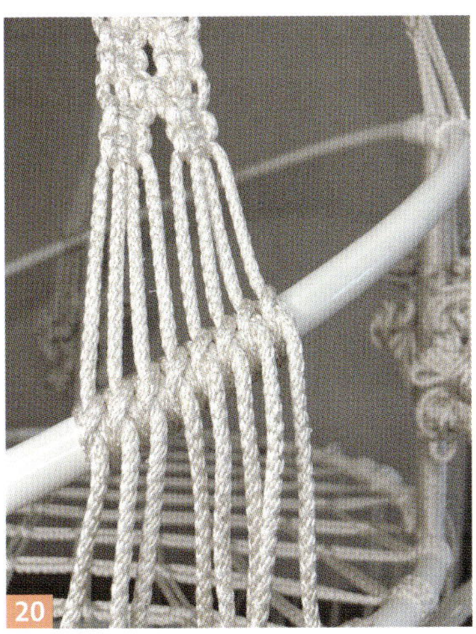
20

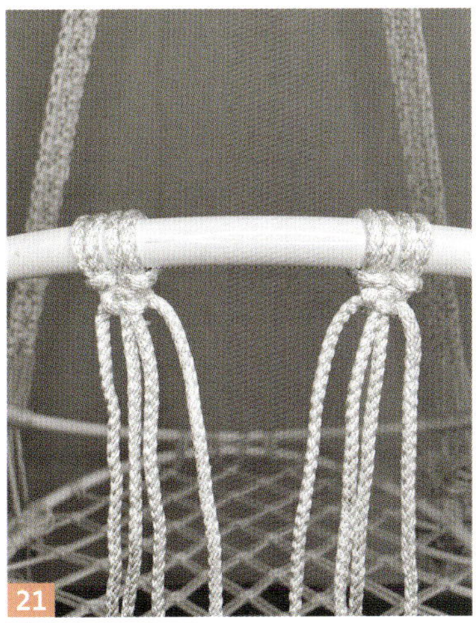
21

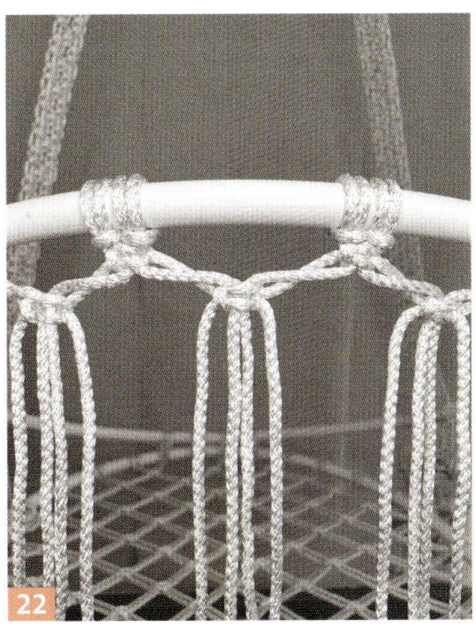
22

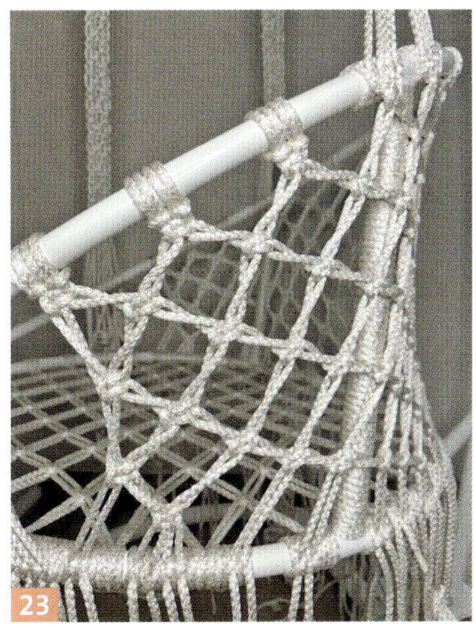
23

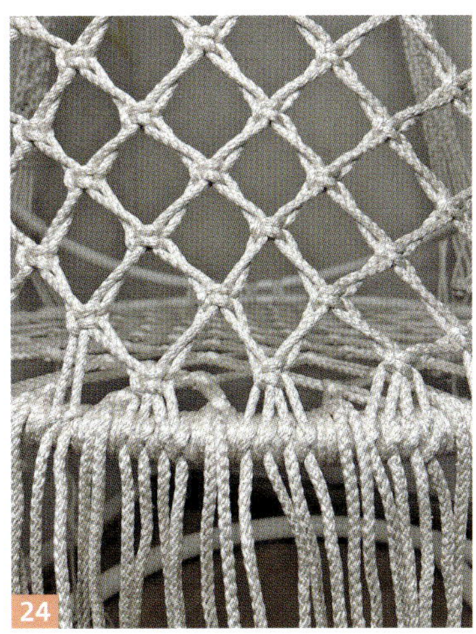
24

24 Die Rückenlehne sollte aus einem Kreuzknotennetz mit elf Reihen bestehen, wobei die Anzahl der Kreuzknoten von außen nach innen hin abnimmt, sodass am Ende nur noch sechs Reihen mit Kreuzknoten vorhanden sind. Ergänze in die entstehenden Lücken 38 Fäden von 1,7 m Länge.

25 Befestige die vorderen vier Fäden der vorderen Stränge diagonal nach hinten am unteren Ring mit einem Rippenknoten.

26 Befestige die hinteren vier Fäden der vorderen Stränge diagonal nach vorne am unteren Ring mit einem Rippenknoten.

27 Nimm einen neuen Faden von 28 m Länge und lege diesen mittig zwischen die vorderen Ankerknoten.

28 Ergänze sechs Fäden von 2 m Länge, wobei jeweils zwei Fäden nebeneinanderliegen, mit einem vorwärts gerichteten Ankerknoten.

29 Knüpfe mit vier Fäden einen Kreuzknoten.

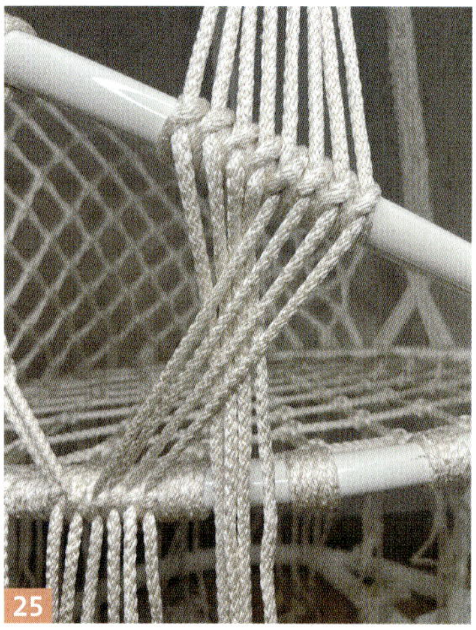
25

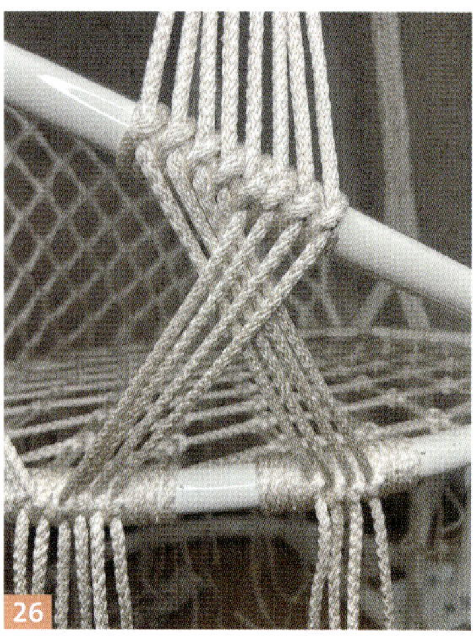
26

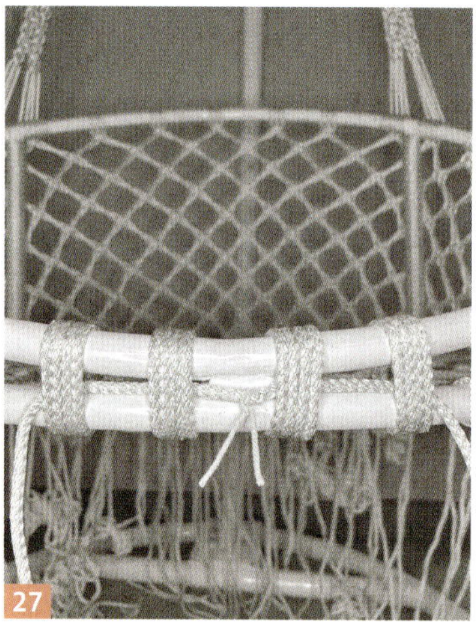
27

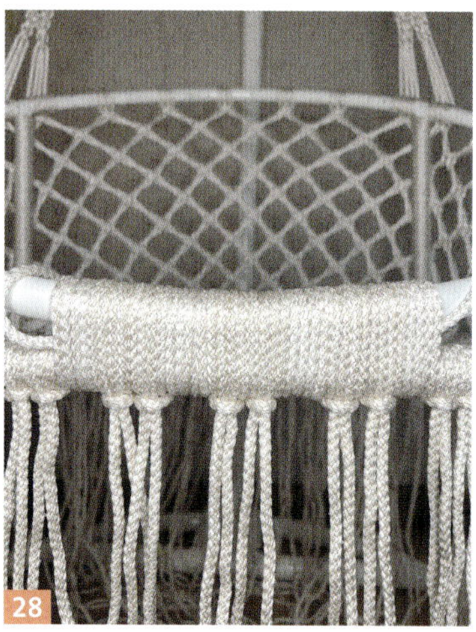
28

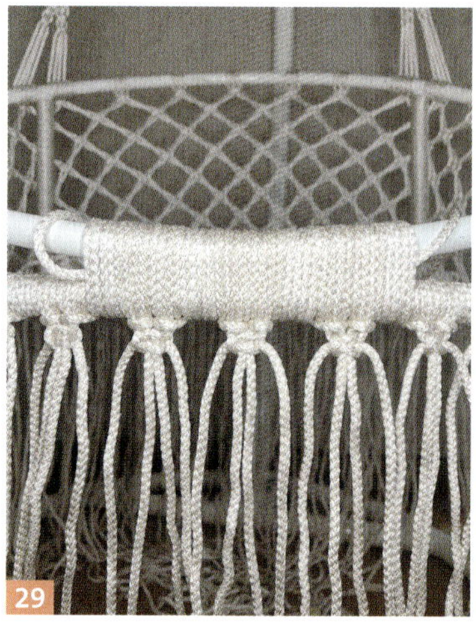
29

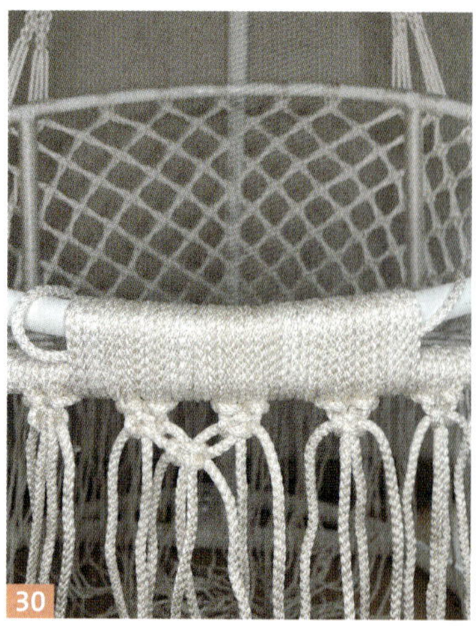
30

30 Knüpfe in der nächsten Reihe mit je zwei Fäden der nebeneinanderliegenden Kreuzknoten einen weiteren Kreuzknoten.

31 Knüpfe dann mit den ersten Fäden des Kreuzknotens in Schritt 29 einen weiteren Kreuzknoten unter dem in Schritt 30.

32 Wiederhole Schritt 31. Es entsteht ein Kreuzknotenmuster.

33 Nimm je zwei Fäden von zwei nebeneinanderliegenden Kreuzknotenmustern. Knüpfe mit diesen vier Fäden einen Kreuzknoten.

34 Wiederhole Schritt 31.

35 Knüpfe mit den letzten Fäden der Kreuzknoten einen Kreuzknoten um alle Fäden. Wiederhole dieses Muster weitere 21-mal, sodass 22-mal das Muster entsteht. Knüpfe im Abstand von 8 cm einen einfachen Überhandknoten und kürze die überstehende Fadenlänge. Verwende ein Feuerzeug, um das Ende des Polyestergarns anzubrennen und zu versiegeln, damit es nicht aufgeht.

36 Wickel den langen Faden von 28 m stramm um den oberen Metallring des Gestells, um sicherzustellen, dass sich das Garn nicht lockert.

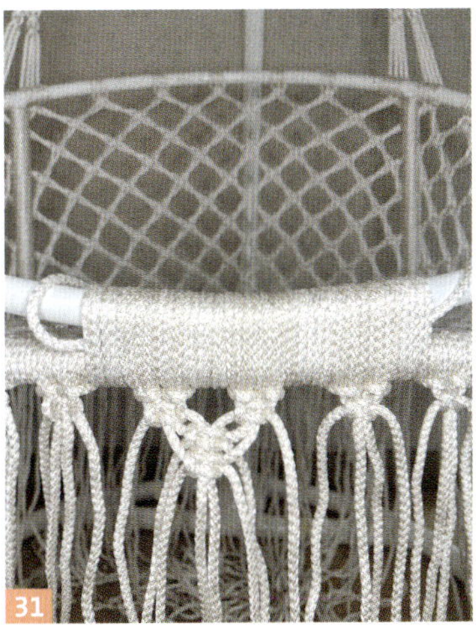

31

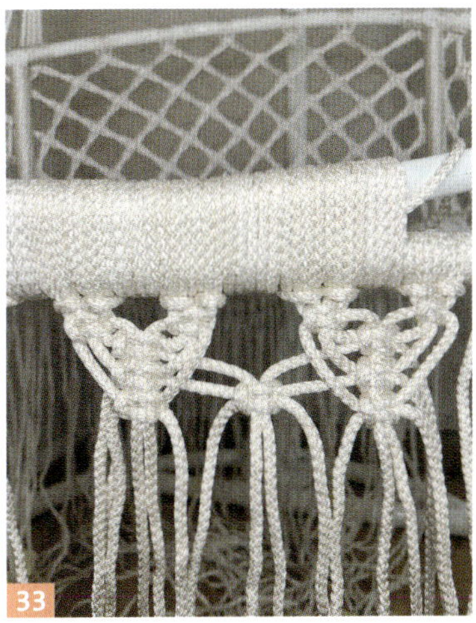

33

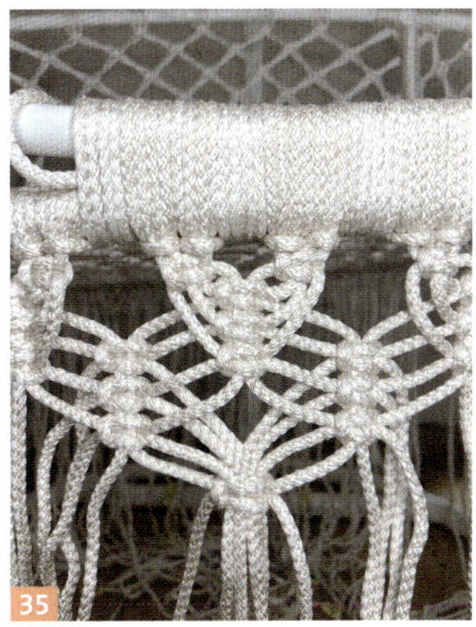

35

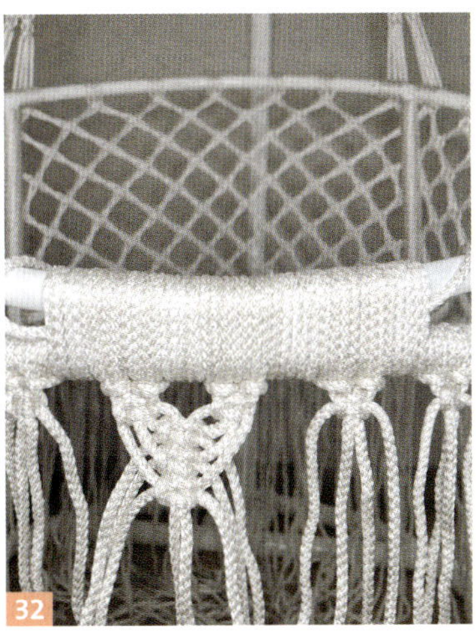

32

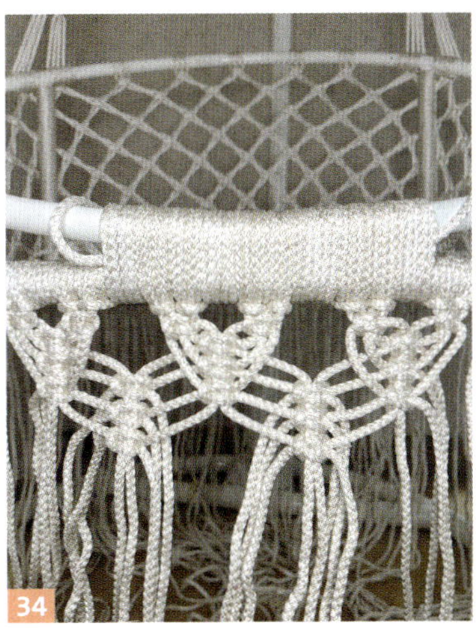

34

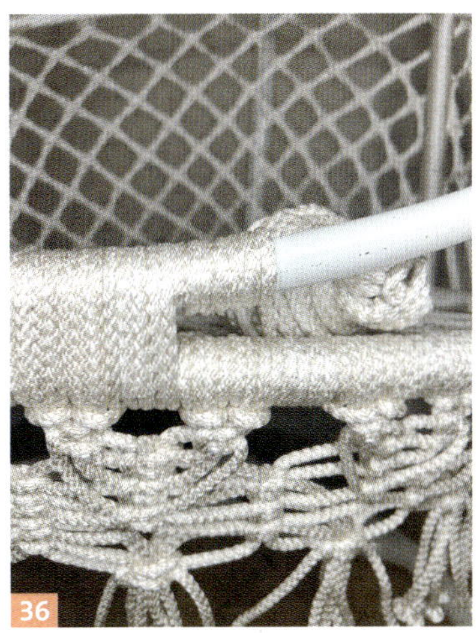

36

Hängematte

Die Hängematte aus Makramee besticht durch ihr einzigartiges Design und verwandelt jeden Raum in einen entspannten Rückzugsort. Sie lädt zum Lesen, Entspannen oder einfach zum Genießen der Natur ein und ist eine wunderbare Ergänzung für dein Zuhause oder deinen Garten. Die großzügige Größe und das weiche Material sorgen für ein angenehmes Liegegefühl.

Materialien:

- Gestärktes Polyestergarn, 646 m, ø 5 mm
- Rechteckleiste (Buche), 3 x 95 x 5 cm, mit 19 Löchern (ø 10 mm), an den Rändern im Abstand von 2,5 cm und in der Mitte im Abstand von 5 cm
- Rundstab (ø 1 cm)
- Kausche

Fadenlängen:

- 36 x 10 m
- 4 x 4 m
- 14 x 3 m
- 240 x 0,95 m

Fertige Größe:

- 3 m lang

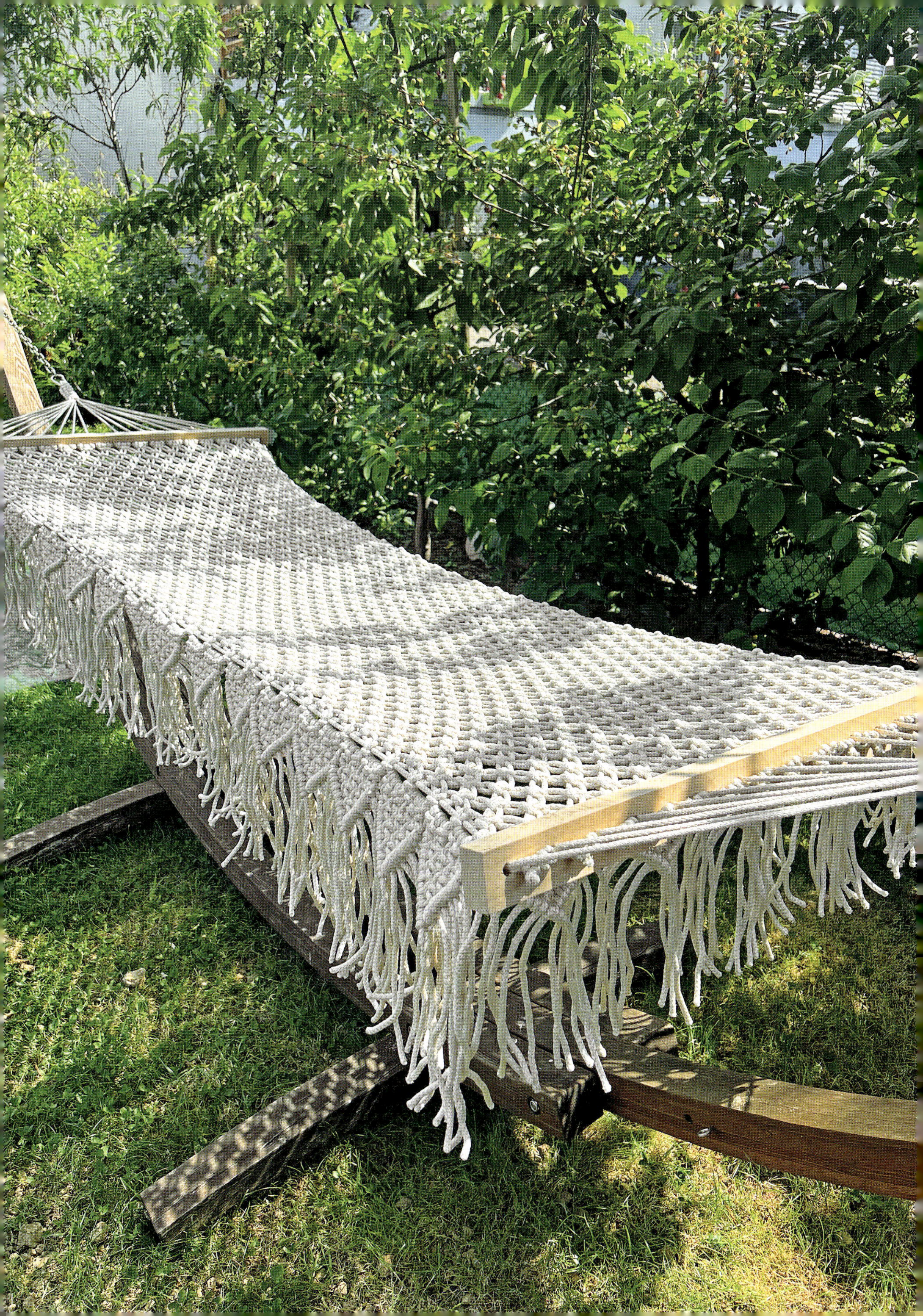

So wird's gemacht:

1 Nimm zwei Fäden von 4 m Länge und sieben weitere Fäden von 3 m Länge und lege sie mittig zusammen, sodass je ein langer Faden außen liegt.

2 Knüpfe mit den längeren Fäden von der Mitte aus je sieben Kreuzknoten um alle Fäden. Lege eine Schlaufe um eine Kausche und knüpfe zwei Kreuzknoten.

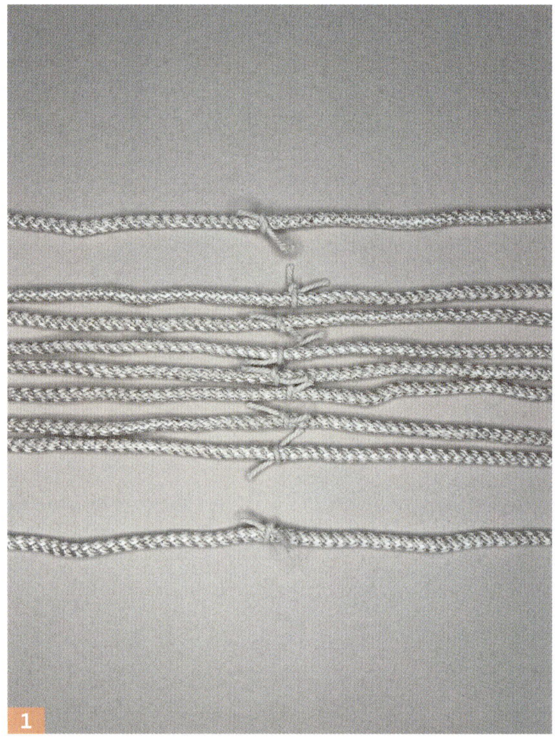

1

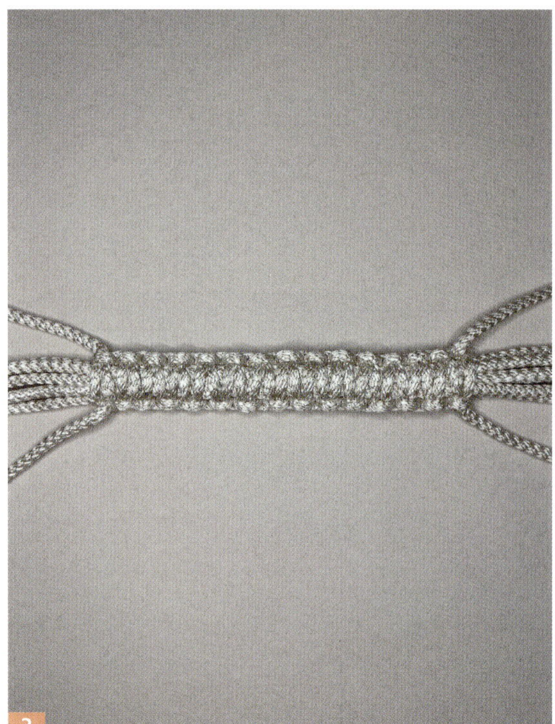

2

3 Fädle alle Fäden durch die 18 Löcher, lass jedoch in der Mitte ein Loch frei.

4 Nimm den links vom freien Loch liegenden Faden und fädle ihn durch das Loch.

5 Nimm den Faden aus Schritt 4 und fädle ihn erneut durch das linke Loch und das Loch in der Mitte.

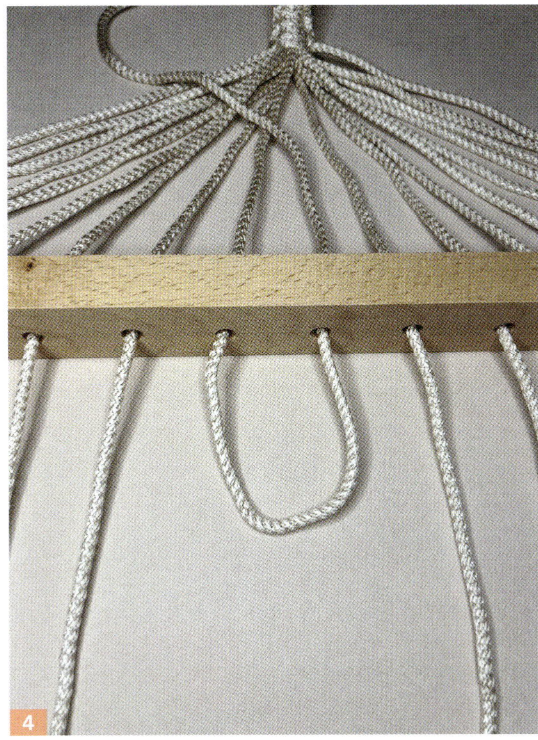

4

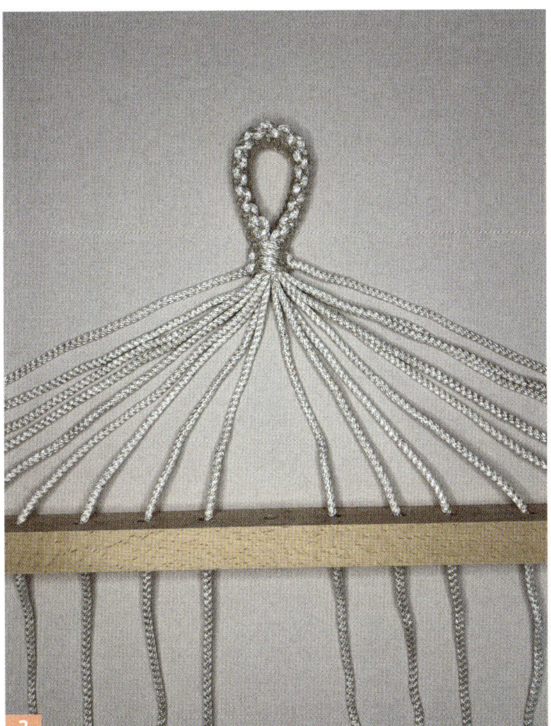

3

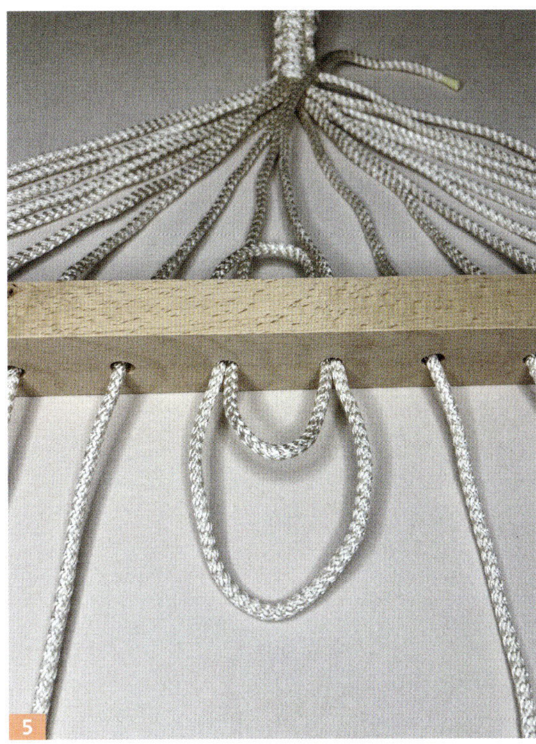

5

6 Zieh den Faden fest, sodass zwischen der Schlaufe und der Rechteckleiste ein Abstand von 20 cm entsteht.

7 Führe die Schritte 4 bis 6 spiegelverkehrt mit dem rechten Faden des in der Mitte liegenden Lochs durch.

8 Wiederhole die Schritte von 4 bis 7 mit allen Fäden.
Achte darauf, dass der äußerste Faden eine Länge von 50 cm von der Schlaufe aus hat.

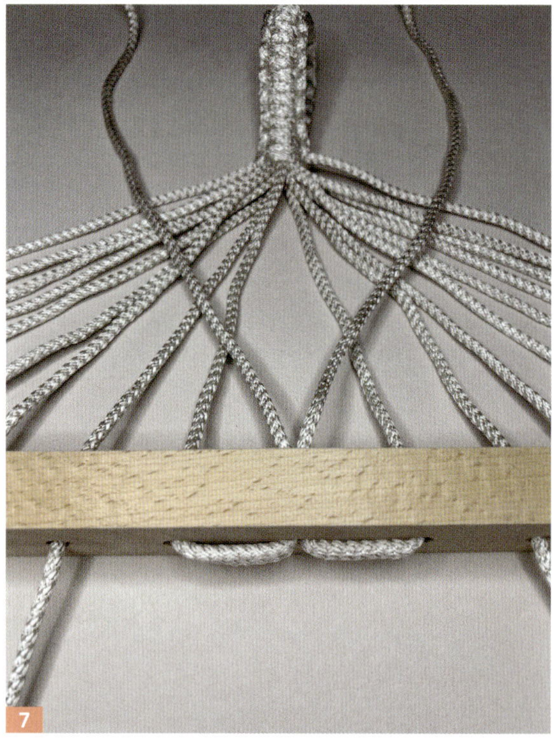

7

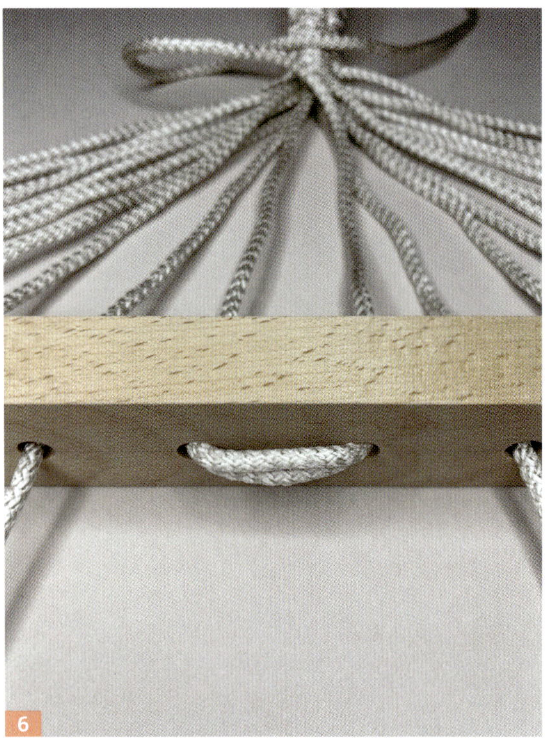

6

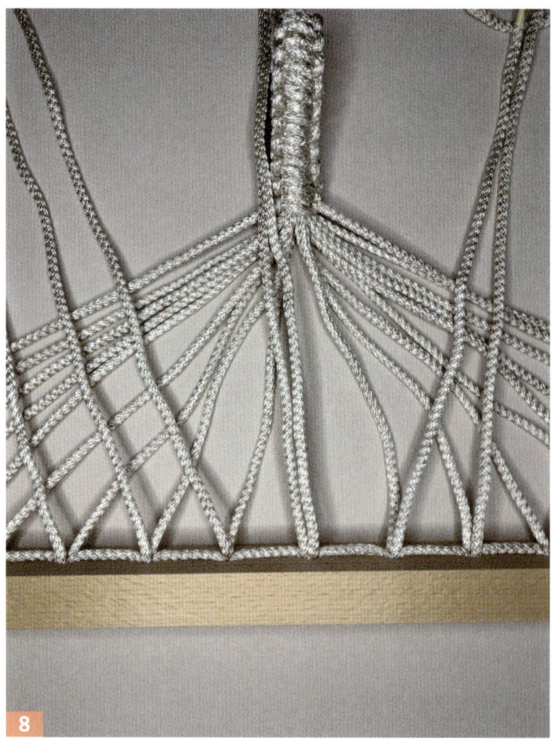

8

9 Befestige die Fäden auf der Rückseite der Rechteckleiste mit einem Rippenknoten an den horizontalen Fäden.

10 Knüpfe weitere drei Rippenknoten um den horizontalen Faden.

11 Knüpfe einen einfachen Überhandknoten und kürze die überstehende Fadenlänge. Versiegle das Ende des Polyestergarns mit einem Feuerzeug, um ein Aufgehen zu verhindern. Wiederhole die Schritte 1 bis 11 mit der zweiten Rechteckleiste.

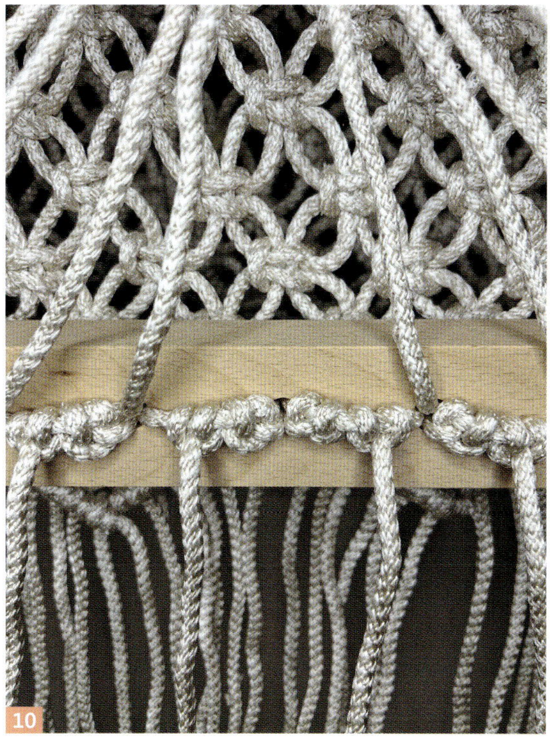
10

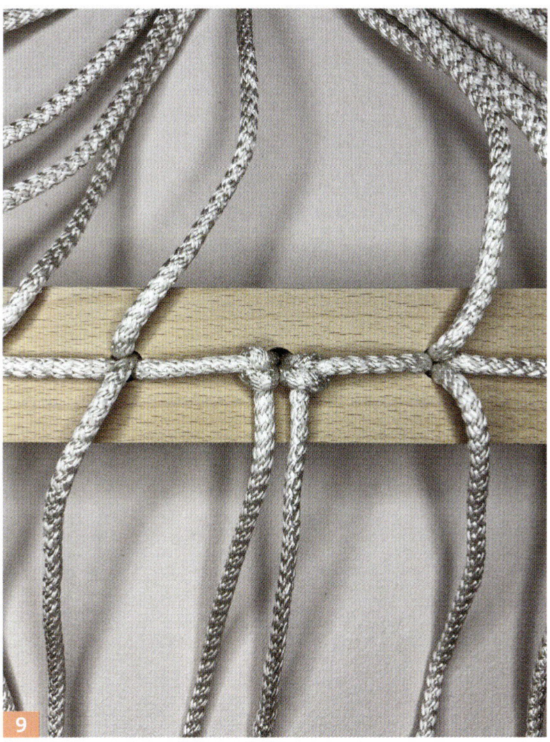
9

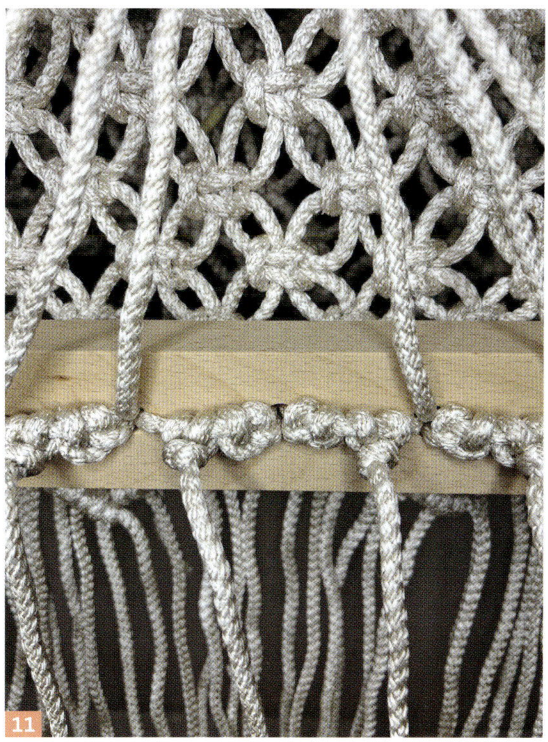
11

12 Befestige an den auf der Innenseite liegenden horizontalen doppelten Fäden aus Schritt 8 je zwei Fäden der Länge von 10 m mit einem rückwärts gerichteten Ankerknoten.

13 Knüpfe mit je vier Fäden einen Kreuzknoten, sodass insgesamt 18 Kreuzknoten entstehen.

14 Lege den Rundstab unter die geknüpften Kreuzknoten in Schritt 14. Knüpfe darunter einen Kreuzknoten auf beiden Seitenenden, wobei du außen zwei Fäden frei lässt.

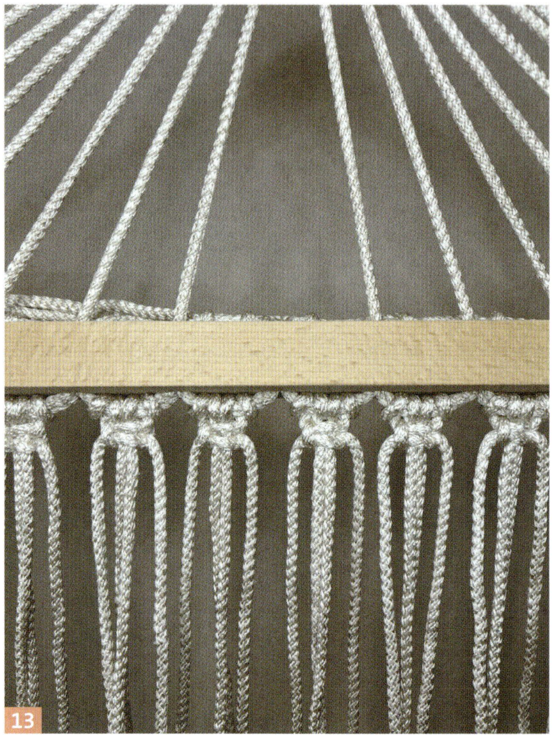
13

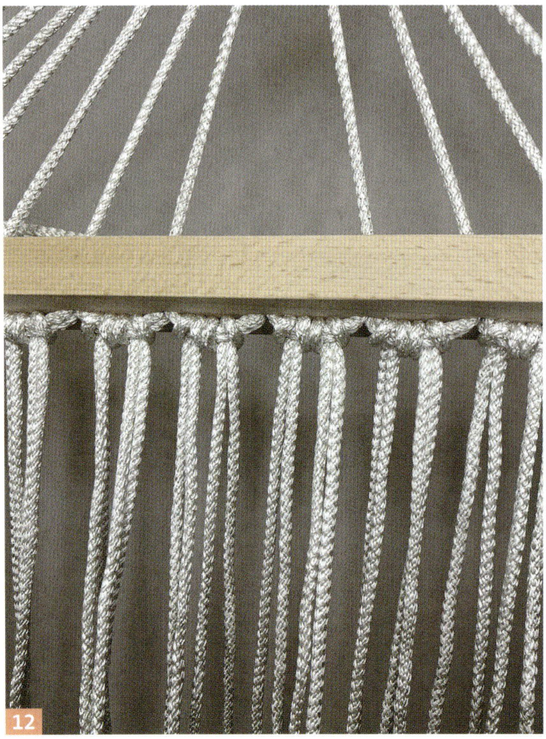
12

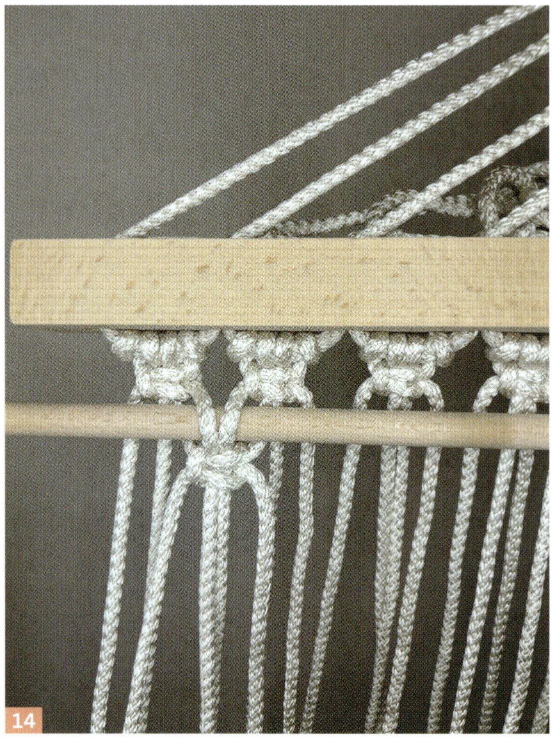
14

15 Knüpfe eine Reihe von Kreuzknoten unterhalb des Rundstabs, um einen gleichmäßigen Abstand zwischen den Kreuzknotenreihen zu gewährleisten.

16 Wiederhole die Schritte 13 bis 15, bis ein Kreuzknotennetz mit 30 Reihen bzw. einer Länge von 2 m entsteht.

17 Befestige die Fadenenden mit einem Rippenknoten an den horizontalen doppelten Fäden auf der Innenseite.

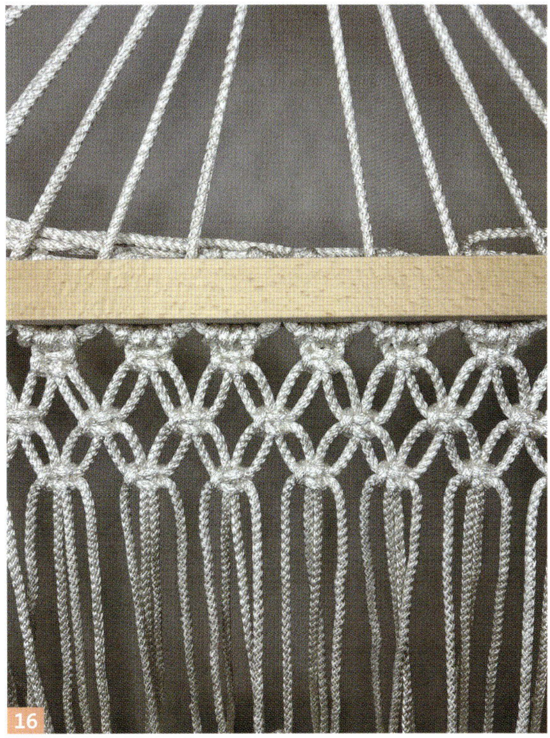

16

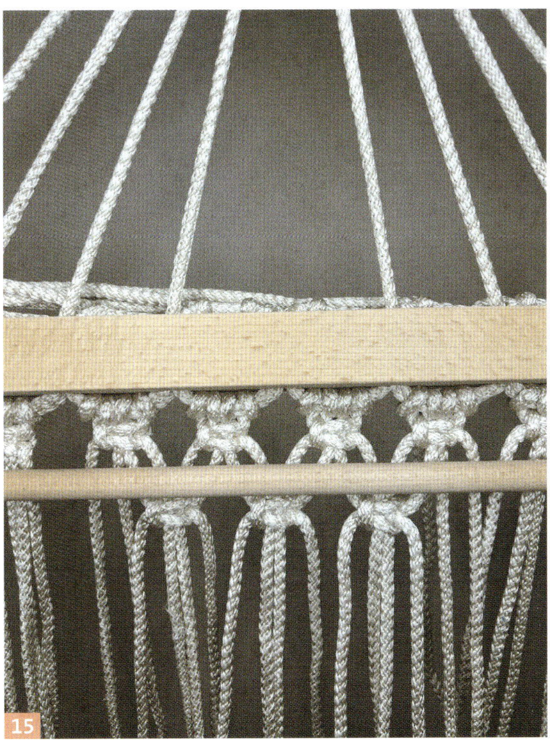

15

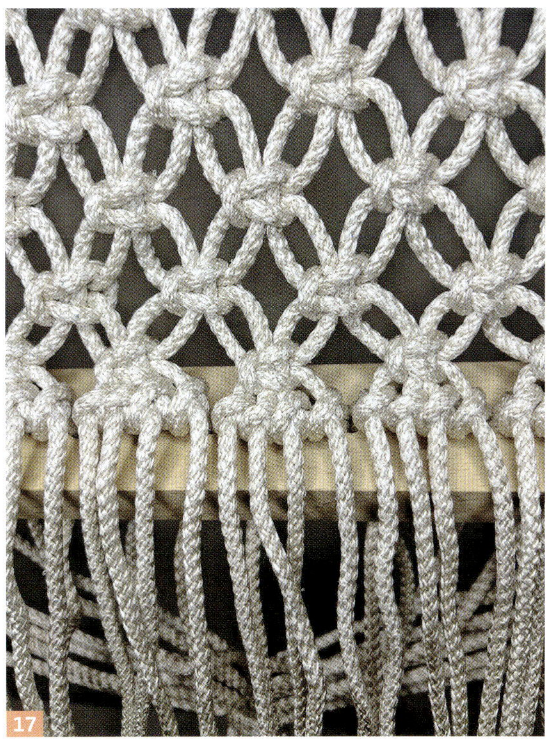

17

18 Knüpfe mit je vier Fäden einen Kreuzknoten.

19 Knüpfe mit drei nebeneinanderliegenden Kreuzknoten ein Dreieck aus insgesamt drei Reihen Kreuzknoten.

20 Verwende den am äußersten Rand liegenden Faden als Leitfaden und knüpfe auf beiden Seiten einen diagonalen Rippenknoten.

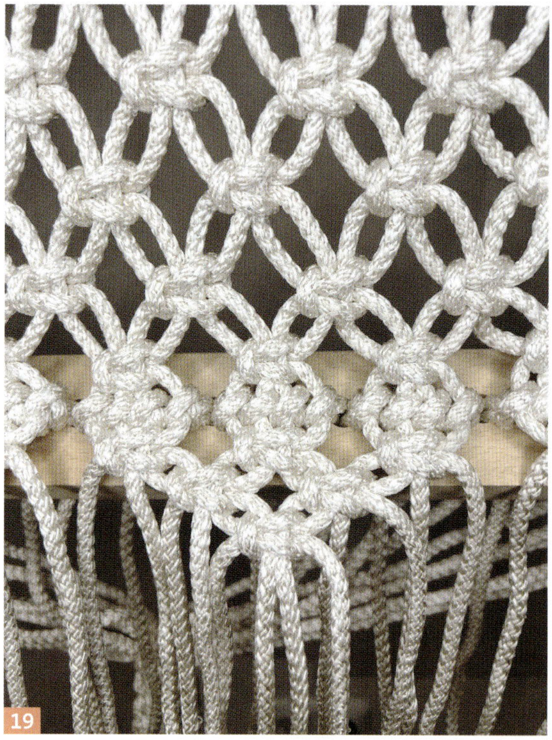
19

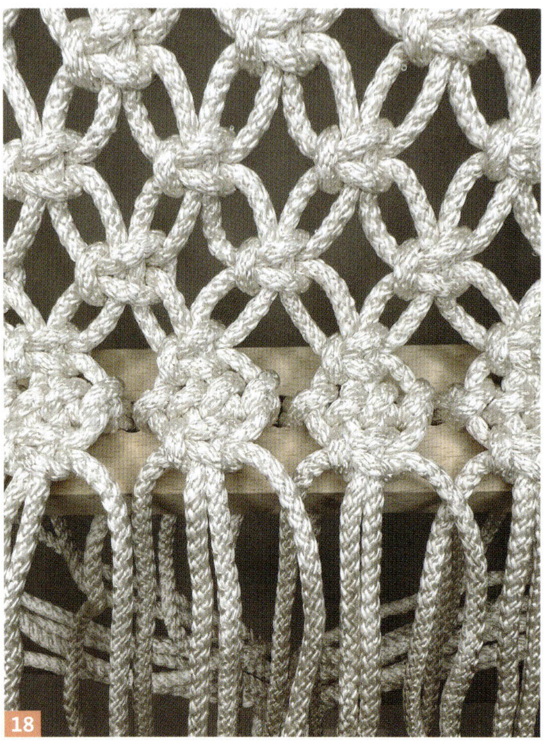
18

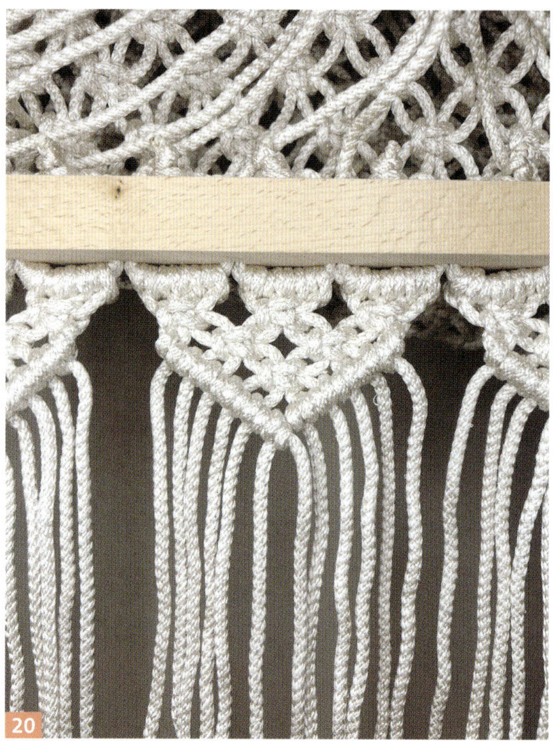
20

21 Kürze die überstehende Fadenlänge von der Dreiecksspitze aus auf 20 cm. Versiegle das Ende des Polyestergarns mit einem Feuerzeug. Wiederhole dieses Muster insgesamt sechsmal.

22 Lege die Hängematte auf den Boden und befestige mit einem vorwärts gerichteten Ankerknoten vier Fäden von 95 cm Länge am äußersten Faden. Insgesamt erhältst du so 120 Fäden auf einer Seite der Hängematte.

23 Knüpfe mit je vier Fäden einen Kreuzknoten.

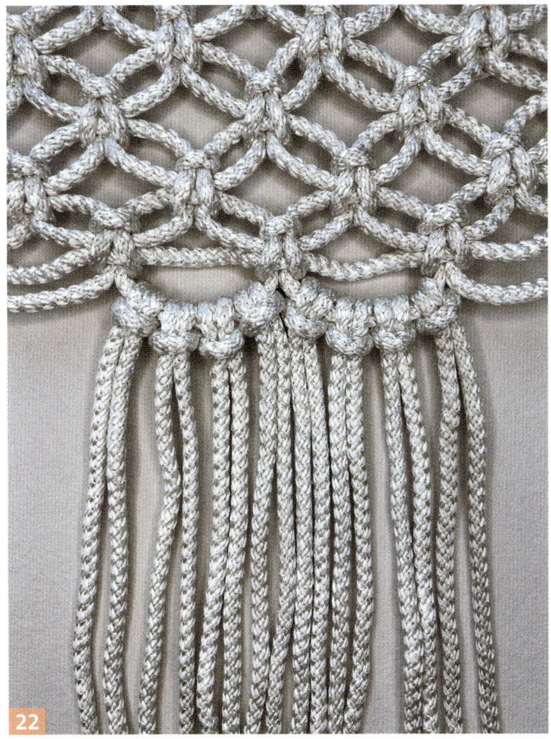
22

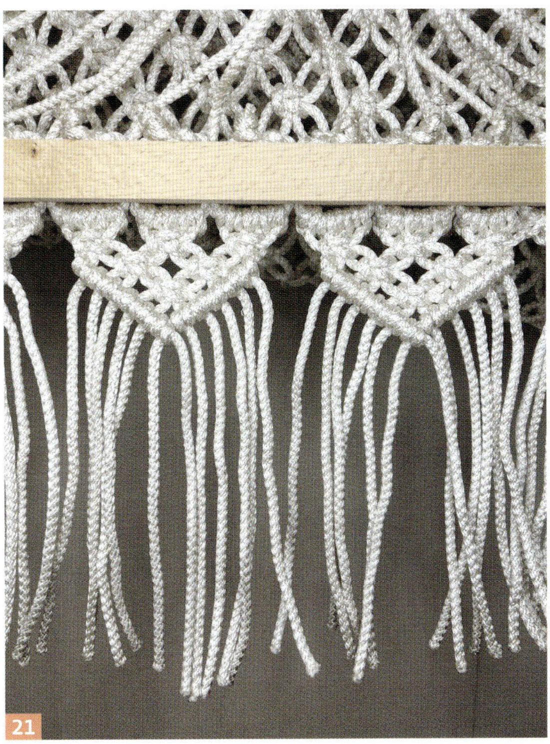
21

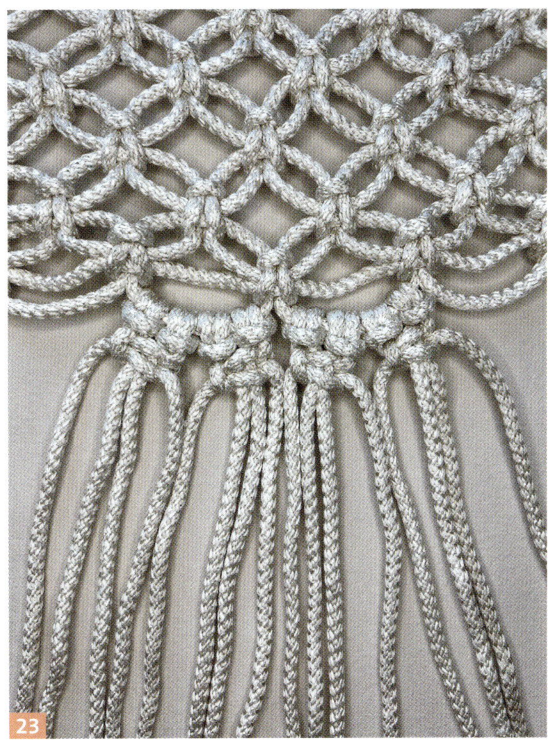
23

24 Bilde mit vier nebeneinanderliegenden Kreuzknoten ein Dreieck aus insgesamt vier Reihen an Kreuzknoten.

25 Verwende den am äußersten Rand liegenden Faden als Leitfaden und knüpfe einen diagonalen Rippenknoten auf beiden Seiten.

26 Kürze die überstehende Fadenlänge von der Dreiecksspitze aus auf 20 cm. Versiegle das Ende des Polyestergarns mit einem Feuerzeug. Wiederhole dieses Muster insgesamt 15-mal.
Führe die Schritte 22 bis 26 auf der anderen Seite der Hängematte ebenfalls durch.

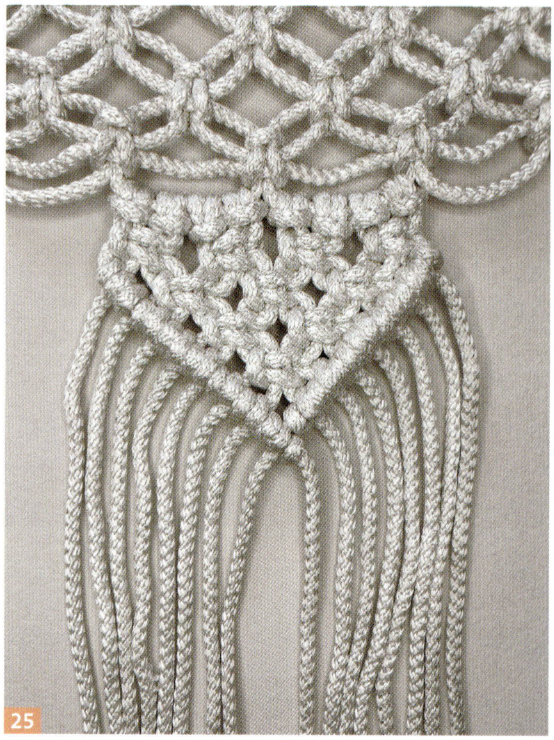

25

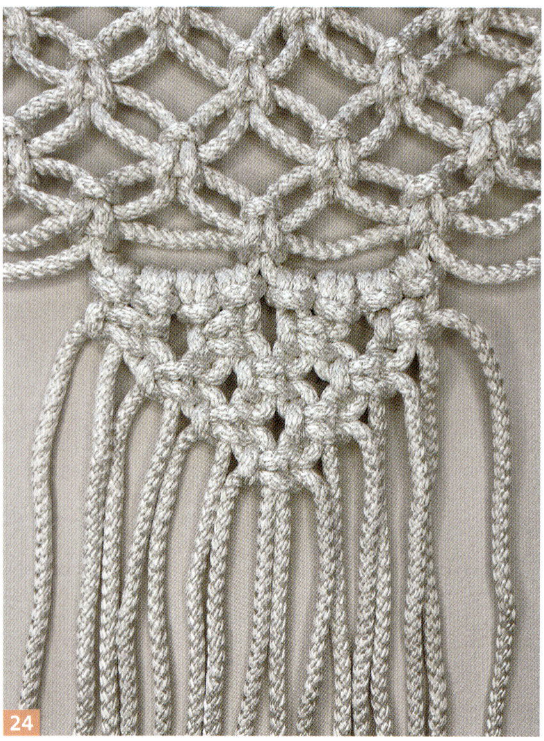

24

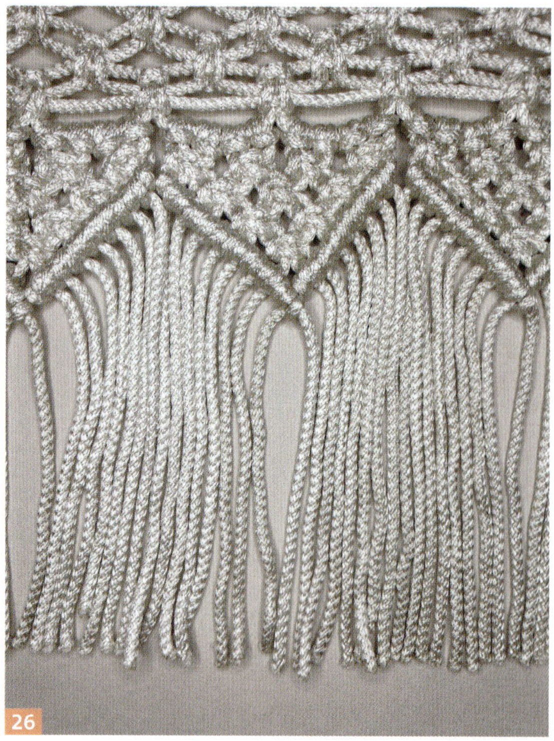

26

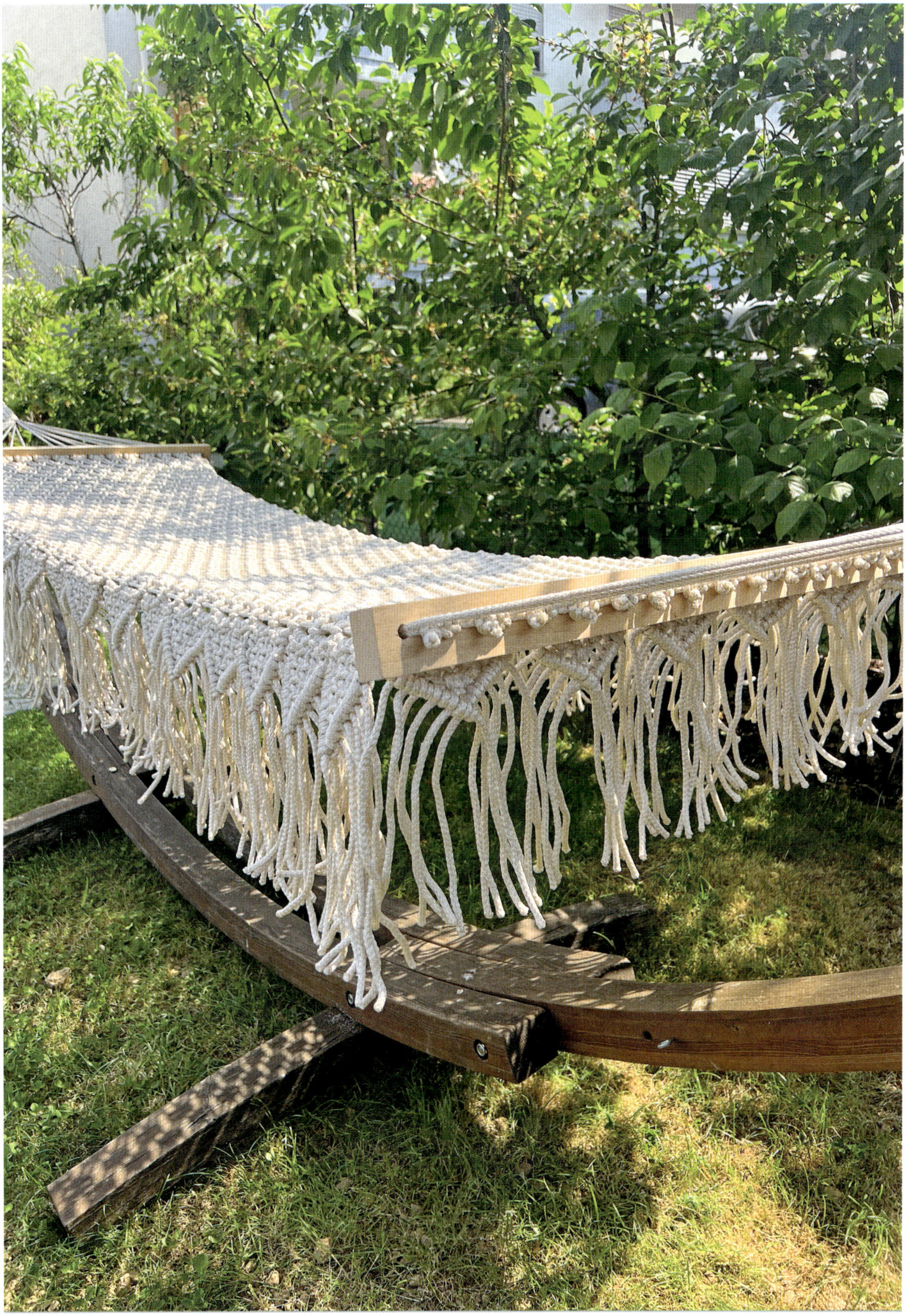

Knotenverzeichnis

FADENARTEN

In der faszinierenden Welt der Makramee-Technik werden drei verschiedene Fadenarten verwendet, die jede ihre eigene und einzigartige Rolle spielen: der Arbeitsfaden, der Leitfaden und der Füllfaden.

Der Arbeitsfaden lässt das Makramee-Projekt lebendig werden. Mit ihm werden die Knoten kunstvoll geknüpft und die Muster gestaltet. Der Arbeitsfaden ist der aktive Faden, um die verschiedenen Knotenmuster zu knüpfen und das Projekt nach und nach zum Leben zu erwecken. Besonders wichtig ist es, den Arbeitsfaden während des Knüpfens straff zu halten, um saubere und gleichmäßige Knoten zu erzielen.

Der Leitfaden hingegen nimmt eine unterstützende Funktion ein und fungiert als Wegweiser für den Knüpfprozess. Er gibt die Richtung vor und trägt die Knoten.

Der Füllfaden ist die dritte Fadenart, die dem Werk zusätzliches Volumen und Textur verleiht. Er füllt das Innere des Projekts aus und schafft eine dreidimensionale Wirkung.

Mit der Kombination aus Arbeitsfaden, Leitfaden und Füllfaden entsteht in der Makramee-Technik ein harmonisches Zusammenspiel von Kreativität, Struktur und Volumen.

KNOTENARTEN

Es gibt eine Vielzahl von Knotenarten, die in ihren unendlichen Variationen wunderschöne Muster und Designs erzeugen. Hier werden dir nun alle Knoten, die für die Projekte in diesem Buch verwendet werden, liebevoll und verständlich Schritt für Schritt erklärt. Die Anleitung wird ergänzt durch anschauliche Illustrationen, die dir visuell helfen, die Feinheiten jedes Knotens zu verstehen. Auf den Bildern ist der helle Faden der Arbeitsfaden und der dunkle der Leitfaden.

Egal, ob du gerade erst in die Welt des Makramees eintauchst oder bereits fortgeschrittene Kenntnisse hast, diese detaillierte Anleitung wird dir helfen, jeden Knoten richtig auszuführen.

Nutze diese Anleitungen als Kompass für deine eigenen kreativen Projekte. Lass dich von den verschiedenen Knoten inspirieren und experimentiere mit ihnen, um einzigartige Makramee-Werke zu erschaffen.

ANKERKNOTEN

Der Ankerknoten ist ein Grundknoten und wird meistens auch doppelter halber Schlag genannt. Er kann in verschiedenen Variationen geknotet werden: vorwärts, rückwärts, von rechts nach links und von links nach rechts.

ANKERKNOTEN VORWÄRTS

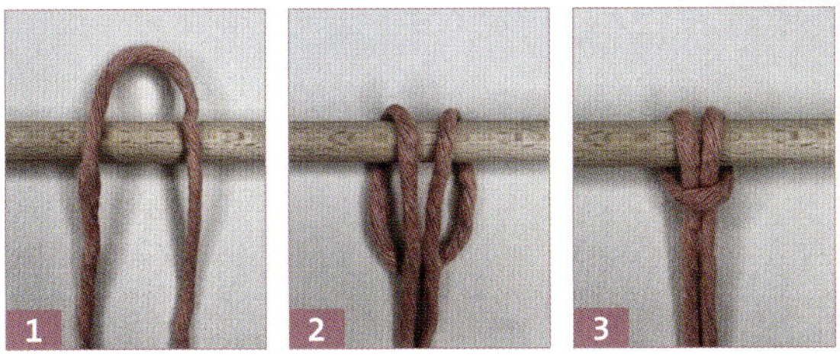

1 Nimm einen Arbeitsfaden und lege ihn doppelt, sodass eine Schlaufe entsteht. Lege ihn über einen Stab.

2 Führe die Schlaufe hinter dem Stab herum.

3 Ziehe die beiden Fadenenden durch die Schlaufe, um den Knoten zu befestigen.

ANKERKNOTEN RÜCKWÄRTS

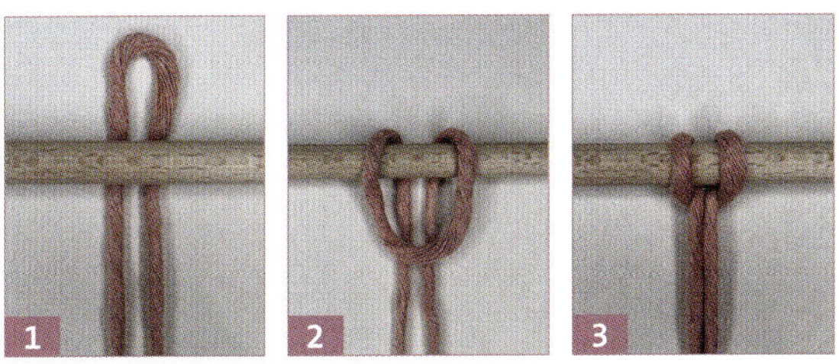

1 Nimm einen Arbeitsfaden und lege ihn doppelt, sodass eine Schlaufe entsteht. Lege ihn hinter deinen Stab.

2 Lege die Schlaufe um den Stab herum, sodass sie nun vorne ist.

3 Führe die beiden Fadenenden von hinten durch die Schlaufe hindurch. Ziehe an den Enden, um den Knoten zu befestigen.

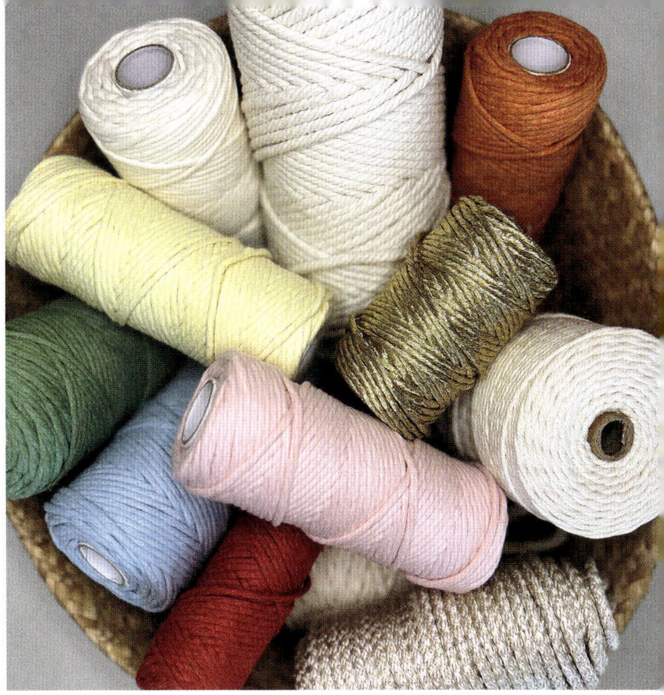

ANKERKNOTEN VON RECHTS NACH LINKS

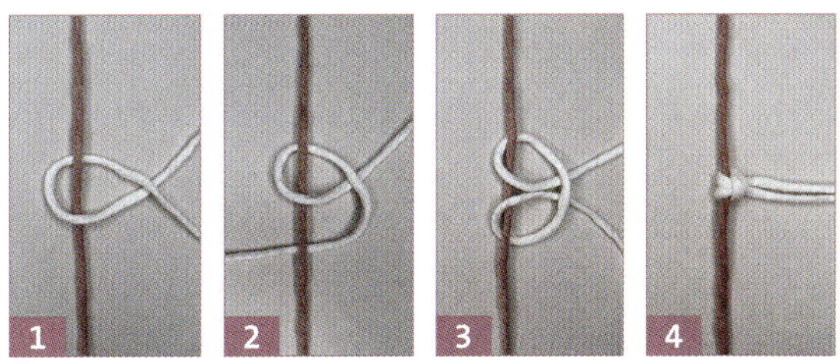

1 Lege den Arbeitsfaden von rechts über den Leitfaden. Führe den Arbeitsfaden unter dem Leitfaden hindurch, sodass eine Schlaufe entsteht.

2 Nimm den Arbeitsfaden und lege ihn noch einmal unter dem Leitfaden hindurch nach links.

3 Führe den Arbeitsfaden wieder nach oben und lege ihn über den Leitfaden. Ziehe ihn durch den Arbeitsfaden, sodass wieder eine Schlaufe entsteht.

4 Ziehe an den Fadenenden, um den Knoten zu befestigen.

ANKERKNOTEN VON LINKS NACH RECHTS

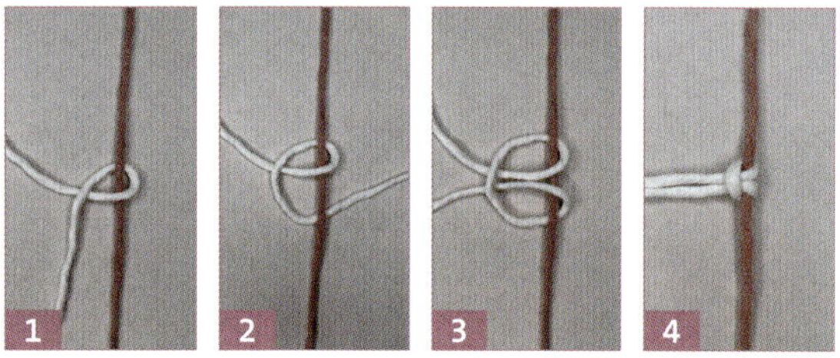

1 Lege den Arbeitsfaden von links über den Leitfaden. Führe den Arbeitsfaden unter dem Leitfaden hindurch, sodass eine Schlaufe entsteht.

2 Nimm den Arbeitsfaden und lege ihn noch einmal unter dem Leitfaden hindurch nach rechts.

3 Führe den Arbeitsfaden wieder nach oben und lege ihn über den Leitfaden. Ziehe ihn durch den Arbeitsfaden, sodass wieder eine Schlaufe entsteht.

4 Ziehe an den Fadenenden, um den Knoten zu befestigen.

KREUZKNOTEN

Einer der meist verwendeten Knoten ist der Kreuzknoten. Er kann in verschiedenen Variationen geknotet werden: linksgerichtet, rechtsgerichtet, wechselnder und gedrehter Strang. Der einfache Kreuzknoten wird mit zwei äußeren Arbeitsfäden und zwei Füllfäden in der Mitte geknüpft.

LINKSGERICHTETER KREUZKNOTEN

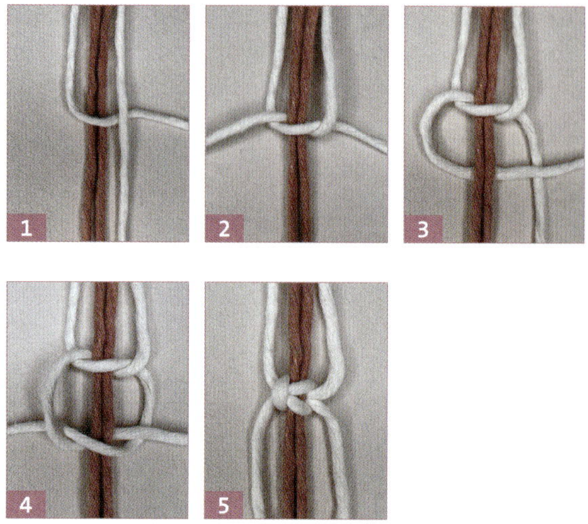

1 Nimm den linken Arbeitsfaden und führe ihn über die beiden mittleren Füllfäden nach rechts und unter dem rechten Arbeitsfaden hindurch.

2 Nimm nun den rechten Arbeitsfaden und führe ihn unter den beiden Füllfäden nach links und über den linken Arbeitsfaden.

3 Führe ihn jetzt auf der anderen Seite durch. Nimm den links liegenden Arbeitsfaden und führe ihn unter den Füllfäden hindurch und über den rechts liegenden Arbeitsfaden.

4 Führe den rechts liegenden Arbeitsfaden über die Füllfäden nach links und unter dem linken Arbeitsfaden hindurch.

5 Ziehe vorsichtig die Enden der beiden Arbeitsfäden nach unten, um den Knoten festzuziehen.

RECHTSGERICHTETER KREUZKNOTEN

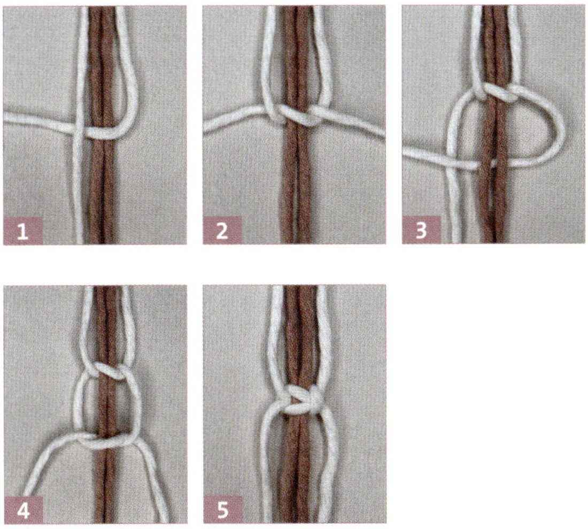

1 Nimm den rechten Arbeitsfaden und führe ihn über die beiden mittleren Füllfaden nach links und unter dem linken Arbeitsfaden hindurch.

2 Nimm nun den linken Arbeitsfaden und führe ihn unter den beiden Füllfaden nach rechts und über den rechten Arbeitsfaden.

3 Führe ihn jetzt auf der anderen Seite durch. Nimm den rechts liegenden Arbeitsfaden und führe ihn unter den Füllfäden hindurch und über den links liegenden Arbeitsfaden.

4 Führe den links liegenden Arbeitsfaden über die Füllfäden nach rechts und unter dem rechten Arbeitsfaden hindurch.

5 Ziehe vorsichtig die Enden der beiden Arbeitsfäden nach unten, um den Knoten festzuziehen.

WECHSELNDER KREUZKNOTEN

Hier werden die Arbeitsfäden immer wieder mit den Leitfäden getauscht. Damit das Knüpfmuster erkennbar ist, muss zwischen den einzelnen Knoten genügend Abstand sein.

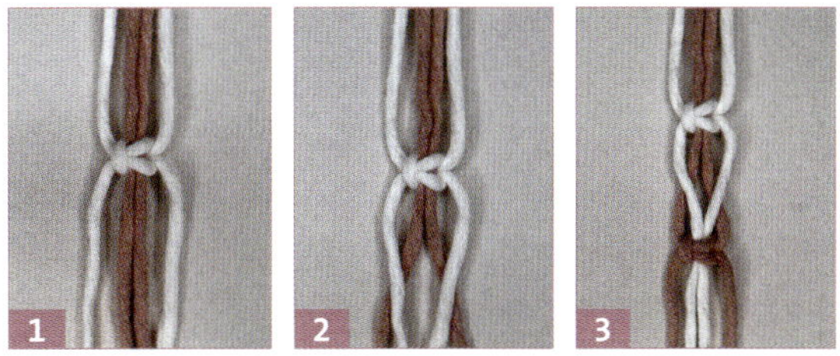

1 Knüpfe einen einfachen Kreuzknoten. Entscheide selbst, ob es ein rechtsgerichteter oder linksgerichteter Kreuzknoten ist.

2 Lege die beiden äußeren Arbeitsfäden in die Mitte, sodass sie nun die beiden inneren Füllfäden sind.

3 Knüpfe erneut einen einfachen Kreuzknoten.

GEDREHTER STRANG AUS KREUZKNOTEN

Der gedrehte Strang wird aus halben Kreuzknoten geknüpft, der sich von selbst um die eigene Achse dreht. So entsteht ein spiralförmiger Strang. Je nachdem, welche Richtung du für die Knoten verwendest, dreht sich der Strang in die eine oder andere Richtung.

Von rechts nach links:

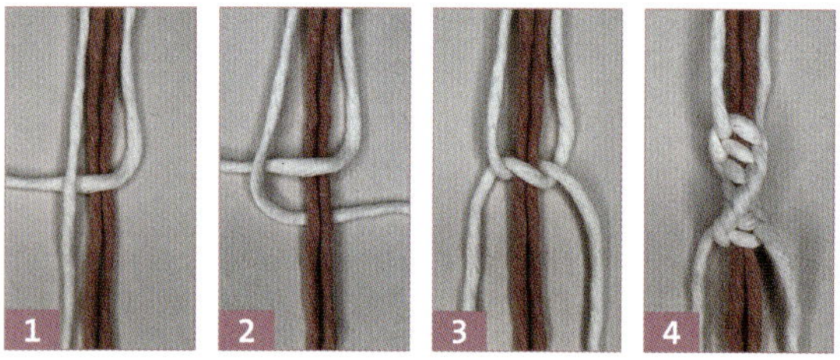

1 Nimm den rechten Arbeitsfaden und lege ihn über die beiden Füllfäden und dann unter den linken Arbeitsfäden hindurch.

2 Nimm den linken Arbeitsfaden und führe ihn unter den beiden Füllfäden hindurch.

3 Führe den links liegenden Arbeitsfaden von hinten nach vorne durch die Schlaufe des rechten Arbeitsfadens. So ist ein halber Kreuzknoten entstanden.

4 Wiederhole die Schritte 1 bis 3.

Von links nach rechts:

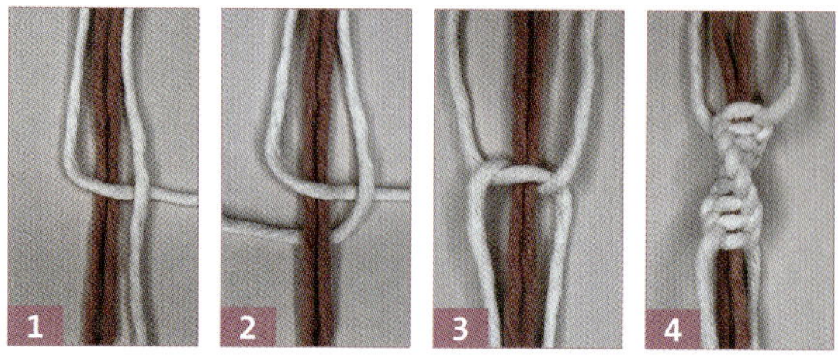

1 Nimm den linken Arbeitsfaden und lege ihn über die beiden Füllfäden und dann unter dem rechten Arbeitsfaden hindurch.

2 Nimm den rechten Arbeitsfaden und führe ihn unter den beiden Füllfäden hindurch.

3 Führe den rechts liegenden Arbeitsfaden von hinten nach vorne durch die Schlaufe des linken Arbeitsfadens. So ist ein halber Kreuzknoten entstanden.

4 Wiederhole die Schritte 1 bis 3.

ERBSENKNOTEN

Der Erbsenknoten besteht aus einem Strang mehrerer Kreuzknoten. Je nachdem, wie groß der Erbsenknoten werden soll, werden entsprechend viele Kreuzknoten geknüpft.

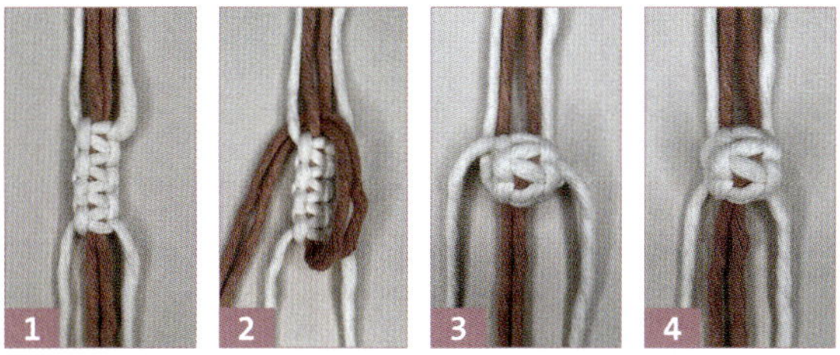

1 Knüpfe vier untereinander gesetzte einfache Kreuzknoten zu einem Strang.

2 Lege die beiden Füllfäden nach oben und führe sie oberhalb des ersten Kreuzknotens durch die Lücke.

3 Ziehe die Füllfäden nach unten, sodass der gerade Strang zu einem erbsenförmigen Knoten wird.

4 Befestige den Erbsenknoten mit einem Kreuzknoten.

RIPPENKNOTEN

Der Rippenknoten ist wie der Kreuzknoten eine der am meisten verwendeten Knotenarten in der Welt der Makramee-Technik. Es gibt verschiedene Varianten von Rippenknoten: horizontal, diagonal und rückwärts. Wenn du von links nach rechts knüpfen möchtest, dann knüpfe mit dem linken Leitfaden. Von rechts nach links wähle den rechten Leitfaden.

HORIZONTAL

Für den horizontalen Rippenknoten wird der Leitfaden horizontal gehalten. Die Arbeitsfäden hängen senkrecht nach unten.

Rippenknoten von links nach rechts:

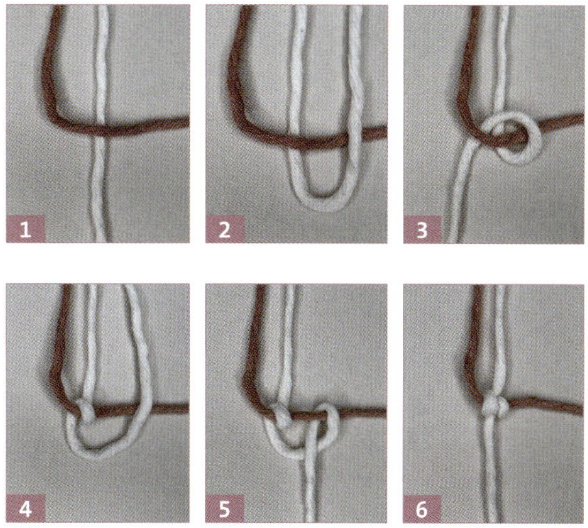

1 Nimm den Arbeitsfaden und lege ihn hinter den linken Leitfaden.

2 Lege den Arbeitsfaden über den Leitfaden, sodass er rechts von seiner anderen Fadenhälfte liegt.

3 Bringe den Arbeitsfaden hinter den Leitfaden und führe ihn links neben seiner anderen Fadenhälfte hindurch.

4 Ziehe nun die entstandene Schlaufe fest. Lege das Fadenende des Arbeitsfadens rechts daneben über den Leitfaden.

5 Führe den Arbeitsfaden hinter dem Leitfaden hindurch, sodass er zwischen dem aufliegenden Faden und der ersten Schlaufe liegt. Lege ihn über den Arbeitsfaden.

6 Ziehe den Knoten fest, indem du den Leitfaden straffziehst. Wiederhole die Schritte entsprechend, um die gewünschte Anzahl von Rippenknoten zu erhalten.

DIAGONAL

Der diagonale Rippenknoten unterscheidet sich vom horizontalen Rippenknoten lediglich durch die Ausrichtung des Leitfadens. Beim diagonalen Rippenknoten wird der Leitfaden diagonal nach unten gehalten, um ihn mit den Arbeitsfäden zu verknüpfen und die Rippenknoten zu bilden.

Diagonal von links nach rechts:

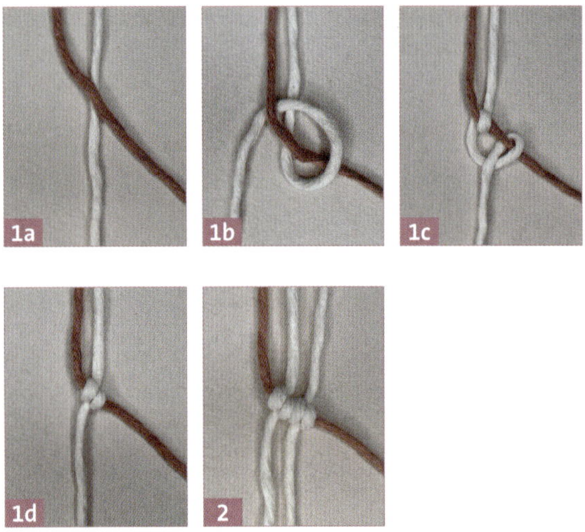

1 Hier ist es wichtig, den Leitfaden immer gleichmäßig schräg zu halten. Lege den Arbeitsfaden hinter den Leitfaden und führe die gleichen Schritte aus wie beim horizontalen Rippenknoten.

2 Achte darauf, die nächsten Arbeitsfäden etwas länger zu halten, um eine diagonale Ausrichtung der Knoten zu erreichen.

RÜCKWÄRTS

Beim rückwärts gerichteten Rippenknoten werden die Knoten so geknüpft, dass die Rückseite der Knoten sichtbar ist und nicht wie bisher die Vorderseite der Rippenknoten.

Horizontale von links nach rechts:

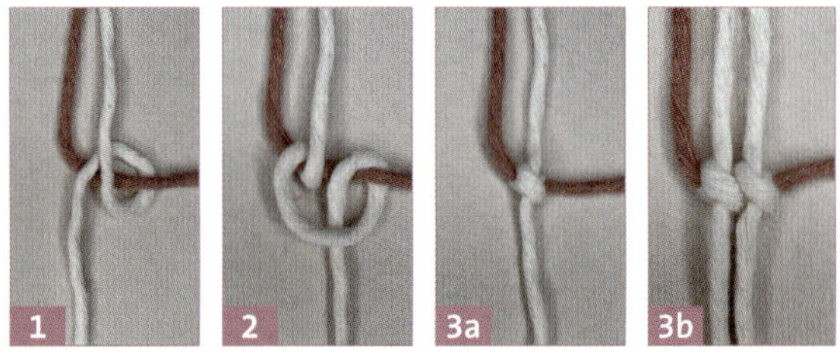

1 Platziere den Leitfaden horizontal unter den Arbeitsfaden. Führe den Arbeitsfaden unter dem Leitfaden hindurch und lege ihn dann links neben der entstandenen Schlaufe über den Leitfaden.

2 Ziehe die Schlaufe fest. Führe den Arbeitsfaden unter dem Leitfaden hindurch. Lege den Arbeitsfaden wieder über den Leitfaden, sodass eine zweite Schlaufe entsteht. Führe das Ende des Arbeitsfadens unter dem anderen Teil des Arbeitsfadens hindurch.

3 Ziehe den Knoten fest. Achte darauf, den Leitfaden straff zu halten, um ein Verdrehen des Knotens zu vermeiden. Wiederhole die Schritte entsprechend, um die gewünschte Anzahl von Rippenknoten zu erhalten.

ÜBERHANDKNOTEN

Der Überhandknoten kann zum Abschluss deines Makramee-Projektes oder einfach als Knüpfmuster geknüpft werden. Er kann mit einem Faden oder mit mehreren Fäden geknotet werden.

EINFACHER ÜBERHANDKNOTEN

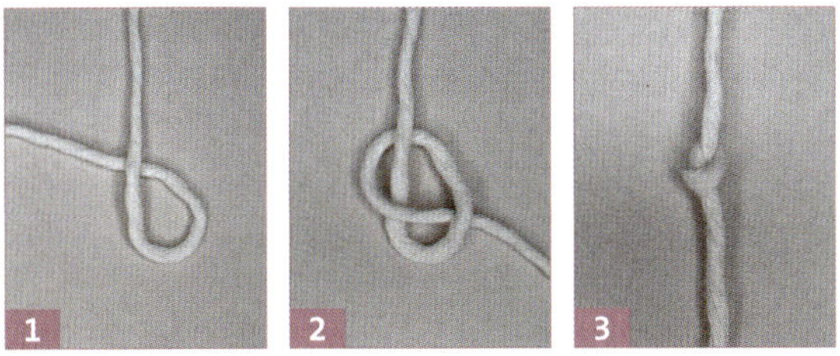

1 Lege den Faden nach links hinter den Faden, um eine Schlaufe zu bilden.

2 Führe das Ende des Fadens von hinten nach vorne durch die Schlaufe, sodass eine Brezelform entsteht.

3 Ziehe den Knoten fest.

DOPPELTER ÜBERHANDKNOTEN

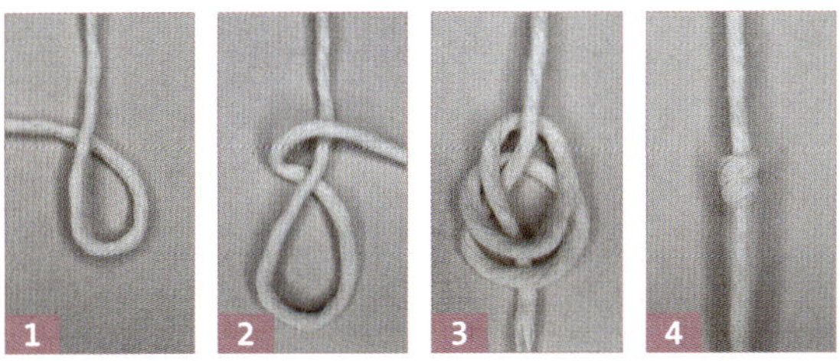

1 Lege den Faden nach links hinter den Faden, um eine Schlaufe zu bilden.

2 Führe das Ende des Fadens unter dem Faden nach rechts und lege es erneut über den Faden.

3 Führe das Fadenende von hinten nach vorne durch die Schlaufe, die aus den beiden Fäden gebildet wird, sodass eine Brezelform entsteht.

4 Ziehe den Knoten fest.

WECHSELSEITIGER HALBER ÜBERHANDKNOTEN

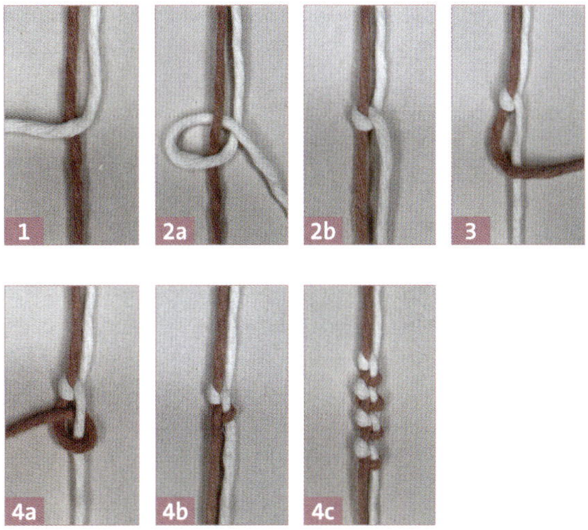

1 Lege den rechten hellen Faden horizontal über den linken dunklen Faden.

2 Führe das Ende des linken Fadens unter dem dunklen Faden hindurch und ziehe ihn durch die entstandene Schlaufe. Ziehe den Faden fest.

3 Nimm nun den linken Faden und lege ihn horizontal über den rechten hellen Faden.

4 Führe das Ende des dunklen Fadens unter dem hellen Faden hindurch und ziehe ihn durch die entstandene Schlaufe. Ziehe den Faden fest.

DIAMANT

Der Diamant besteht aus diagonalen Rippenknoten und einem Flechtmuster in der Mitte. In der Regel wird in der Mitte ein Kreuzknoten oder Erbsenknoten geknüpft. Die Größe des Diamanten variiert nach der Anzahl der verwendeten Fäden. Hier eine Anleitung zum Knüpfen eines Diamanten aus sechs Fäden:

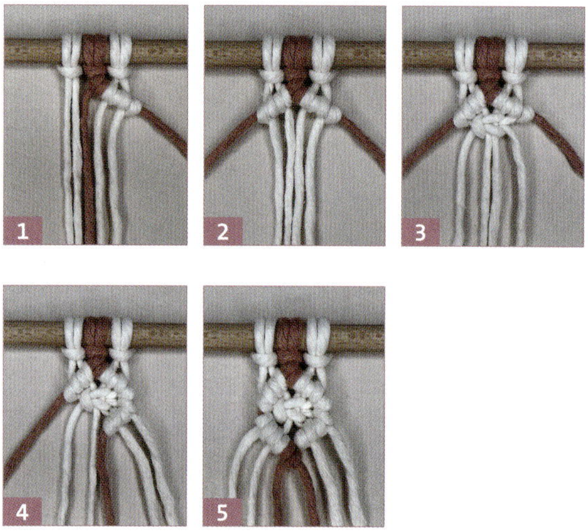

1 Nimm den dritten Faden von links als Leitfaden und knüpfe mit den drei rechten Arbeitsfäden einen diagonalen Rippenknoten von links nach rechts.

2 Verwende nun den ersten Arbeitsfaden als Leitfaden und knüpfe mit den zwei linken Arbeitsfäden einen diagonalen Rippenknoten von rechts nach links.

3 In der Mitte des Diamanten befinden sich nun vier Füllfäden. Knüpfe mit ihnen einen Kreuzknoten.

4 Nimm den rechten Leitfaden und knüpfe mit den beiden rechten Arbeitsfäden einen diagonalen Rippenknoten von rechts nach links.

5 Nimm den linken Leitfaden und knüpfe mit den beiden linken Arbeitsfäden einen diagonalen Rippenknoten von links nach rechts. Schließe den Diamanten mit einem weiteren Rippenknoten.

WICKELKNOTEN

Der Wickelknoten eignet sich ideal als Abschluss für ein Knüpfmuster, da er sehr stabil ist und sich in der Regel nicht von selbst öffnet.

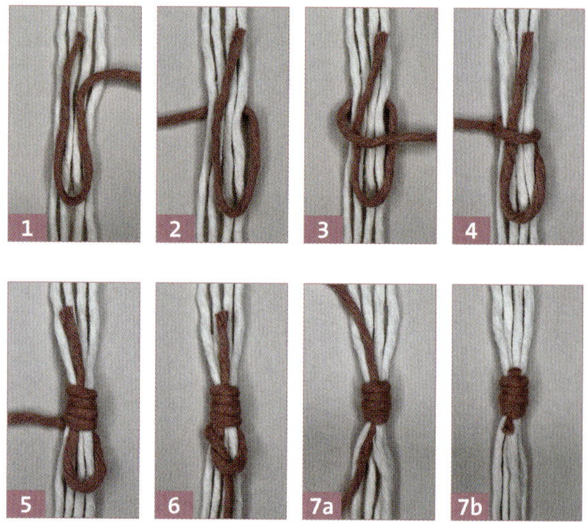

1 Nimm einen Faden, dessen Länge von der gewünschten Größe des Wickelknotens abhängt. Lege das Ende des Arbeitsfadens in U-Form über die zu bündelnden Fäden.

2 Verwende das lange Ende des Arbeitsfadens und führe es von hinten um die zu bündelnden Fäden herum.

3 Führe das lange Ende des Arbeitsfadens von hinten nach vorne.

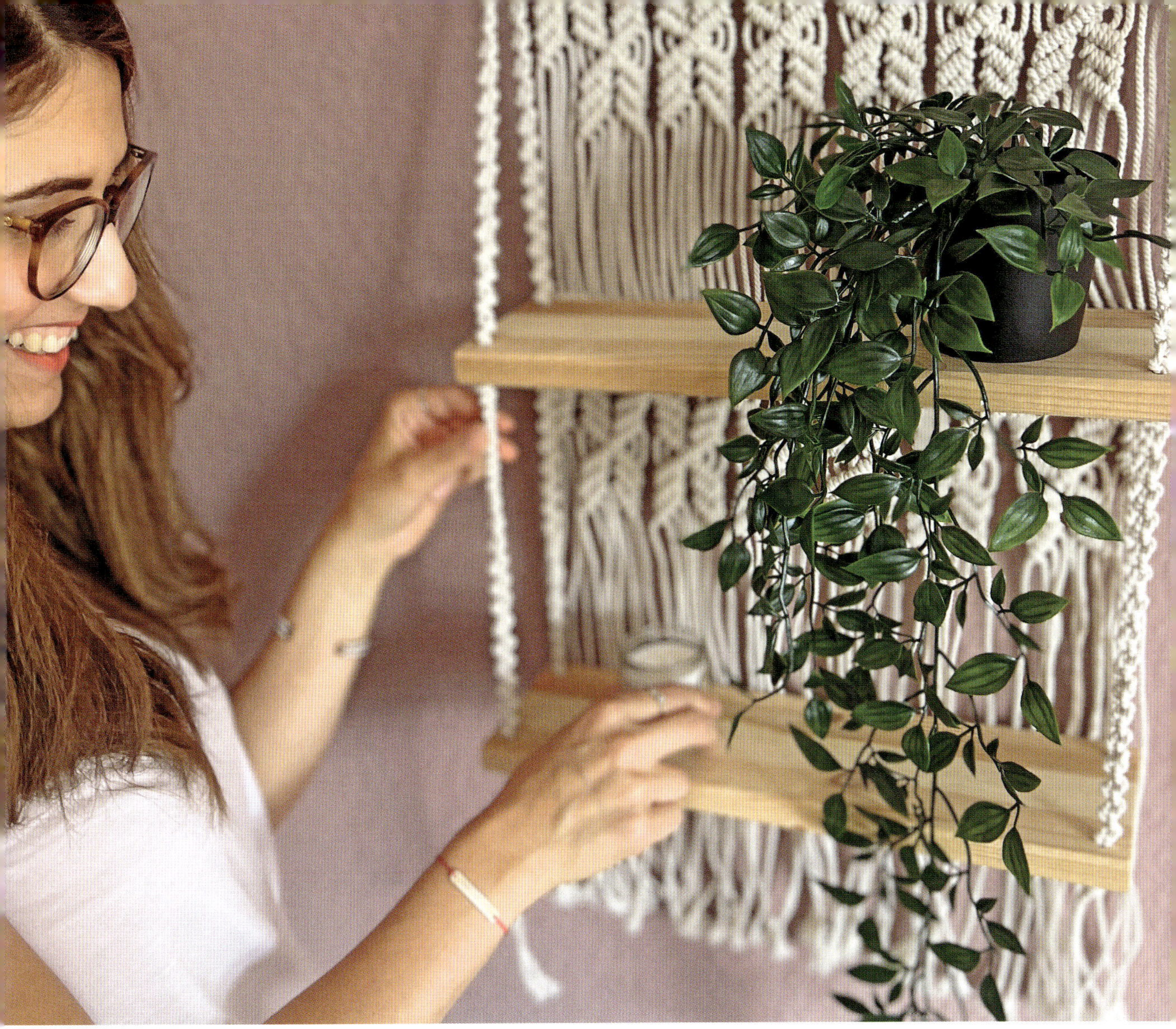

4 Wickle den Arbeitsfaden hinter die zu bündelnden Fäden und dann wieder nach vorne. Achte darauf, dass die U-Form des Arbeitsfadens erhalten bleibt und dass die Wickelungen gleichmäßig und straff um die zu bündelnden Fäden liegen, um einen stabilen Wickelknoten zu erhalten.

5 Wickel den Arbeitsfaden immer weiter um die zu bündelnden Fäden in Richtung der Schlaufe. Mache so lange weiter, bis du die gewünschte Größe des Wickelknotens erreicht hast.

6 Nimm das untere Ende des Fadens und ziehe es durch die Schlaufe hindurch, die durch die ursprüngliche U-Form gebildet wird.

7 Ziehe vorsichtig am oberen Ende des Fadens, bis die Schlaufe unter dem Wickelknoten verschwindet. Kürze die beiden Enden des Arbeitsfadens.

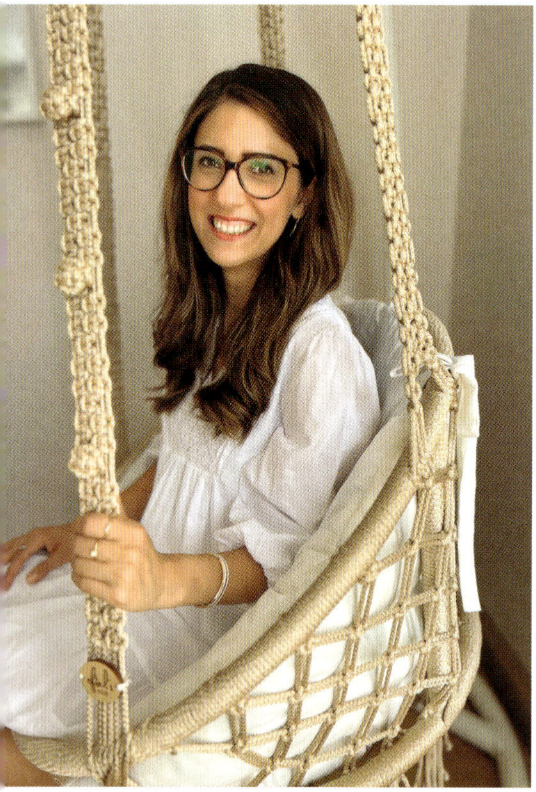

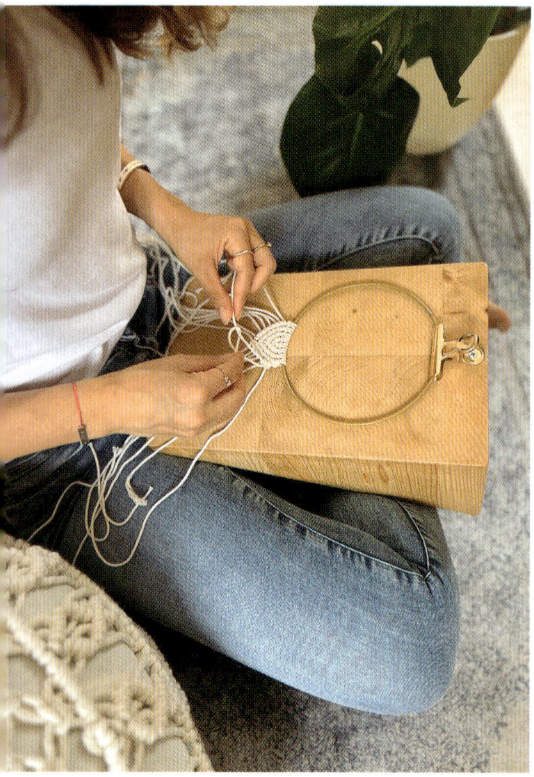

Dankeschön

Mit einem wahrhaft erfüllten Herzen und großer Freude möchte ich zum Abschluss dieses Buches meine aufrichtige Dankbarkeit euch allen gegenüber zum Ausdruck bringen. Es war eine intensive und spannende Reise, dieses Werk zu schreiben und meine Leidenschaft für die Makramee-Technik mit euch teilen zu dürfen. Ohne die Unterstützung vieler Menschen wäre es nicht möglich gewesen.

Zuallererst möchte ich meinen tiefsten Dank an meine Familie richten. Ihr habt mich in allen Phasen dieses Buchprojekts bedingungslos unterstützt und mir den Raum gegeben, meiner Leidenschaft nachzugehen. Euer Glaube an mich und eure Liebe haben mich immer wieder angetrieben, das Beste aus mir herauszuholen.

Ein besonderer Dank gebührt auch meinen Freundinnen und Freunden, die mich auf diesem Weg begleitet und ermutigt haben. Ihr habt mich mit eurer Unterstützung und eurer Begeisterung inspiriert. Eure Anregungen und Gespräche haben meine Gedanken bereichert und mich dazu motiviert, immer weiterzumachen, selbst in schwierigen Momenten.

Und nun möchte ich mich bei dir, liebe Leserin und lieber Leser, von Herzen bedanken. Danke, dass du dir die Zeit genommen hast, dieses Buch zu lesen und dich auf meine Gedanken und Makramee-Projekte einzulassen. Ich hoffe von ganzem Herzen, dass dieses Buch dir genauso viel Freude bereitet hat, wie es mir Freude bereitet, es zu schreiben. Es macht mich froh, zu wissen, dass meine Anleitungen und Tipps dich bei deinen eigenen Makramee-Projekten inspirieren und begleiten können.

Ich freue mich auf weitere gemeinsame Projekte!